普通高等教育“十一五”国家级规划教材

高职高专财经类专业系列教材

CAIJING

证券投资

（第二版）

zhengquan Touzi

博　斌\主　编
文全治　唐友清\副主编

重庆大学出版社

内 容 提 要

本书系普通高等教育"十一五"国家级规划教材。全书共分8章,分别介绍了证券投资原理、证券投资对象、证券市场运行与管理、证券投资分析、证券投资程序与投资理念5个方面,一目了然,便于学习。全书特色鲜明,既区别于一般纯理论的书籍,也不是炒股揭秘之类的读物;其理论与实践密切结合,具有较强的可操作性;其结构清晰、内容新颖、重点突出、详略得当,既适合大专院校相关专业教学,也适合广大投资者学习与参考。

图书在版编目(CIP)数据

证券投资/博斌主编 .—2版.—重庆:重庆大学出版社,
2007.8(2023.7 重印)
(高职高专财经类专业系列教材)
ISBN 978-7-5624-3341-5

Ⅰ.证… Ⅱ.博… Ⅲ.证券投资—高等学校:技术学校—
教材 Ⅳ.F830.91

中国版本图书馆 CIP 数据核字(2007)第 081665 号

高职高专财经类专业系列教材
证券投资
(第二版)
博 斌 主 编
文全治 唐友清 副主编
责任编辑:梁 涛 尚东亮 版式设计:梁 涛
责任校对:夏 宇 责任印制:张 策
*
重庆大学出版社出版发行
出版人:饶帮华
社址:重庆市沙坪坝区大学城西路21号
邮编:401331
电话:(023) 88617190 88617185(中小学)
传真:(023) 88617186 88617166
网址:http://www.cqup.com.cn
邮箱:fxk@cqup.com.cn(营销中心)
全国新华书店经销
POD:重庆新生代彩印技术有限公司
*
开本:720mm×960mm 1/16 印张:16 字数:287千
2003年2月第1版 2007年8月第2版 2023年7月第9次印刷
ISBN 978-7-5624-3341-5 定价:48.00元

QIANYAN

第二版前言

本书自2005年2月第一版问世后，受到了各兄弟院校及广大读者的厚爱，并且在2006年入选"普通高等教育'十一五'国家级规划教材"。这两年虽然我们取得了一些成绩，但是本书并非十全十美，随着我国社会主义市场经济的不断发展和完善，证券市场呈现出更加光明的发展前景，因而也需要我们不断完善更新观点、充实本书的知识体系。

证券投资学的教育教学，不仅仅是依靠现有教材的知识结构，要在全面、准确地理解和掌握证券投资学基本理论的基础上，及时了解当前国内外证券投资领域的发展动态，不断更新教材内容、完善知识体系，紧跟经济社会发展的步伐。因而在第二版的修订过程中我们结合读者实际使用情况的反馈，特别注重针对高职高专培养具有一定专业知识、具有较强实践能力的应用型人才的要求，增加了当代证券投资领域的热点问题，积极修正和改进了第一版部分内容和案例，使其更切合实际、易于教学，真正成为既能适应高等职业院校经济管理类专业教学需要，又适合广大投资者、学生学习与参考的优秀教科书。

本书第二版在保持了第一版特色的基础上具有如下特点：

1. 以"理论够用为度，注重实际操作和应用性"的精神为指导思想，突出本书深入浅出、注重应用的鲜明特色，既区别于一般纯理论的书籍，也不是炒股揭秘之类的读物。

2. 结构清晰，内容新颖，重点突出，详略得当。全书共分 8 章，分别介绍了证券投资原理、证券投资对象、证券市场运行、证券投资分析和证券投资程序与投资理念 5 个方面的内容，一目了然，便于学习。

3. 保持原有新颖体系，各章开始有学习目的与要求，结尾有小结和复习与思考，部分章节还附有与教学内容密切相关的案例，便于课后的学习与练习。

4. 更加注重理论与实践密切结合，尽可能地更新原书中引用的数据、资料，充实、完善案例，使其更易理解和掌握，具有较强的可操作性。

本书由昆明学院博斌副教授主编，各章节编写分工为：第 1 ~2 章，博斌（昆明学院）；第 3 章，文全治（成都电子机械高等专科学校）；第 4 章，刘宏（贵州大学职业技术学院）、刘娟娟（昆明学院）；第 5 章，宋毅（昆明学院）；第 6 ~7 章，唐友清（重庆职业技术学院）；第 8 章，苏娅（昆明学院）。全书由博斌负责总纂、修改、定稿，苏娅、刘娟娟参与了部分章节的修改工作。

鉴于编者水平有限，在第二版的修改过程中本书作者已尽了很大努力，力求增加新的内容，使其更加完美，但书中难免有不足与疏漏之处，敬请各位读者批评指正，多为我们提出宝贵的意见，以便在下次再版的时候使本书更加适合您的需要。

编　者

2007 年 6 月

MULU

目录

MULU

第 1 章
导　论

【学习目标】

证券投资是一个比较复杂的过程，从证券的发行到流通，其间不仅要经过一系列的中间环节，而且还要涉及比较多的专业知识。为了便于了解和学习证券投资学原理，须首先对证券投资的品种、交易场所以及证券投资的过程等一些基本概念做概要性介绍。

1.1 证券与证券市场

1.1.1 证券的定义

证券是各种权益凭证的统称，是用来证明证券持有人有权取得相应权益的凭证。股票、公债券、基金证券、票据、提单、保险单、存款单等都是证券。

证券有两个基本特征，即法律特征和书面特征。法律特征反映的是某种行为的结果，也就是说，它本身必须具有合法性，证券包含的特定内容必须具有法律效力；书面特征反映了证券必须按照特定格式进行书写或制作，券面上载明有关财产的内容、数量以及规定的全部必要事项。只有同时具备上述两个特征才可称之为证券。

证券的票面必须具备以下 4 个要素：

第一，证券的持有人，即证券为谁所有。

第二，证券的标的物，即证券票面上必须载明特定的具体内容。

第三，标的物的价值，即证券所载明的标的物的价值大小。

第四，权利凭证，即持有人持有该证券所拥有的权利。

证券按其性质不同，首先分为无价证券和有价证券两大类。无价证券，是指本身不能使持有人或第三者取得一定收入的证券，它一般不具有市场流通性，诸如借据、购物券、供应证等，因此也被称为凭证证券。有价证券，是指对某种有价物具有一定权利的证明书或凭证，如股票、债券、存单、保险单等。

1.1.2 有价证券及其基本类型

有价证券是一种具有一定票面金额，证明持有人有权按期取得一定收入，并可自由转让和买卖的所有权或债权凭证。它通常被划分为 4 类：商品证券、货币证券、资本证券和其他证券。

商品证券又称财物证券，是证明持有人有商品所有权或使用权的凭证，如提货单、运货单等。

货币证券是指本身能使持有人或第三者取得货币索取权的证券，如本票、汇票、支票等。

资本证券是指持有者能按期从发行者手中领取权益的证券，它通常是由金融投资或与金融投资有直接联系的活动而产生的证券，如股票、债券等。

除此以外的有价证券,如土地使用权证、房产所有权证等,则属于其他证券。

有价证券有广义和狭义之分。广义的有价证券包括商品证券、货币证券、资本证券和其他证券。狭义的有价证券就是指资本证券,即股票、债券、投资基金等。在日常生活中,人们通常把狭义的有价证券——资本证券直接称为有价证券乃至证券。本书研究和介绍的就是证券主体部分——有价证券。

1.1.3 有价证券的性质与特征

有价证券除了具有证券具有的法律和书面两大基本特征以外,还具有以下几个方面的性质与特征:

(1)虚拟性

有价证券不是劳动产品,只是虚拟资本的一种价值表现形式。所谓虚拟资本,就是指以有价证券形式存在,并能给持有者带来一定收益的资本。这类证券本身没有价值,其本身也不能在生产过程中发挥作用。但由于它代表着一定量的财产权利,持有人可凭该证券直接取得一定量的商品、货币,或是取得利息、股息等收入,因而可以在证券市场上买卖和流通,客观上具有了交易价格。由于诸多原因,市场表现的虚拟资本价值与实际资本价值往往相背离,经常出现严重低估或高估的现象。特别是股票,其股价并不能完全反映其真实情况,每股净资产往往低于其股价。因此,证券具有虚拟性,是一种虚拟资本。

(2)产权性

有价证券的产权性是指有价证券记载着权利人的财产权内容,代表着一定的财产所有权,拥有它就意味着享有一定财产的占有、使用、收益和处分的权利。在现代经济社会里,财产权利与证券已融为一体,虽然证券持有人并不实际占有财产,但可以通过持有证券拥有财产的所有权或债权;证券已成为财产权利的一般形式,证券的转移即意味着权利的转移。当然,证券持有人的权利还表现在参与性上,如投资于普通股股票的股东,可以获得参加股东大会、选举董事会成员的权利,以及有对重大经济活动的决策权力。

(3)收益性

有价证券的收益性是指持有证券本身可以获得一定数额的收益。获得收益既是证券投资者进行证券投资的直接目的，也是证券发行者进行筹资的基本动机。证券代表的是对一定数额的某种特定资产的所有权和债权，这种特定资产的价值在社会经济运行中不断运动，不断增值，最终形成高于原始投入价值的价值，因此，收益性是有价证券本身具有的基本特点。有价证券的收益表现为利息收入、红利收入和买卖证券的价差收入。

(4)风险性

证券的风险性是指证券持有者面临着预期投资收益不能实现，甚至连本金也将受到损失的可能。高风险是有价证券的一个重要特征。与其他投资相比，证券投资的风险最大。一方面，影响有价证券价格波动的因素极其繁多复杂，价格变动又极其迅速，投资者往往难以全面、准确地预测和把握；另一方面，有价证券的虚拟资产性质又会使价格波动幅度十分巨大，容易暴盈暴亏，投资者事前难以预料和防范。因此投资者无法确定他所持有的证券能否取得收益和获得多少收益，从而使持有证券具有风险性。

(5)变现性

有价证券的变现性又称流通性或可兑换性，它是指证券持有人可按自己的需要，自由、灵活地转让证券以换取现金。流通性是有价证券的功能得以发挥的重要条件。发行有价证券不论是股票还是债券，通常都是以筹集和使用长期资金为目的，期限一般较长，而股票更是一项永久性投资。如果缺乏流通性，不能随时转让变现，这种投资方式就会失去对投资者的吸引力，很难实现筹集资金的功能。证券的变现性是通过交易、承兑、贴现等形式来实现的。证券的流通性强弱受到多种因素的影响，如证券期限、信用度、知名度以及经济形势、证券流通市场发达程度等。一般情况下，流通性与偿还期限成反比，与证券发行人的信用能力成正比。

(6)机会性

证券的机会性，又称价格波动性。机会性主要表现为证券交易价格的不断波动能够为投资者带来价差收益，即投机收益。证券市场是相对效率较高的市场，对各种与证券有关的直接或间接因素能够迅速做出价格反映，导致价格每时每刻都处于波动状态，从而为投资者带来诸多投机机会。可以说，证券市场的巨大魅力，相当大程度上来自于这种机会性条件。

1.1.4 证券市场

为了把证券买卖的双方集中在一起,就产生了证券市场。证券市场的存在润滑了证券交易。在发达的市场经济中,证券市场是完整的市场体系的重要组成部分,不仅反映和调节货币资金的运动,而且对整个经济的运行具有重要影响。

(1)证券市场的特征

与一般商品市场相比,证券市场具有以下几个基本特征:

1)交易对象是虚拟的资本商品

证券市场的交易对象是股票、债券等证券,是一种虚拟化的资本商品。它只是资本的一种债权或股权凭证,本身并不能供持有者消费,但能够给持有者带来收益;而普通商品市场交易的对象都是直接能够给消费者带来效用的、有使用价值的商品。

2)价格的决定因素不同

证券市场上证券价格的实质是对所有权让渡的市场评估,或者说是证券预期收益的市场表现,证券的价格与市场利息率关系密切;而商品市场的价格,其实质是商品价值的货币表现,取决于生产商品的社会必要劳动时间。

3)交易场所不同

商品市场有固定的场所,如批发市场、商店、超级市场等;证券市场则不一定需要有实在的固定场所。

4)有极强的流动性

证券既然反映的是一种债权或所有权关系,自然投资者就拥有保留权利与转让权利的选择,因而上市交易的证券可以在流通市场上多次换手而不会退出市场。通常证券市场越发达,交易规模越大,投资者越多,其流动性也越强。而普通商品交易多数是一次性交易,尤其是最终消费品的交易,商品成交后就退出了流通领域而进入了消费领域。

5)风险较大,具有价格波动性和不可预测性

证券市场的价格受各种因素的影响,加之市场反应十分灵敏,因此证券价格的波动幅度较大,投资者一般很难把握或预测,风险很大;而一般商品市场实行的是等价交换原则,价格波动较小,风险也很小,市场前景具有较大的可测性。

6)交易对象具有多重职能

证券市场上的有价证券担负着多种市场职能:对于筹资者来说,证券是

筹资的工具,用来解决其资金短缺的问题;对于投资者来说,购买证券可以使闲置资本带来收益,也可用于保值,以避免或减少物价上涨带来的货币贬值损失,还可以通过投机等技术性操作争取差价收益;而商品市场上的商品则只能用于满足人们各种特定的消费需要。

(2)证券市场的组织

证券市场按功能与作用可以划分为初级市场和二级市场。初级市场是指新发行的证券从发行者手中出售到投资者手中的市场,它包括政府、企业和金融机构发行证券时,从规划、推销到承购等阶段的全部活动过程,故又称之为发行市场。二级市场是对已发行证券进行再次乃至重复多次交易的市场,故又称之为流通市场。在证券流通市场中,资金拥有者可随时购进证券,充分利用其所持有的货币资金,实现投资获利的目的;同时也使证券持有者可随时出售所持有的证券,以获得所需资金。证券流通市场的存在为投资者提供了灵活、方便的变现场所,也使证券投资者放心地参加证券发行市场的认购活动,对证券的发行起积极的推动作用。

证券流通市场又由两部分组成:一是证券交易所,它是高度组织化的市场,是证券市场的主体与核心;二是分散的、非组织化的场外交易市场,它是证券交易所的必要补充,具体包括柜台市场、第二板市场及第三、第四市场。证券交易所和场外交易市场两个市场的上市品种差别不大,关键在于上市交易的条件和规则,证券交易所的上市要求和交易规则都要比场外交易市场严格。

总之,证券发行市场和流通市场在证券市场的运行中承担不同功能,同时又相互依存、相互制约,组成一个不可分割的整体。

1.2 投资与证券投资

1.2.1 投资及投资分类

(1)投资的概念

所谓投资,就是经济主体为获得预期经济利益而在当前进行资金投入,用以购买金融资产或实物资产达到增值的行为和过程。投资过程包括资金投入、资产增值、收回资金 3 个阶段。对任何经济社会和经济人而言,持续不

断地进行投资是保持经济利益持续增长必不可少的前提条件。我们可以从以下几个方面来认识投资:

①投资是现在支出一定价值的经济活动。从当前来看,投资现在就要支付一定的资金;从长远来看,投资就是为了获取未来的报酬而现在采取的付出资金的经济行为。

②投资具有时间性。也就是说,现在付出的价值只能到未来的时间才能收回,而且未来的时间越长,未来收益的不确定性就越大,从而风险就越大。

③投资具有一定的风险性。风险就是指未来收益的不确定性。当前投入的价值是确定的,但是,未来可能获取的收益却是不确定的,这种未来收益的不确定性就是投资的风险。

(2)投资的分类

投资是一个多层次、多侧面、多角度、内容极其丰富的概念,因而可按许多方式进行归纳与分类。

1)按投资对象划分为实物投资与金融投资

实物投资就是投资主体为获取未来收益或经营某种事业,预先垫付货币或其他资源,以形成实物资产的经济行为。实物投资可分为稀有资产投资、固定资产投资和流动资产投资。其中稀有资产投资是一种分门别类的,专业性、技术性很强的传统投资方式,具有很强的操作性、实用性,也是很受大众喜爱的一种投资方式。稀有资产投资包括贵金属、宝石、文物古董、书画、邮票和其他艺术品投资。

金融投资是投资主体为获取预期收益,预先垫付货币以形成金融资产,并借以获取收益的经济行为。金融投资包括股票投资、债券投资、期货投资等有价证券投资和个人在银行的储蓄行为。个人把钱送存银行,也能使投资者获得一定的未来收益,因而也是一种金融投资。

2)按投资方式划分为直接投资与间接投资

直接投资是指投资主体将资金直接投入社会再生产过程,从事创造和实现商品价值的活动。如开办企业、公司,购买房地产等,从直接生产经营活动中获取经济利益。

间接投资是指投资者置身于生产经营活动之外,将资金委托给他人使用,投资者坐收其利并到期收回本金。购买证券即属于间接投资。

3)按投资期限划分为短期投资与长期投资

一般来说,投资时间在1年以下的为短期投资,1年以上的为长期投资。严格地说,1~5年为中期投资,5年以上才是真正意义上的长期投资。选择短期投资还是中、长期投资,是件很重要的事,它直接关系到投资者的收益、资金周转速度及机会成本等问题。短期投资与长期投资相比,收益率较低,但其风险相对较小,资金周转快,也许会从再投资中获取新的收益。另外,长期投资和短期投资是可以转化的。如购买股票虽然是一种长期投资,无偿还期,但股票持有者可以在二级市场进行短期操作,卖出股票,这又变成短期投资。

此外,按投资主体划分,有个人投资、企业投资、政府投资和外国投资。其中,个人投资与企业投资合称为民间投资,与政府投资相对应。

按投资运作分为消费投资、生产投资、建设投资。其中建设投资按项目的建设性质又划分为新建、扩建、改建与迁建等投资。

按投资效果划分,有无效投资与有效投资、显效投资与隐效投资、近效投资与远效投资等。

按投资的口径划分,可以分为狭义投资与广义投资。

1.2.2 证券投资

(1)证券投资定义

所谓证券投资,是指个人或法人对有价证券的购买行为,这种行为会使投资者在证券持有期内获得与其所承担的风险相对称的收益。

在现代社会中,证券投资在投资活动中占有突出的地位。它是目前发达国家最重要和基本的投资方式,是动员和再分配资金的重要渠道。证券投资可使社会上的闲散货币转化为投资资金,可使储蓄转化为投资,对促进社会资金合理流动、促进经济增长有重要作用。

(2)证券投资与实物投资

证券投资是以有价证券的存在和流通为前提条件的,是一种金融投资,它和实物投资之间既有密切联系,又存在一定的区别。

实物投资是对现实的物质资产的投资,它的投入会形成社会资本存量和生产能力的直接增加,并可直接增加社会物质财富或提供社会所需要的服务,它被称为直接投资。证券投资所形成的资金运动是建立在金融资产的基础上的,投资于证券的资金通过金融工具的发行转移到企业部门,它被称为间接投资。

证券投资和实物投资并不是竞争性的,而是互补的。实物投资在其无法满足巨额资本的需求时,往往要借助于证券投资。证券投资的资金来源主要是社会储蓄,这部分社会储蓄虽然没有直接投资于生产经营活动,而是通过证券市场间接投资于实物资产,但由于证券市场自身机制的作用,不但使资金在盈余单位和不足单位之间重新配置,解决了资金不足的矛盾,而且还会促使社会资金流向经济效益好的部门和企业,提高资金利用效率和社会生产力水平。高度发达的证券投资使实际投资更为便捷,通过金融投资可使实物投资筹集到所需资本。此外,证券投资者利用自己所固有的责任和权利、风险和利益去关心、监督、参与实物投资的决策与管理。

尽管证券投资在发达商品经济条件下占有重要的地位,但还应看到,实物资产是金融资产存在和发展的基础。金融资产的收益也最终来源于实物资产在社会再生产过程中的创造。因而证券投资的资金运动是以实物投资的资金运动为根据的,实物投资对证券投资有重大影响;同时,企业生产能力的变化会影响到投资者对该企业证券的前景预期,从而使金融投资水平发生变化。

(3)证券投资与储蓄存款

证券投资和储蓄存款这两种行为在形式上讲均表现为:货币所有者将一定的资金交付给政府、公司或银行机构,并获取相应的收益。但两者在本质上是根本不同的,具体表现在以下方面:

1)性质不同

证券投资和储蓄存款尽管都是建立在某种信用基础上,但证券主要是以资本信用为基础,体现着政府、公司与投资者之间围绕证券投资行为而形成的权利和义务关系;而储蓄存款则是一种银行信用,建立的是银行与储蓄者之间的借贷性债权债务关系。

2)证券持有者与银行存款人的法律地位和权利内容不同

就证券中的股票而言,其持有者处于股份公司股东的地位,依法有权参与股份公司的经营决策,并对股份公司的经营风险承担相应的责任;而银行存款人的存款行为相当于向银行贷款,处于银行债权人的地位,其债权的内容只限于定期或不定期收回本金并获取利息,不能参与债务人——银行的经营管理活动,对其经营状况也不负任何责任。

3)投资增值的效果不同

证券和存款储蓄都可以使货币增值,但货币增值的多少是不同的。证券中债券的票面利率通常要高于同期银行存款利率;证券当中的股票是持有者向股份公司的直接投资,投资者的投资收益来自于股份公司根据赢利情况派发的股息、红利。这一收益可能很高,也可能根本没有,它受股份公司当年经营业绩的影响,处于经常性的变动之中。而储蓄存款是通过实现货币的储蓄职能来获取货币的增值部分,即存款利息,这一回报率是银行事先约定的,不受银行经营状况的影响。

4)存续时间与转让条件不同

证券中的股票是无期限的,只要发行的股份公司存在,股东就不能要求退股以收回本金,但可以进行买卖或转让;储蓄存款一般是有固定期限的,存款到期时存款人收回本金和取得利息。

5)风险不同

证券投资是一种风险性较高的投资方式。以股票为例,其投资回报率可能很高,但高收益伴随的必然是高度的风险。银行作为整个国民经济的重要支柱,其地位一般说来是稳固的。尽管银行存款的利息收入通常要低于股票的股息与红利收益,但它是可靠的,而且存款人存款后也不必像买入股票后那样经常投入精力去关注股票市场价格的变化。

(4)直接金融投资与间接金融投资

在金融投资中还有直接金融投资与间接金融投资之分。投资者将资金存入银行或其他金融机构,以储蓄存款或企业存款、机构存款的形式存在,是间接金融投资。投资者以购买股票、债券、商业票据等形式进行金融投资,是直接金融投资。银行信贷是间接金融投资最重要的形式,间接金融投资的中介机构主要是商业银行。股票、债券是直接金融投资最重要的形式,直接金融投资的中介机构是证券经营机构。

直接金融投资与间接金融投资的区别在于投资者与筹资者之间建立了不同的经济关系。在直接金融投资活动中,投资者和筹资者之间是直接的所有权关系或债权债务关系,投资者必须直接承担投资风险,并从筹资者处直接取得股息或利息收益。证券经营机构作为中介人,以承销商或经纪人的身份提供中介服务,并不直接介入融资活动。在间接金融投资活动中,投资者和筹资者之间是一种间接的信用关系,商业银行是存款人的债务人,又是贷款人的债权人,投资者无需直接承担贷款风险,投资收益是商业银行支付的存款利息。

直接金融投资和间接金融投资既各有各自的特点,又是互补的。任何一个发达、完善的金融市场体系一定会同时存在直接金融投资和间接金融投资,投资者应根据自身的投资需要和这两种投资方式的特点加以选择。

1.2.3 证券投资的步骤

(1)筹措投资资金

投资的先决条件是筹措一笔投资资金,其数额的多少与如何进行投资、如何选择投资对象有很大关系。就个人投资者而言，应根据收入情况，以闲置结余资金进行证券投资，避免借贷。

(2)确定投资政策

证券投资的目标是获取收益，但是收益和风险是相伴随的，收益以风险为代价，风险用收益做补偿。投资者应根据自己的年龄、健康状况、性格、心理素质、家庭情况、财力情况等条件确定自己具体的投资目标。投资目标一般来说有4类：

1)资本保全目标

以此为目标的投资者总是试图最小化遭受损失的风险，只是想保持资本的购买力不变。换句话说，这类投资者通常要求收益率不低于通货膨胀率即可。持有这种目标的主要是风险厌恶型投资者。

2)资本增值目标

持有该目标的投资者总是希望扣除通货膨胀的因素，实际投资组合能够持续增长以满足未来的需要。在这种要求增长的目标下，低价买进高价卖出寻求资本增值就成了最主要的投资策略。该种目标的投资者主要是风险偏好型投资者。

3)当前收入目标

持有该目标的投资者要求投资组合能够源源不断地有现金流入，而不是资本增值。该种类型的投资者主要是希望利用投资产生的收益来支付一些必要的生活费用。

4)总收益目标

这种目标类似于资本增值目标，但该目标不但通过资本增值提高组合价值，还利用组合所产生的当前收入进行再投资以提高组合价值。可见，总收益策略的风险水平处于当前收入策略和资本增值策略之间。

(3)全面了解金融资产特征和金融市场结构

投资者要广泛了解各种投资工具的收益、风险情况。投资对象的种类很多，其性质、期限、收益高低、信用情况、风险大小及包含内容各不相同，投资者应在全面了解后，才能正确选择。

另外，证券交易大都通过证券经纪商进行，因此要进一步了解证券市场的组织和机制、经纪商的职能和作用、买卖证券的程序和手续、管理证券交易的法律条例、证券的交易方式和费用等，否则将无法进行交易或蒙受不应有的损失。

(4)进行证券投资分析

投资者在对证券本身及证券市场情况有了全面了解后,还要对可能选择的各类金融资产中一些具体证券的真实价值、上市价格以及价格涨跌趋势进行深入分析、研判,从而确定自己所要购买何种证券以及买卖的时机。证券的质量决定于其真实价值,价值表现为市场价格,但市场价格受多种因素影响且经常变动,并不完全反映其真实价值,因此,投资者需要做深入、认真的分析,才能做出正确选择。

进行证券投资分析的方法很多,这些方法大多可归入两类:第一类是基本分析方法。这类分析方法的重点在于充分利用有关信息分析证券,特别是股票的内在价值,评估证券价值的高低;第二类是技术分析方法。这类分析方法主要是根据证券市场过去的统计资料来研究证券市场未来的变动,主要关注证券价格的变动方向和变动时机。

(5)构造证券投资组合

构造证券投资组合理论是利用数学公式或方法,计算证券之间的风险,通过相关作用影响后的定值,来求出一个有效的组合。投资组合的构建涉及投资对象以及投资比例,关键在于选股、选时和多元化。投资者应选择合适的证券,在价格相对低点买入,并决定各种证券占多大比重,同时,决定分散程度应限于多少证券数量的范围之内,才能构成最有效的搭配,使其在一定收益水平上风险最小,或风险一定而收益最高。

组合构成后,还要定期进行业绩评估并加以严格管理。因证券市场变幻莫测,故要针对市场变动情况,随时修正投资组合,调整组合的种类和比例结构,以保持组合应有的功效,使投资目标不致落空。投资组合的构筑和管理,对投资巨大的机构投资者,如各种基金会、商业银行、人寿保险公司而言,尤为重要。

【本章小结】

有价证券是一种虚拟资本,其本身没有价值,但它是资本投资入股的凭证或债权的书面证明。它具有虚拟性、产权性、收益性、流动性、风险性和价格波动性等特征。

证券市场是股票、债券、投资基金等有价证券及其衍生产品发行和交易的场所。按其功能的不同,证券市场又分为发行和流通两个市场。证券市场是市场体系的重要组成部分。

投资就是为了未来不确定的收益而现在付出的确定的代价。按不同标准投资可分为实物投资与金融投资、直接投资与间接投资等。

证券投资与实物投资存在显著差别，证券投资以实物投资为基础，但又为实物投资扩展了资金来源，提高了资金使用效益并引导了资金的优化配置。证券投资与银行储蓄也在转让条件、增值效果和风险等方面存在差别。

证券投资过程包括筹措投资资金、确定投资政策、全面了解金融资产特征和金融市场结构、进行证券投资分析、构造证券投资组合共5个步骤。

【思考与练习】

一、基本概念

证券	有价证券	商品证券	货币证券	资本证券
证券市场	初级市场	二级市场	投资	金融投资
证券投资	直接金融投资	间接金融投资		

二、复习思考题

1. 简述有价证券的种类和特征。

2. 什么是投资？如何正确理解投资的含义？

3. 什么是证券投资？它与实物投资有何异同？

4. 证券投资一般要经过哪些步骤？

5. 你认为在人的不同生命周期阶段，会各自偏重4种投资目标中的哪一种？

6. 试说明直接金融投资与间接金融投资的主要区别和相互关系。

第 2 章 证券投资要素

【学习目标】

通过对证券投资的主体、客体、中介机构及管理机构等证券投资基本要素的学习，全面了解个人投资者和法人投资者通过对证券和证券市场的分析、研究、判断，进而做出证券投资决策以及购买、持有、管理和出售证券的整个经济活动过程。

2.1　证券投资主体

证券投资主体，是指进入证券市场进行证券买卖的各类投资者。它包括 4 类：一是个人，包括其家庭；二是政府，包括中央政府部门和地方政府；三是企业，包括各种以赢利为目的的工商企业；四是金融机构，主要有商业银行、保险公司、证券公司及各种基金组织等。前面一类称为个人投资者，后面 3 类合称为机构投资者。证券投资过程实际上是证券投资者一系列投资活动的综合，而不同类别投资者的投资行为有较大的差别。这些差别主要是因各自的资金来源与规模、投资理念、动机、目的等因素不同而造成的。

2.1.1　个人投资者

(1)资金来源

个人投资者是指以居民个人的名义，将自己的合法财产投资于证券的投资者。其投资资金的主要来源是储蓄，即当年收入减去为维持生活所必需的消费以及其他必要的费用后的剩余部分。在国外，个人投资者的资金还可来自于向证券公司、商业银行和人寿保险公司的贷款。但这种融资投资有很大的投机性和风险性，我国证券管理部门不允许个人投资者做融资投资。

居民的大部分剩余资金通过购买金融资产流入金融市场，使消费基金转化为生产基金，满足政府和企业筹集资金的需要，实现国民收入的流量平衡。可以说个人是一个国家中最大的净资金供应者。

(2)个人投资者的投资目的

就个人投资者来说，投资的目的是多种多样的，主要有以下几种：

1)本金安全

这是投资者的主要目标，只有本金安全了，才能借以取得收入并谋求增长。本金安全，不仅指维持原有的投资资金，而且还包含保持本金的购买力，即要防止因通货膨胀而导致的本金贬值。因此，要保持本金的安全，应购买那些本金偿还有安全保证、在市场上容易脱手且价格稳定的证券。一般说来，政府债券、优良企业债券符合本金安全的要求。

2)收入的稳定

稳定的当前收入比不确定的未来收入对投资者更有吸引力，这是获利的动机。对于低收入的投资者来说,更关心当前收入的可靠性和稳定性。稳定的收入主要来自于债券利息和股息,因此人们大都选择有固定收入的证券,如质量高的债券以及资信好、经营情况良好的大公司股票,这类公司股票股息高且稳定,又有增值前景,是一种不错的选择。

3)资本的增值

资本增值是股票投资者的共同目标,可通过两种途径达到目的:一是将投资所得的股息、利息再投资,日积月累,使资本增加;二是投资于增长型股票,通过股息和股价的不断增长而增加资本价值。但股价波动大,有获得资本增值的可能,也有遭受股价下跌损失的可能,适合于在财力上和心理上都有承受能力的投资者。这两种方法,对不同的投资者有不同的选择。一般来说,资本增值的目的在短期内不易达到,投资者需要做长期打算。

4)通货膨胀的抵补

着眼于当前收入的投资者,不会受到通货膨胀的危害,做长期投资打算的投资者,则会尽可能设法弥补通货膨胀带来的损失。一般说来,能提供固定收入的证券,因其利率是事先确定的,不会因通货膨胀而提高利率,到期还本也仅按面值归还,不会发生本金增值,很难弥补通货膨胀带来的损失。浮动利率债券、可转债、普通股股票,一般会因物价上涨而增加赢利,从而会提高利率或增发股息、红利,有可能全部或部分地弥补通货膨胀所导致的损失,是投资者弥补通货膨胀的可供选择的投资对象。

5)维持流动性

每个投资者在管理自己资产的时候,都要考虑应付不时之需,因此,投资者在做投资决策时要考虑满足流动性需要,保持一部分流动性强的资产。流动性与证券期限成反比,因此短期债券的流动性强,但收益相对也较低。

6)实现投资多样化

为减少风险,在投资活动中,投资者不再满足投资品种的单一性,而是适时地将资金按不同比例投资于若干种类风险不同的证券,建立多样化的投资组合。在选择证券种类时,既不能过少,也不能过多。证券种类太少,达不到分散风险的目的;证券种类太多,不易分析和调整管理。

7)参与决策管理

少数资本实力雄厚的大投资者会通过大量购买某公司股票来达到操纵、控制这家公司的目的,或是达到参加股东大会、参与决策管理的目的。但对大多数中小投资者来说,这种观念非常淡薄,股票越来越被人们当做金融商品来对待而不是当做所有权的象征。

8)取得有利的避税地位

(3)个人投资者的投资特点

①风险承受能力较低。由于个人投资证券的资金有限,难以通过投资组合分散风险,所以风险承受能力较低,难以经受市场的剧烈波动。个人证券投资首要的要求,是安全方便,其次才是资本增值,另外在有些国家还有合法避税的考虑。

②投资活动更具盲目性。由于个人投资者力量分散,资会数量有限,很难将资金分散投资于各种有价证券来分散风险,而且个人投资者获取和处理投资信息的精力和能力有限,因而其投资活动的盲目性大。

③要借助于中介机构。个人投资者的投资活动需借助于中介机构,其间很少或不允许进行直接交易。

④决策效率高。由于投资规模较小,船小好掉头,个人说了算,所以进出市场灵活快捷,只要能够克服贪婪和恐惧这两大劲敌,当市场发生转折时,就能够及时做出反应。

2.1.2 机构投资者

机构投资者主要有政府部门、金融机构、企事业单位等。机构投资者的资金来源、投资方向、投资目的各不相同,但它们的共同特点是投资资金数量大,需要建立较大的资产组合,并需要专门的人员进行管理。

(1)资金来源

机构投资证券的资金一般来源于以下几方面:

①企业再生产过程中形成的暂时闲置资金,以及政府机构等事业单位和其他社会组织的临时闲置资金。在国外,这些闲置资金存入银行只能得到很少的微薄利息,甚至在通货膨胀率较高的情况下还不足于补偿货币贬值的损失。为实现资产的保值增值,利用这些闲置资金进行活跃的证券投资是必要的。

②信托投资公司、保险公司、证券公司(包括一些商业银行)等各种金融机构的经营性闲置资金。这类资金的数额较前一类要大,进出市场比较集中,短期内对市场的冲击也较大。

③投资基金,也称共同基金,这是机构投资的主力军。

(2)机构投资的特点

作为机构投资者,其特点主要表现在以下几个方面:

1)资金庞大,实力惊人

机构投资者从社会吸收闲散资金,能够集聚起庞大的资金力量。特别是随着世界金融证券业的一体化发展,使机构证券投资的活动能量和活动范围都远远超出了人们的想像,它们不仅能够左右某一市场乃至某一个国家的市场,甚至能够大范围地左右世界某一区域的市场。当然,机构投资者的这些巨额资金在一国政府的有效控制和规范条件下也有其积极的重要作用,如可以利用其巨大的资本吞吐能力来稳定金融市场价格,防止金融市场出现过度波动,有助于建立合理的市场投资机构,完善市场监管体系,保持市场稳定发展。

2)信息收集和分析能力强

一般机构投资者都设有专门的部门、机构负责收集、分析信息,并拥有一批证券投资分析的专家和管理人员,使其证券投资有条件地建立在对经济形势和市场状况进行科学分析的基础上,并严格按照所制订的投资计划和投资目标进行投资活动。这一点是个人投资者根本无法比拟的。

3)可以进行良好的投资组合,分散投资风险

分散投资是有效规避投资风险的一种主要方法,也是机构投资者投资的一个重要原则。机构投资者可利用其信息和分析预测条件,将庞大的资金分散投资到众多的证券种类上,建立合理的资产组合,从而降低风险。

4)投资稳健,目标切实,注重资产的安全性

一般来讲,机构投资者能够用比较长远的眼光来对待市场的变化,投资策略和投资目的是建立在大量科学分析和充分研究的基础上,收益预期较为稳健切实、合理可行。另外,除了证券经营机构的自营业务外,机构投资者的大部分资金来源于社会闲置资金(如居民储蓄、保险费、养老基金等),与个人投资者的资金相比属于负债,从客观上也要求投资稳健、安全第一,注重资产的安全性。

5)决策与行动的相对低效率

相对于个人投资决策和行动的高效率,机构投资决策和行动的效率要低得多。一是庞大的组织机构其决策成本比较高,决策过程比较长;二是组织内部的信息提供者与意志决定者之间有一个信息交流传递过程。这是证券市场上机构投资者几乎唯一不占优势的方面。

2.1.3 证券投资者与证券投机者

证券市场上的行为主体,按其行为方式可分为证券投资者和证券投机者。在证券市场上有证券投资,也有证券投机,二者同时并存。证券市场是

投资的主要场所，也是投机的最好地方。在证券实务操作中，二者往往难以明确地区分。因此，为了进一步认识证券投资，有必要从理论上对投资与投机的关系做出分析。

(1)证券投机的定义与作用

所谓证券投机，是指在证券市场上短期内买进或卖出一种或多种证券以获取收益的一种经济行为。它是证券市场上一种常见的证券买卖行为。证券投机者利用自己对未来证券价格走势的预测，在短期内买卖证券获取价差收益，这种投机，不是欺诈伪造、内幕交易、违法乱纪、操纵股市的行为，而是以获取较大收益为目的，并愿意冒较大风险的投资行为。在证券市场上，投机活动永远无法绝迹，它必然存在，而且有一定的积极作用，主要表现在以下几方面：

1)价格平衡作用

投机者的目的在于通过价格波动获取利润，因此必然是低价买、高价卖。因而通过投机者贱买贵卖的活动，使不同时间、不同市场、不同品种的价格趋于平衡，适应正常的供求状况。

2)增强证券的流动性

由于投机者主要在交易中牟取差价，只要有利可图，就会频繁地买卖。当投资者要买卖某种证券而没有交易对手时，投机者便会乘虚而入，既能使交易正常延续，又能从中获取利润。

3)分散价格变动的风险

投资者为了保值需要回避风险、转嫁风险，可采取期货交易、期权交易等手段。投机者为牟利而甘愿承担风险，成为了风险的承担者。

当然恶性投机也会有消极作用，甚至产生强烈的破坏作用。例如利用某种信息或时机哄抬价格，造成市场混乱，甚至内外勾结，操纵行情，损害大众投资者利益。对这类恶性投机，证券管理机构应严格加强监管，情节严重的应给予严厉的法律制裁。

(2)证券投资与证券投机的区别

不管是证券投资活动还是证券投机活动，都是买卖证券的交易活动，二者往往难以明确区分。但二者的不同之处是多方面的，主要表现如下：

①对待风险的态度不同。投资者希望回避风险，希望将风险降低到最低限度，他们购买证券一般限于预期收入较稳定、本金又相对安全的证券；投机者希望从价格的涨跌中牟取厚利，往往购买高风险的证券。

②投资时间的长短不同。投资者着眼于长远利益，买入证券往往长期持

有，按期坐享股息和资本增值收益；投机者则热衷于交易的快速周转，从买卖中获取差价收益。

③交易方式不同。投资者一般从事现货交易并实际交割；投机者则往往从事信用交易，买空卖空，或不进行现货交割。

④分析方法不同。投资者注重对证券的内在价值进行分析和评价，常用基本分析方法；而投机者不注重对证券本身的评估，而是关心市场价格的变动，多用技术分析法。

尽管证券投资者与证券投机者存在诸多差异，但实际上很难把二者截然分开，二者在一定情况下会相互转化。长期投资者购买证券后，一旦证券市场突变，出现某种证券价格持续上涨或自己持有的证券价格暴跌时，也会抛出手中证券，转而购买价格仍在上涨的证券或另外选择资金运用方式，以求得更多的差价收益或避免更大的损失，这时投资者就变成投机者；相反，投机者在购入证券后，如捕捉不到好的销售时机，也可能继续持有证券而成为长期投资者。

2.2 证券投资客体

证券投资客体，即证券投资的对象，主要包括股票、债券、投资基金等有价证券。

2.2.1 几种主要的证券投资工具

(1)股票

股票是股份有限公司公开发行的用以证明投资者的股东身份和权益，并据以获得股息和红利的凭证。它是资本市场上借以实现长期投资的工具。

股票一经发行，持有者即为发行股票的公司股东，有权参与公司的决策，分享公司的利益，同时也要分担公司的责任和经营风险。股票一经认购，持有者不能以任何理由要求退还股本，只能通过证券市场将股票转让和出售。作为交易对象和抵押品，股票已成为金融市场上主要的、长期的信用工具。但实质上，股票只是代表股份资本所有权的证书，它本身并没有任何价值，不是真实的资本，而是一种独立于实际资本之外的虚拟资本。

1)股票的性质

①收益性。股票持有者有权按公司章程从公司领取股息和红利，获取投

资的收益。这是股票投资者的目的,也是公司发行股票的必备条件。股票收益的大小取决于公司的经营状况和赢利水平。其收益性还表现在持有者利用股票可获得价差收入和实现货币保值。

②风险性。股票流通只能实现股票持有者的转换,而不可能保证公司不会出现经营失败,如亏损、破产等,因此只要公司经营失败,就会有人遭到损失;同时,股票的交易价格是经常变动的,如果价格下跌,就有可能给股票持有者带来损失。

③流通性。由于股票不能退股,公司一旦经营失败,投资者就势必遭受损失。这种可能性的存在及投资者持股意愿的不断变化,必然决定了股票能够流通。证券市场越发达,流通性越好,市场就越有效率。

④无期性。与债券不同,股票没有到期期限。无期性是个相对概念,并不是说股票就没有期限,而是说股票的期限与股票发行公司的存续时间相同。一旦购买股票的资金投入,任何人都不能要求公司将资金退回。

⑤投机性。有流通和价格的波动,就必然有人试图从股票的差价中获利,产生投机心理与投机行为。由于股票的收益及其市场价格具有极大的不确定性,因而股票的投机性很强。

2)股票的分类

股票可以分为优先股和普通股。

普通股是股份有限公司发行的无特别权利的股票,是最基本和最先发行的股票。普通股的股东具有相同的权利内容,具体表现为:

①具有均等的利益分配权,能随股份有限公司利润的大小而分取相应股票的股息(但获取的股息和红利收益并不确定,是随公司经营状况和赢利水平波动的)。

②具有对企业经营的参与权。普通股股东具有参与权、表决权和选举权等权利。

③具有优先认购新股权和股票转让权。对股份有限公司增资扩股,普通股股东享有优先认股权和新股转让权。

④具有剩余资产索偿权。当公司解散和清算时,普通股股东有权在公司的财产满足了债权人和优先股东份额后,按持股比例索偿应得资产。

优先股是相对于普通股而言的。优先股的股东有优先于普通股分红和优先于普通股的资产求偿权利。优先股的股息收益通常是事先确定的,无论公司经营好坏、利润大小,都是可以按固定比率领取股息的,所以优先股的风险低,收入稳定。但是,与低风险相对应,优先股比普通股享有的权利范围小,表现在优先股股东没有选举权和被选举权,对公司经营的重大事件也无投票权和表决权,而操纵股份公司的实际上是持有普通股的大股东。而且如果公司增发股票，普通股可优先按股权比例认购新发股票，同时有权保持对公司所有权的现有百分比。

3）我国目前的股票种类

我国目前的股票种类主要有普通股票、面额股票、记名股票，此外还有A股、B股、H股、N股之分。A股是以人民币标明面值，以人民币认购和进行交易的股票。B股是指以人民币标明面值，以外币在境内证券交易所上市交易的股票。H股是指由中国境内注册公司发行，直接在中国香港地区上市的股票。N股是指由中国境内注册公司发行，直接在美国纽约上市的股票。

（2）债券

债券是债权的证明书，是发行人依照法律程序发行，并约定在一定期限还本付息的有价证券。它有4个方面的含义：

①发行人是借入资金的经济主体。

②投资者是出借资金的经济主体。

③发行人需要在一定时期还本付息。

④反映了发行者和投资者之间的债权债务关系，而且是这一关系的法律凭证。

1）债券的基本要素

①债券的面值。面值包括面值币种和票面金额。面值币种是指以何种货币作为面值的标价单位。一般地说，国内债券的面值币种为本国货币，在他国发行的债券面值币种为债券发行地国家的货币或国际通用货币（如美元）。票面金额是指债券票面上直接标示的货币单位。票面金额的大小对债券的发行成本、发行数量及投资者的构成产生不同程度的影响。债券的面值通常就是债券的发行价格，但也有不一致的情况如溢价发行或折价发行；债券的交易价格则常常与其面值不一致。

②债券的利率，又称票面利率，是指债券持有人每年可获得的利息与债券面值的比率。债券利率可以是固定的也可以是浮动的，其高低主要受银行利率、发债人的资信级别、偿还期限、利率计算方式和资本市场资金供求关系等因素的影响。

③债券的期限，即从债券发行日起到本息偿清之日止的时间。债券期限可从数月到数十年不等。期限的确定主要受发债人未来一定时期内可调配的资金规模，市场利率的变动态势，投资者的投资意向、心理状态和行为偏好，以及债券市场的供求状况等因素的影响。

2）债券的分类

债券可以按照不同标准来进行分类：按发行主体的不同，可分为政府债券、公司债券、金融债券；按记名与否分类，可分为记名债券和无记名债券；按偿还期限的不同，可分为短期债券、中期债券和长期债券；按利息支付方式的不同，分为附息债券和贴现债券；按利率在偿还期内变动与否，分为固定利率债券和浮动利率债券；按发行方式不同，分为公募债券和私募债券；按发行地域和使用货币的不同，分为国内债券和外国债券（扬基债券、武士债券、龙债券等）。

(3)证券投资基金

证券投资基金是一种利益共享、风险共担的集合证券投资方式，即通过发行基金单位，集中投资者的资金，由基金托管人托管，由基金管理人管理和运用资金，从事股票、债券等金融工具投资，以获得投资收益和资本增值的投资方式。证券投资基金是一种间接的证券投资方式，投资者是通过购买基金而间接投资于证券市场。证券投资基金可以通过发行基金股份成立投资基金公司的形式设立，通常称为公司型基金；也可以由基金管理人、基金托管人和投资人三方通过基金契约设立，通常称为契约型基金。

1)证券投资基金的特点

①集合投资。基金将零散的资金汇集起来，交给专业机构投资于各种金融工具，以谋取资产的增值。

②分散风险。基金可以凭借其雄厚的资金，在法律规定的投资范围内进行科学的组合，分散投资于多种证券，实现资产组合多样化，达到分散投资风险的目的。

③专家管理。基金实行专家管理制度，它的专业管理人员都经过专门训练，具有丰富的证券投资经验，善于利用基金与金融市场的密切联系，运用先进的技术手段分析各种信息，能对金融市场上各品种的价格变动趋势做出比较正确的预测，最大限度地避免投资决策的失误，提高投资成功率。

2)证券投资基金的主要类型

证券投资基金因各国历史、社会、经济、文化等环境的不同，呈现出各种各样的形态。根据其组织形式和法律地位来分类，可分为契约型和公司型；根据收益凭证是否可赎回，分为开放型和封闭型；根据投资对象不同，分为股票基金、债券基金、选择权基金、指数基金、期货基金和认股权证基金等；根据投资风险与收益的目标不同，可分为积极成长型投资基金、成长型投资基金、成长及收入型投资基金、平衡投资基金和收入型投资基金。

(4)金融衍生工具

金融衍生工具是由金融基础工具衍生出来的各种金融合约及其各种组

合形式的总称。所谓金融基础工具主要包括货币、利率工具(如债券、商业票据、存单等)以及股票等。在金融基础工具的基础上借助各种衍生技术,可以设计出品种繁多、特性各异的金融衍生工具来。

1)金融衍生工具的种类

金融衍生工具的分类方法多种多样,按照金融衍生工具自身交易的方法及特点,分为金融远期、金融期货、金融期权、金融互换。

金融远期也称为金融远期合约,是指交易双方规定在未来某一确定时间,按照事先约定的价格和方式买卖一定数量的某种金融资产的合约。远期合约是最简单的一种衍生产品,一般发生在两个金融机构之间或金融机构与客户之间,是一种场外交易产品。

金融期货是指交易双方在将来的约定时间按当前约定价格买卖一定数量的某种金融资产或金融指标的合约。金融期货的标的物不是一般商品,而是证券、债券、存单、股票、股票指数、利率等金融资产或金融指标。

金融期权是以合约方式,规定合约的购买者在约定的时间内以约定的价格购买或出售某种金融资产的权利。同时,合约的购买者也有权选择不执行合约,因此期权交易也称为选择权交易。期权的买方通过支付一定的期权费而获得选择权,卖方通过收取一定的期权费而承担了在买方行使权力时履行合约的义务。

金融互换是指交易双方约定在合约有效期内,以事先确定的名义本金额为依据,按约定的支付率(利率、股票指数收益率等)相互交换支付的约定。

2)金融衍生工具的功能

①通过套期保值,转移价格风险。

②期货交易市场是正规化、统一、公开的自由竞争化市场,可反映市场真实价格。

③可根据期货市场价格的变化,选择调控策略,调控价格水平。

④投资者可利用衍生工具达到优化资产组合的目的。

⑤可提高交易双方的资信度。

⑥可使收入存量和流量发生转移。

2.2.2 证券投资工具的属性比较

(1)性质和功能的不同

股票是股份公司签发的证明股东所持股份的凭证,它反映的是所有权关系;债券有规定的期限,债务人必须按期向债券持有人偿还本金,反映的是债权债务关系；投资基金反映的则是基金投资者和基金管理人之间的一种委托代理关系。

从资金投向来看，股票和债券是直接融资工具，其筹集的资金主要投向实业；而基金作为间接融资工具，其所筹集的资金主要是投向有价证券等金融工具。

(2)发行目的、发行条件和流通方式的不同

股票发行的目的是股份公司增加公司资本，筹集发展生产所需要的资金。政府债券发行的目的是为了平衡财政预算，扩大政府投资。金融债券的发行目的是为了扩大资产业务，改善银行负债结构。公司企业债券发行的目的是为了多渠道筹集资金，调节负债规模。证券投资基金由基金管理人根据投资组合的原理进行分散投资，以达到分散投资风险，并兼顾资金的流动性和安全性而获利的目的。

这些投资工具除了发行的目的不同外，它们的发行条件也不尽相同。如股票在发行人申请公开发行时，总股本不少于人民币 5 000 万元，近 3 年连续赢利等是必备的条件。债券发行者在以债券形式筹集资金时，在发行金额、票面金额、期限、偿还方式、票面利率、发行价格等方面都有具体规定，具备条件才能公开发行。基金发起人的条件也比较严格，如基金主要发起人必须是证券公司、信托投资公司、基金管理公司，每个发行人实收资本不得少于人民币 3 亿元，主要发起人要有 3 年以上从事证券投资的经验和连续赢利记录等。

从这些投资工具的流通性来看，股票可以在二级市场自由地进行交易，股票持有人可按自己的需要和市场情况，在股票市场上方便地转让股票收回投资。虽然债券持有人也可按自己的需要和市场情况转让债券，收回本息，但往往受制于债券的种类和市场对转让所提供的便利程度。封闭式基金单位的流通采取在证券交易所上市的办法，在封闭期限内不能赎回，投资者买卖基金单位，都必须通过证券二级市场进行竞价交易。开放式基金的投资者则可以在首次发行结束 3 个月后，随时向基金管理人或中介机构提出购买或赎回申请，买卖方式灵活。

(3)收益和风险水平不同

在投资活动中，风险和收益总是并存的。股票的直接收益取决于股票的交易价格，而股票的交易价格不仅取决于公司的经营状况和赢利水平，而且常常受政治、经济、社会等方面因素的综合影响，使得交易价格涨跌起落，变幻莫测，风险较大。因此，股票的风险性与收益性不仅并存，而且是对称的，

即股票的收益大小与风险大小成正比例。

债券的直接收益即利率水平，一般是事先确定的，它不随发行者经营效益的变动而变动，有些债券如政府公债等还本付息还得到政府部门的保证，利息收入还享受免税待遇。虽然债券收益低于股票，但投资风险较小，安全系数较高，受到投资者的青睐。

证券投资基金是将零散的资金巧妙地汇集起来，交给具有丰富投资经验的专家进行管理，投资于各种金融工具，以谋取资产的增值。证券投资基金除享受专家经营、风险分散的有利条件外，还具有交易手续简单、交易费用（佣金等）低于股票交易费用等优点。因此，投资基金收益可能高于债券，投资风险又可能小于股票。

期货合约和期权合约都属于衍生产品，是建立在标的资产（股票、外汇、利率等）之上的一种双边合约。期权合约是规定某一特定时间和地点交割一定数量和质量的标准化合约。影响期货价格的主要因素是持有现货的成本和时间价值。影响期权价格的主要因素是标的物资产价格的波动和有无风险利率。期权合约赋予合约持有人在固定期限之内以一定价格买入或卖出某种商品或资产的权利。对于投机者来说，从事金融衍生产品炒作本身是高风险、高效益的投资，但对于在证券市场上的投资者来说，金融期货则是一种套期保值的避险投资工具。

2.3 证券中介机构

证券中介机构是指为证券市场参与者如发行者、投资者等提供相关服务的专职机构。按提供服务的内容不同，证券中介机构又分为证券经营机构和证券服务机构两大类。

2.3.1 证券经营机构及其主要业务

证券经营机构是在证券市场上经营证券业务的金融机构，一般指证券公司。它是证券市场上最重要的中介机构，也是证券市场的主要参与者。按从事证券业务的功能不同，可以分为主要从事证券发行业务的证券承销商，代理客户买卖证券的证券经纪商，为自己买卖证券并创造市场的证券自营商。

（1）证券承销业务

证券承销业务是证券经营机构的基本业务之一。它是指证券经营机构借助自己在证券市场上的信誉和营业网点，在规定的发行有效期限内帮助发行人把证券销售出去。根据证券经营机构在承销过程中承担的责任和风险的不同，证券承销可以分为代销和包销两种形式。

代销是指证券发行人委托承担承销业务的证券经营机构代为向投资者销售证券。承销商按照规定在约定期限内尽力推销，如果到截止日期还未全部售出，那么未售出部分退还给发行人，承销商不承担任何风险。

包销指发行人与承销机构签订合同，由承销机构买下全部证券或销售剩余部分的证券，承担全部或部分销售风险。其适用于那些资金需求量大、社会知名度低且缺乏证券发行经验的企业。包销分为全额包销和余额包销。全额包销指发行人与承销机构签订承销合同，由承销机构按一定价格买下全部证券，并按合同规定的时间将价款付给发行公司，然后承销机构以略高的价格向社会公众出售。余额包销是指发行人委托承销机构在约定期限内发行证券，到销售截止日期，未出售的余额部分由承销商按协议价格认购，实际上是先代理发行，后全额包销。

(2)证券经纪业务

证券经纪业务是指证券公司通过其设立的营业场所(即证券营业部)和在证券交易所的席位，接受客户委托，按照客户的要求，代理客户买卖证券，提供咨询服务的业务。在证券经纪业务中，证券公司不向客户垫付资金，不分享客户买卖证券的差价，不承担客户的价格风险，只收取一定比例的佣金作为业务收入。证券经纪业务可以分为柜台代理买卖和证券交易所代理买卖。要开展经济业务，证券经纪商必须与客户建立具体的委托代理关系，表现为开户和委托两个环节。

证券经纪业务的构成要素包括：

①委托人。委托人是指依国家法律法规，可以进行证券买卖的自然人或法人。国家法律法规不准参与证券交易的自然人或法人不得成为证券交易的委托人。

②证券经纪商。证券经纪商是指接受客户委托、代客户买卖证券并以此收取佣金的中间人。中国证券公司从事证券经纪业务须根据有关规定符合相关条件。

③证券交易所。证券交易所是经国务院批准设立的提供证券集中竞价交易场所的不以营利为目的的法人。

④证券交易对象。证券交易对象是委托合同中的标的物，即委托的事项或交易的对象。

证券经纪业务的特点包括：业务对象的广泛性；证券经纪商的中介性；客

户指令的权威性;客户资料的保密性。

(3)证券自营业务

证券自营业务是指综合类证券公司用自有资金和依法筹集的资金,用自己名义开设的证券账户买卖有价证券,以获取赢利的行为。具体包含4层含义:

①只有综合类证券公司及比照综合类管理的证券公司才能从事证券自营业务。

②自营业务是综合类证券公司一种以赢利为目的,为自己买卖证券,通过买卖价差获利的经营行为。

③在从事自营业务时,综合类证券公司必须使用自有或依法筹集可用于自营的资金。

④自营买卖必须在以自己名义开设的证券账户中进行。

证券自营买卖的对象主要有上市证券和非上市证券。上市证券的自营买卖是综合类证券公司自营业务的主要内容。非上市证券的自营买卖只有通过证券公司的营业柜台或证券承销过程来实现。证券自营业务还具有决策自主性、交易风险性、收益不稳定性的特点。综合类证券公司的自营业务量在整个市场业务中占有相当大的份额,因此证券公司必须遵守市场规则,禁止内幕交易及操纵市场。

(4)其他业务

证券经营机构除以上三大业务外,还有受托投资管理业务、证券投资咨询业务、证券清算业务、证券交割业务、证券交收业务等。

2.3.2 证券服务机构

证券服务机构是指依法设立的从事证券服务业的法人机构。常见的证券服务机构有:证券登记结算公司、证券投资咨询机构、信用评级机构、律师事务所、会计师事务所、资产评估机构等。

证券服务包括:证券投资咨询,证券发行、策划、财务顾问及其他配套服务,证券资信评估服务,证券集中保管,证券清算交割服务,证券登记过户服务以及经证券管理部门认定的其他业务。根据我国有关法律法规的规定,证券服务机构的设立除了按照工商管理法规的要求办理外,还必须得到证券管理部门的批准。非证券服务机构不得从事证券服务业务。证券服务机构是我国证券市场体系的重要组成部分,为证券市场参与主体提供全面的服务,促进了证券市场健康、有序的发展。

证券投资咨询机构是为证券市场参与者的投融资、证券交易和资本营运等活动提供专业性咨询服务的机构。证券登记结算公司是专职从事上市证券登记、存管的中央登记结算机构，是不以营利为目的的企业法人。信用评级机构是由专门的经济、法律、财务专家组成的对证券发行人和证券信用进行登记评定的组织。律师事务所是以法律咨询的形式参与证券市场，向证券市场的主体提供法律帮助的专业机构。会计师事务所是指依法独立承办注册会计师业务的中介服务机构。资产评估机构是指组织专业人员按照国家有关规定和数据资料，按照特定的目的，遵循适当的原则、方法和计价标准，对资产价格进行评定估算的专门机构。

2.4　证券管理机构

从世界各国证券监管的实践来看，实施证券监管活动的主体是多元化的，可以是国家有关主管部门，也可以是证券业协会或证券交易商协会等自律机构，还可以是证券交易所或者其他机构。选择什么样的机构作为证券市场管理机构并不完全从经济上考虑，而是政治、经济、历史、传统等各个方面因素综合作用的结果，因此各国在证券监管主体方面都有自己的特点。但是几乎所有国家的证券监管活动都是由政府部门、行业协会和证券交易所共同完成的。在大多数国家，政府部门承担了较多的职责，行业协会和证券交易所承担了较少的职责；有些国家政府部门承担的职责较少，大部分监管职责交由行业协会和证券交易所承担。

各国在不同的证券监管体制模式下其证券监管组织执行方式不同，有的国家专门设立全国性的证券监管机构——证券交易委员会为证券管理机构；有的国家以中央银行为主体组成证券管理机构；有的国家以财政部为证券监管的主体直接对证券市场进行监管。

2.4.1　证券管理机构监管的对象

从实践来看，大多数国家把证券监管的直接对象定位在证券市场的参与者上，只是在监管的具体内容上有所差别。证券监管的对象包括：发行证券的筹资者，投资各种证券的投资者，为证券发行和证券投资提供服务的中介机构，为证券发行、证券投资提供各种融资、融券业务的机构与个人。证券市场参与者在市场上的一切行为和活动以及由这些行为和活动所产生的各种关系和后果,都有可能成为证券监管的内容。其中涉及证券的发行、承销、交易、代理、投资咨询、交易组织及场所提供,发行与交易过程中的信息披露,与发行相关的资产评估、审计、法律事务,证券商对发行者的融资、证券商对投资者的融资融券、其他金融机构和投资者对证券商的融资融券等活动,以及由于这些活动而产生的发行者与投资者之间、投资者与投资者之间、中介机构与发行者之间、中介机构与投资者之间、中介机构与中介机构之间、发生证券信用行为的各方之间的关系。

2.4.2　中国现行的证券监管体制

中国现行的证券监管体制是集中型监管体制模式,即政府通过制定专门的证券法规,并设立全国性的证券监督管理机构来统一管理全国证券市场的一种体制模式。首先,中国基本上建立了证券市场监管的法律法规框架体系,尽管这一体系目前尚不完善。其次,中国设立了全国性的证券监管机构,负责监督、管理全国证券市场。现在,中国证券监管机构是以中国证券监督管理委员会(简称"中国证监会")为主体,包括中国人民银行和财政部、国家计委、原国家体改委、地方政府及有关部委、地方证券监管部门等共同组成的一个多头监管体系。第三,从 1997 年开始,证券交易所直接归中国证监会领导,强化了证券市场监管的集中性和国家证券主管机构的监管权利。

1998 年国务院机构体制改革将证券委和证监会合二为一,组成统一的证券监督机构——国务院证券监督管理委员会,负责对全国证券市场实施监管。中国证监会在我国现行证券监管体系中居核心地位,下面对其进行介绍。

(1)中国证监会的基本职能

①建立统一的证券期货监管体系,按规定对证券期货监管机构实行垂直管理。

②加强对证券期货业的监管,强化对证券期货交易所、上市公司、证券期货经营机构、证券投资基金管理公司、证券期货投资咨询机构和从事证券期货中介业务的其他机构的监管,提高信息披露质量。

③加强对证券期货市场金融风险的防范和化解工作。

④负责组织拟订有关证券市场的法律、法规草案,研究制订有关证券市场的方针、政策和规章;制订证券市场发展规划和年度计划;指导、协调、监督和检查各地区、各有关部门与证券市场有关的事项;对期货市场试点工作进行指导、规划和协调。

⑤统一监管证券业。

(2)中国证监会的主要职责

①研究和拟定证券期货市场的方针政策、发展规划；起草证券期货市场的有关法律、法规；制订证券期货市场的有关规章。

②统一管理证券期货市场，按规定对证券期货监督机构实行垂直领导。

③监督股票、可转换债券、证券投资基金的发行、交易、托管和清算；批准企业债券的上市；监管上市国债和企业债券的交易活动。

④监管境内期货合约上市、交易和清算；按规定监督境内机构从事境外期货业务。

⑤监管上市公司及其有信息披露义务股东的证券市场行为。

⑥管理证券期货交易所；按规定管理证券期货交易所的高级管理人员；归口管理证券业协会。

⑦监管证券期货经营机构、证券投资基金管理公司、证券登记清算公司、期货清算机构、证券期货投资咨询机构；与中国人民银行共同审批基金托管机构的资格并监管其基金托管业务；制订上述机构高级管理人员任职资格的管理办法并组织实施；负责证券期货从业人员的资格管理。

⑧监管境内企业直接或间接到境外发行股票、上市；监管境内机构到境外设立证券机构；监督境外机构到境内设立证券机构，从事证券业务。

⑨监管证券期货信息传播活动，负责证券期货市场的统计与信息资源管理。

⑩会同有关部门审批律师事务所、会计师事务所、资产评估机构及其成员从事证券期货中介业务的资格并监管其相关的业务活动。

⑪依法对证券期货违法违规行为进行调查、处罚。

⑫归口管理证券期货行业的对外交往和国际合作事务。

⑬国务院交办的其他事项。

【本章小结】

证券投资主体包括4类：一是个人；二是政府；三是企业；四是金融机构。

证券投资者与证券投机者在对待风险的态度、投资时间、交易方式、分析方法上都有所不同。

证券投资客体，主要包括股票、债券、投资基金等有价证券。股票反映所有权关系，债券反映债权债务关系，投资基金反映委托代理关系。股票和债券是直接融资工具，基金是间接融资工具。这3种投资工具发行的目的不同,发行条件也不相同。

证券中介机构按提供服务的内容不同,分为证券经营机构和证券服务机构两大类。证券经营机构是证券市场上最重要的中介机构,也是证券市场的主要参与者,其从事证券承销业务、证券经纪业务、证券自营业务等。证券服务机构是指依法设立的从事证券服务业的法人机构。常见的证券服务机构有:证券登记结算公司、证券投资咨询机构、信用评级机构、律师事务所、会计师事务所、资产评估机构等。

各国证券监管体系不同。我国现行的是集中型监管体制模式,设立了以中国证监会为主体,包括中国人民银行和财政部、国家发改委、地方政府及有关部委、地方证券监管部门等共同组成的一个多头监管体系。

【思考与练习】

一、基本概念

证券投资主体	个人投资者	机构投资者	证券投机者
证券投机	证券投资客体	股票	债券
证券投资基金	金融远期合约	金融期货	金融期权
金融互换	证券中介机构	证券承销业务	包销
代销	证券经纪业务	证券自营业务	证券服务机构
证券管理机构	中国证监会		

二、复习思考题

1. 什么是证券投资主体?其构成要素是什么?
2. 比较个人投资者与机构投资者的区别。
3. 分析证券投机的作用。
4. 股票、债券、证券投资基金的区别是什么?
5. 证券承销的方式有哪些?
6. 简述证券经营机构的三大业务。
7. 试述中国证监会的职责与职能。

第 3 章
证券投资工具(一)

【学习目标】

股票和债券是两个重要的证券投资工具。通过本章学习要求掌握:股票的特征、股利体现的形式、股份公司分红派息的几个重要日期、简单除权价计算、我国股票的特点、股票理论价格的测算、影响股票价格变化的相关因素以及风险的评估;债券的概念、性质、特征、种类、发行债券的不同主体、不同债券的特点、用途、债券和股票的异同以及对不同债券风险的评估。

3.1 股　票

3.1.1 股票的定义

股票是股份公司(筹资者)向出资人(投资者)发行的、用于证明投资者拥有股份公司的股权、成为股东,并以此享受股东权益的凭证。

股票反映的是财产权关系,它是股东对股份公司拥有资本所有权的证书,也是持股人拥有公司股份的书面证明。正如马克思在《资本论》中指出:“股票,如果没有欺诈,它们就是对一个股份公司拥有的实际资本的所有权证书和索取每年由此生出的剩余价值的凭证。”股东凭持有的股票向公司要求得到相应于其股本的各项权益,而公司则按股票兑现其向股东做出的各项承诺。对股份有限公司来讲,股票是筹资工具,对资金所有者来说,股票是投资工具。

3.1.2 股票的特征

因为股票是投资者对股份有限公司投资入股的凭证,又是股份的书面表现形式,所以,作为投资工具,股票表现出如下几方面的特征:

(1)不可返还性

股票是一种无返还期限的投资工具,投资者不能要求发行人退还其投资入股的本金。因为股本是不能返还的,除非股份公司改制、破产、清偿、解散。股票的不可返还性是由股本的非偿还性所决定的,这一特征也是股票与其他金融市场工具之间的重要区别。

(2)高风险性

股票是一种高风险的投资工具,这是由股本清偿性上的附属性和报酬上的剩余性所决定的。公司在实现税后利润后,首先支付到期负债并按章程提取公积金,然后才能以股息、红利的方式向股东支付经营的报酬,如果剩余利润少或没有剩余利润,经过股东大会决议可以不发放股息、红利。如果公司经营不善或者市场出现意外情况,使公司剩余利润锐减而亏损,公司可以申请破产清算,其财产要优先拨付破产费,并按顺序支付所欠职工的工资和劳动保险费用、所欠税款、破产债务。按上述顺序清偿后，如果有剩余财产才能分配给股东。因此，公司一旦倒闭，该公司股票可能一文不值。股票的价值和价格从本质上讲受公司经营状况的影响，其在金融市场上的价格波动也最为剧烈，使之成为一种高风险的投资工具。

(3)潜在的高收益性

股票可能会给投资者带来高收益，但这种高收益性只是一种可能。由于股本具有报酬上的剩余性，剩余利润越多，报酬便越多，既不受股票面额影响，也没有一个事先严格规定的封顶标准。因而，一方面可以使股东得到丰厚的回报，另一方面又使公司的股票价格飙升。股票是否能够给其持有者带来高收益取决于股份公司的经营状况，取决于剩余利润的多寡。故股票具有潜在的高收益性。

(4)流通性

证券本身的性质决定了股份有限公司的股票具有可流通性，股票可以在资本市场自由地买卖，也可以作为抵押品。如果股票发行后，不能流通，不能进入二级市场，以后的股票发行是难以进行的。二级市场不流通，会导致发行市场萎缩，最终会使整个证券市场衰竭。由于股票的这种可流通的特征，从某种意义上讲，持有股票与持有现金几乎没有两样。

(5)参与性

即股东有权出席股东大会，选举公司董事，有参与公司重大经营投票权。而经营决策参与权的大小取决于股东持股数的多少。一般来说，要完全控制一个股份公司，应该持有该股份公司51%以上的股份。

3.1.3　股票的类型

按照不同的划分标准，股票有不同的类型。

(1)按持有人的权利义务分类

按该标准，股票可分为普通股与优先股。

1)普通股

普通股是股份公司发行的无特权的股票。其一般具有以下特点：

首先，它是股份公司最多、最普通，也是最重要的股票种类，是股份公司发行股票类型的基本形式，具有股票最基本的性质。目前，在上海和深圳证券交易所上市交易的股票都是普通股。

其次，这类股票是公司发行的标准股票，其有效时间与股份有限公司的存续期相一致。

再次，普通股是风险最大的股票，其股息和红利是不固定的，随着公司经营状况而变动，每股净资产价值也会波动。

此外，普通股股东是在清偿所有债权人和支付优先股股东的收益后，才能行使企业剩余资产的索取权。

普通股股东享有的4项权益参见第2章的相关内容，在此不再赘述。

2）优先股

优先股是股份有限公司发行的收益及剩余资产分配优先的股票。优先股与普通股一样，也是公司股权的凭证。相对于普通股，它具有两个优先权：

一是优先股设有固定股息，不论公司业绩是盈还是亏，都在普通股红利分配之前支取。

二是具有分配公司剩余资产的优先权。在公司改组、解散和破产时，优先股股东有先于普通股股东获得补偿的权利。

当然，优先股相对于普通股，也有其不利的方面：

一是优先股股东在股东大会上没有选举权和被选举权，也没有对公司经营管理的控制权。

二是由于优先股的股息固定，因此当公司利润增长时，优先股股东不能像普通股股东那样享有较高的增值收益。

发行优先股主要是为了减少公司债务，帮助公司渡过难关；或在增加公司资产的同时又不影响普通股股东的控股权。而一些国家的公司法规定，优先股只能在公司增募新股或清理债务等较特殊情况时发行。

优先股有不同的种类，这是公司为了顺利发行优先股、吸引投资者而做出的变通办法。其种类有：

①参与优先股与非参与优先股。参与优先股是指公司对优先股股东按规定的股息率优先分给本期股息后，若还有剩余利润，也可以与普通股股东一起参与对剩余利润全部或部分的分配。只能享受既定的股息而不参与剩余利润分配的优先股则属非参与优先股。

②累积优先股和非累积优先股。累积优先股是指在公司当年经营不佳不能分红时，可将往年未分配的股息累积起来，等以后经营赢利后再发放。非累积优先股则是按当期赢利分派股息，对以往累积未足额分配的股息不予补偿。非累积优先股对公司的压力小，但不受投资者欢迎。

③可转换优先股和不可转换优先股。可转换优先股是指持股人可以在特定条件下把优先股股票转换成普通股的股票。不可转换优先股指不能转

换成其他类型的证券的优先股。

④可赎回优先股和不可赎回优先股。可赎回优先股是指公司在发行后一定时期内可按特定的价格赎回的优先股股票，以减轻公司股息支付负担。由于可以赎回，这种股票不具有永久性特征。不可赎回优先股是指股票一经认购不能赎回的股票。这种股票保证了公司资本的稳定性。

(2)按投资主体分类

按投资主体划分，我国上市公司的股份可以分为国家股、法人股和公众股。这是我国股票特有的分类方法。

1)国家股

国家股是由国家作为股权所有者持有的股份。国家股的形成是与我国部分股份制企业由原国有大中型企业改制而来有关，其一般是由国家投资的折算构成。国家对上市公司的国家股部分享有与其他股东同等的股权。一般国家股在公司股权中占有较大比重。由于历史的原因，国家股是不可上市流通的，但是，中国的上市公司经过了2005年开始的股权分置改革以后，国家股已经可以流通了。

2)法人股

法人股是指企业法人或具有法人资格的事业单位以其依法自有的资金向股份公司投资所形成的股份。根据法人股形成的途径划分，分为上市公司筹建时发起人投资的法人股和通过定向筹集方式认购的社会法人股。目前，在我国上市公司的股本结构中，法人股约占20%左右，以前是不能上市流通的，但是，目前经过了2005年开始的股权分置的改革的法人股也逐步可以流通了。

3)公众股

公众股是个人投资者持有的股份。其包括公司内部职工股和社会公众股两种。

①公司内部职工股。公司内部职工股是股份公司在试运行期间向内部员工招募的股份。这是我国股份公司在股份制推行初期实行的一种内部筹资办法。公司将一部分本公司股票出售给本企业职工，起到集资与调动职工积极性的双重作用。根据我国《股票发行与交易管理暂行条例》规定，公司职工股的股本数额不得超过公司拟向社会公众发行股本总额的10%，在本公司股票上市后3年内安排上市流通。但是有关部门已规定，今后新发行股票不再设立内部职工股。

②社会公众股。社会公众股指我国境内个人或机构投资者以其合法财产向公司投资所形成的股份。这部分股份在公司股票上市后即可流通。我

国投资者通过股东账户在股票市场买卖的股票都属社会公众股。

(3)根据股票上市地点和筹资对象划分

依据该标准,我国上市公司的股票有A股、B股、H股和N股(详见本书第2章的相关内容)。

除此之外,股票还分为记名股票和不记名股票、有面额股票和无面额股票、流通股票和非流通股票、绩优股和垃圾股、蓝筹股与红筹股等。

3.1.4 股票与相关概念的比较

(1)资本、股份、股票与股东

股份有限公司的资本是由股东缴纳股款所构成的公司财产总额,亦称为股本。资本的最基本构成单位是股份,换句话说,股份是均分公司资本的最小计量单位。如公司总资本7 000万元,被分成7 000万份,则每1份即是1个股份,每1股份所代表的金额是1元。总资本与股份间的关系是:

$$总资本 = 每1股份所代表的金额 \times 公司股份总数$$

股份的表现形式是股票。只有股份有限公司可用股票表现其股份。股票根据股份所代表的资本额,将股东的出资份额和股东权益予以记载和固定,以供投资者认购和交易转让。持有了股票就意味着占有了股份有限公司的股份,取得了股东资格。

(2)股票与股单

股票与股单都是在股份公司中运用的概念,在作用上它们都是用于表现股东的出资和股东权益,同属于股权证券。两者的区别在于:

1)适用范围不同

股票是由股份有限公司发行的;而股单则是有限责任公司发给股东的出资凭证。

2)性质不同

股票属于有价证券,除了用以证明股东地位和股东权益外,法律还赋予其自由流通性,可以在股票交易市场上自由买卖和转让,可以为持有者带来股息、红利等收益,也可以得到股票交易差价带来的收益。股单则是带有单纯的证明性质的证券,它仅仅是为了证明股东的出资和出资额,与特定的股东具有人身依附性;它不能在市场上流通,而只能依法定条件和手续转让;相应的股东只能根据其出资,从有限责任公司获取股息、红利,却不能依据股单赚取交易差价。

3)体现的内容不尽相同

股票体现着金额相等的股份,从而股东依据股票的多少享有平等的股权。股票分为有普通股与优先股、记名股与不记名股、有面额股和无面额股。而股单作为有限责任公司股东的出资凭证,其内容可以表现为每个股东一个股份,每股的金额可以相同,也可以不同。每个股东根据股单确认的出资数额享有相应的股权,并不是按股份的多少取得相应的股权。而且,股单必须是记名的,也不存在普通股与优先股之分。

(3)股票与认股权证

股票和认股权证经常同时出现在证券市场上,但是两者是完全不同的。主要表现在以下几方面:

①从所体现的内容看,股票是确认股东地位和股东权益的凭证;而认股权证则是购买股票的一种权利凭证。持有认股权证,意味着可以在规定时间内,按特定价格购买一定数量的股份有限公司新发行股票的权利。因此,认股权证实质上是股份有限公司发行的一种购买公司股票的期权。

②从期限上看,股票是在股份有限公司存续期间长期存在的;而认股权证一般是有有效期限的,其有效期可以从几个月到几年不等。

③认股权证一般是附在公司债券或优先股上与之共同发行,以增加公司债券或优先股的吸引力,或降低它们的筹资成本。

④投资者买入附有认股权证的债券或优先股后,可以将认股权证与债券或优先股分开单独交易,其价格波动幅度也是很大的,对投资者也有相当的吸引力。

(4)股票与票据

股票与票据都是经济生活中经常接触到的概念,因此有必要将二者加以区别。票据是由发票人签发的,由其本人或委托他人在约定的地点、时间按票面记载的金额向持票人支付款项的有价证券。例如:汇票、支票、本票等。股票与票据都具有有价证券的基本性质,主要表现在:

①股票和票据都是将权利证券化,它们所代表的财产权与证券本身不能分离。

②都是流通证券,即可在商品经济活动中买卖转让。

③都是要式证券,它们的格式、内容及运用、流通过程都必须遵守法律的直接规定。

与此同时,股票和票据又是两类根本不同的有价证券,表现在:

1)作用上不同

票据是设权证券,它的权利本不存在,而是在商品交易时随着票据的制作才产生的。制造票据不是为了证明权利,而是创设权利,权利的发生以票据的制作和存在为条件。而股票则属于证权证券,它只是证明持有人享有的股权,是持有者行使股权的根据;股权产生于股东向股份有限公司的投资,并非产生于股票的制作。

2)内容上不同

票据是货币证券,它代表交易商品价值相等的货币权利,代替货币来使用;股票是资本证券,它不能代替货币来使用,它代表的是股东的股权。

3)目的不同

持有票据的目的是为了实现商业信用。票据的持有者以债权人的身份向票据的债务人请求给付票据上记载的货币金额,从而使票据成为一种支付手段。而发行和认购股票的目的则在于实现资本信用,持有者处于股东的地位向股份有限公司行使股权,获取相应的股息和红利。

4)权利的实现不同

票据中权利的实现,可通过发票人的支付行为,也可能基于第三人的付款行为。随着票据所记载的货币的支付,相应的债权债务关系消灭,票据的效力随即消失。而股票持有人的权利则必须向发行股票的股份有限公司行使才能实现,股东权利的实现过程与股份有限公司的存续时间一致,而且股票不是一次性证券。

3.1.5 股票的收益

投资者购买股票的主要动机就是取得收益,股票的收益形式有股票升值、获取股利两种。

(1)股票升值

股票升值是根据企业资产增加的程度和经营状况而定,具体体现为股票的交易市场价格上升所带来的收益。股票升值的本质原因是由于发行该股票的企业经营效益好,获得较大的利润,且预期股利收入也将增大。

(2)获取股利

股利是股份公司以股东持有股票的数量按一定的比例支付给股票持有者的投资收入。其体现形式为:股息和分红,股息和红利一般通过现金、股票、商品来实现。一般而言,优先股按固定的股息率优先取得股息,它不以企业利润的多少或有无为转移。普通股的股息一般是在支付了优先股的股息之后,再根据剩下利润数额的多少确定和支付的,它是不固定的。股份公司一般每年向股东发放一次或者两次股利,发放的形式主要有 3 种:其一是现金股利,即以现金的形式支付股利;其二是股票股利,即以股票形式支付股利;其三是商品股利,即以公司生产的商品或者其他财产形式分派股利。股利在分配的程序上,一般有 4 个日期,即:

①董事会公告日,即公司董事会决定并宣布公司这次董事会预先通过的股利预分方案。

②股东大会决议公告日,即公司董事会的预分方案在股东大会以决议的形式通过。

③股权登记日,即在股权登记日这一天交易收盘后,还持有公司股票的投资人可以得到公司的股利。

④除权除息日,即公司在这一天将股东大会通过的分配方案直接划入股东的账户。

上述这些日期对股票交易是十分重要的。如果投资人在登记日卖掉了公司的股票,则不能得到公司分给股东的股利。但是,在实际的股票交易运作中,在登记日买入股票,还是在除权日买入股票,这要看这支股票登记日前的涨幅、成交量的大小以及除权之后股价的高低。除权价的高低和登记日前的表现才是投资者是否持有公司股利的标准。如果除权后,股票能够走填权行情,投资者就应该在除权前买入;如果股票除权后走的是贴权行情,那么投资者就应该在除权前卖出。计算除权价的公式为:

$$\text{除权价} = \frac{\text{登记日的收盘价} + \text{配股价} \times \text{配股比例} - \text{红利}}{1 + \text{送股比例} + \text{转增股比例} + \text{配股比例}}$$

3.1.6　股票的价值和价格

股票发行公司的赢利能力与内含的资产价值构成股票的内在价值,其内在价值一般通过股票的票面价值、账面价值与市场价格来体现。

(1)股票的票面价值、账面价值与市场价格

股票是股份有限公司售给投资人代表其股东权利的证书,它是一种虚拟资本,本身并没有价值。但是,由于股票持有者可凭股票定期得到股份有限公司的回报,即:股息和红利,因而股票可以像其他商品一样在市场上流通与转让,于是便有了价格。在探讨股票价格之前,应先区别以下有关的概念。

1)票面价值

股票的票面价值也叫面值，即股票的票面金额，通常以股为单位。发行股票的公司将其资本额分为若干股，每一股所代表的资本额，即为每股面值。比如，某公司股本总额8 000万元，若公开发行股票8 000万股，每股面值为1元；若发行股票100万股，每股面值为80元。每股面值一般是固定的。股票面值不等于股票的实际收益，一般也不等于公司的实际资产，故并不代表股票的实际价值。由于股票不能退，因而面值仅代表股份的份额。

2）账面价值

股票的账面价值又叫股票净值或资本净值，指股票所含实际资产的价值。它常常是证券分析家用来分析股价的一个重要因素。其计算方法是根据公司资产负债表所列的资产净值，减去流通在外的优先股总面值，再除以普通股的股数，即是普通股每股的账面价值。

由于股份公司的资产净值属于全体股东，因而会计上又将股票的账面价值称为股东权益。因为公司的不论哪种性质的公积金、提留的盈余或积累，只要未以股利的形式分派出去，其所有权都是属于股东的。一般来说，股票账面价值较高的公司，股东所能享有的权益也就较高。基于这一点，过去一般投资人认为普通股份的唯一保障就是公司的实际资产。但事实上，股票账面价值高，除了说明公司实际资产雄厚外，并不能说明公司赢利能力强。股票价格与公司的赢利能力有直接关系，这就是为什么有些资产雄厚、规模宏大的公司其账面价值很高，但股票价格却仅仅是其账面价值的极小部分的原因。所以，今天的投资人不仅要关心股票的账面价值，而且还要知道公司的赢利能力以及每股可分配多少股利。

3）市场价格

股票的市场价格也就是股票的市场价值。股票进入市场后的市场价格由交易所决定。股票的市场价格是股票投资人极为重视的问题，因为它直接关系到股票投资人的收益。本身没有价值的股票之所以具有市场价格，并能够成为买卖对象，是因为它能给持有者带来股利收入和价差收益。显然，买卖股票实际上就是买卖领取股息收入和价差收入的凭证。因此，股票的价格是由市场决定的，股票只有进入市场才有价格。

根据价格形成的不同场所，股票的价格可分为一级市场的发行价格和二级市场的交易价格。一般情况下，股票发行价格是以股票的面值和每股收益来确定的；股票交易价格则是在二级市场竞价形成的，也就是在投资者之间不断转手买卖而形成的。股票交易价格的不断变化又叫做股市行情，是证券市场最具有吸引力、最具有神秘色彩同时也是最扑朔迷离的东西。一般情况下讲股票价格，都是指股票的交易价格。

(2)股票价格的理论

本身没有价值的股票之所以能够转让买卖而取有价格,是因为它能够给持有者定期带来一定的股利收入,就如同投资人将一笔货币资本存入银行会取得一定的利息收入一样。比如,本金100元,1年期定期存款利率为10%,1年后得利息10元。若是面值100元的股票,预期股息率为20%,1年后可得股利20元。显然,将面值为100元的股票于1年后的股利收入20元按1年期定期存款利率10%折为现值,这100元面值的股票目前市价应为200元。市场收益率的趋同性自然将1年期银行定期存款利率作为统一的市场利率,因而计算股票价格的方法即是将股票的预期收益按银行的定期存款利率折成现值。所以,作为股利收入的资本化,股票价格的理论公式是:

$$\text{股票价格}=\frac{\text{面值}\times\text{预期的分红派息率}}{\text{市场利率(或者 1 年期银行存款利率)}}$$

在市场利率一定的情况下,预期的分红派息率越高,股票的价格越高。因此,股票投资的预期收益是股票内在价值的基础,上市公司的赢利能力与内含的资产价值构成股票的内在价值。股票的市场价格正是围绕着由每股未来收益与每股资产净值所构成的内在价值上下波动的。

按照资产标价的一般原理,股票价格的形成,是投资者对未来收益的预期和联系于收益实现的风险的预期。即:股票的价格是股票投资预期收益和与预期收益相关的风险程度的函数。预期收益由公司的赢利能力与经营状况而定,它只能待将来去证实,这就使股票的价格因每个人对未来收益的期望不同而产生差异,股票投资的风险也正在于此。公司的资产实力则是公司抗风险能力的基础,每股资产净值是投资者考虑公司经营安全性与发展前途的重要依据。

当然,由于股票投资收益的不确定性,以及不同的投资者对此不确定性的不同预期,使得由预期股利收入与市场利率所决定的股价往往只具有理论分析的意义。在现实的股票交易中,其成交价格的变化幅度是很大的,其与股票每股未来收益以及每股资产净值的背离程度有时候是无法用上述公式来计算的。这是因为股票价格作为一种非常特殊的价格,其运动有着独立的形式与独特的规律。这个规律与一般商品的价格规律是不同的,不能简单地用股票的价格理论来解释其价格的变化,因为影响股票价格的因素是多种多样的。不过,一般将这些因素分为两大类:一是基本因素;二是技术因素。

3.1.7 影响股价的基本因素

影响股票价格的基本因素，主要是证券市场以外的经济与政治等因素。它能长时间地影响股价的变动，是股价长期变化趋势的决定性因素。其中经济因素又是影响股价的最基本的因素，它主要包括宏观经济因素、行业因素与公司因素等。

(1)宏观经济因素

宏观经济因素是指宏观经济环境对整个证券市场所有股票价格的影响，它具体包括以下几方面的内容：

1)经济周期波动

股市行情大的波动与一国的经济周期波动是相吻合的。在经济繁荣阶段，生产上升，投资增加，企业经营利润丰厚，投资者对经济前景充满信心而争相购买股票，推动股价上涨。在经济萧条阶段，生产停滞，投资减少，资金紧缺，投资者对经济前景悲观失望而争相抛售股票，导致股价下跌。甚至企业和银行也会抛售股票以缓冲严重的资金短缺及债务压力，最终造成股市暴跌。在复苏阶段，生产活跃，投资增加，企业利润增加，投资者对经济前景乐观，开始购买股票而造成股市全面回升。

2)财政、金融政策的宽紧

国家的财政、金融政策是影响股票价格的重要因素之一。宽松的财政、金融政策能提高企业的生产积极性，从而扩大生产，增加投资，提高经营效果，其结果是公司赢利增加，投资者得到丰厚的回报，最终引起股价上涨。而生产的发展与股市上扬又会进一步增强大众的投资信心和热情，纷纷看好后市买进股票，促使股市进一步上扬。反之，紧缩的财政、金融政策则会对生产和投资产生影响并导致股市下跌。

3)利率的变动

利率对股票价格的影响体现在两方面：一是从股票价格的理论公式中可以看出，股票价格是将股利收益以一定的市场利率加以还原而得到的，市场利率成为股票的资本还原率。当整个市场收益率提高时，人们评估股票价格的资本还原率必然也随之提高，从而使股票价格下跌。二是利率变动直接改变社会资金的供求，从而影响证券市场的股票价格。当利率降低时，企业的生产成本降低，效益提高，低利率货币也会投向证券市场，增加对股票的需求，导致股价上涨；反之，则会导致股价的下跌。

4)主要社会经济指标的变动

经济增长率、国内生产总值等指标是对整个社会经济总体状况的描绘，其无疑会对证券市场产生重大的影响。从证券的历史来看，股市行情的波动与经济增长率、国内生产总值的变化是一致的。经济增长，国内生产总值提高表明一国经济发展良好，必然会增强大众投资信心而导致股市上扬；反之则导致股市的下跌。

(2)行业因素

行业因素是指某一行业经济状况对该行业股票价格的影响，它主要包括以下几方面：

1)行业寿命周期

不同的经济行业有不同的寿命周期，一个行业一般包括 4 个阶段：初创期、扩展期、成熟期与衰退期。当一个行业处于初创期时，往往是新兴的行业，是技术创新行业。但是，由于新产品的研制和开发费用很高，加之社会公众对新产品缺乏了解，市场相对较小，企业效益和财务状况也不佳。到了扩展期，由于新技术的日臻完善，生产成本的降低，在竞争中整个行业成长迅速，利润也大幅增加；但是，该时期利润丰厚而风险极大，所以股价往往会出现大起大落。在成熟期，由于经扩展期激烈的市场竞争，只留下少数实力雄厚、经营效率高的公司，因而行业成长持续，但速度放慢，利润也渐趋稳定，在该时期股价也稳定上升。在衰退期，由于新产品问世，使该行业发展受阻，个别企业产品甚至遭淘汰，使整个行业出现萎缩和衰退，竞争更加激烈而使企业的利润微薄，因而这一时期该行业股价表现平淡甚至下滑。

2)政府产业政策的倾斜

政府的产业扶持政策对行业股市产生重大的影响。当政府对某行业采取鼓励政策时，会在税收、利率与进出口等方面给予优惠，刺激该行业发展，从而导致该行业的股票上涨；而得不到政府扶持和鼓励的行业则会导致生产紧缩，效益下降，股价下跌。

(3)公司因素

公司因素是指某公司经济状况对该公司股票价格的影响。它包括公司的赢利能力与经营状况、公司财务状况、公司股利分配政策以及公司股票的扩股与分割等方面。

1)公司赢利能力与经营状况

公司的赢利能力与经营状况是决定公司收益和影响股价的最主要因素。股票价格作为收益的资本化，当然与公司收益向着同一方向变化，一旦公司赢利上升，股价必将上升；收益下降，股价也将下降。资本利润率(利润/总资本)是反映公司赢利能力与经营状况的主要指标,因此公司利润与该公司股票价格有极为密切的关系。

2)公司财务状况

公司的资产实力是影响公司股票价格的又一重要因素。公司的资产实力由公司的财务状况决定,主要体现于公司经营的安全性与发展前景、公司的经营规模、公司股票的真实价值或账面价值。

3)公司股利分配政策

上市公司股利分配政策直接影响到股票价格。一般来说,股利多,股价高;股利低,股价低。当然,公司赢利的增加并不意味着股利也能增加,赢利的增加只不过为增加股利提供了可能性。若公司赢利直接用于增发股利,则自然会引起该公司股票价格上涨。但有时候,公司出于稳定股利的考虑而少派息,而将收益的大部分留作资本公积金。虽然这样做并未增加股利,但股票内在价值得到提高,故使股东通过股价上涨的价差得到收益。这样做的结果是,股利稳定而股价也较为稳定。

4)公司股票的扩股与分割

股份公司增资扩股,也会导致股票价格发生变动。新股票的发行是在原有普通股股东中进行,且新股配售价一般都低于市场时价。扩股后公司股本总额增加,股利负担也增加,若公司当期赢利不能同比例增加,势必造成公司增资减息的状况,故引起股价下跌。当然,若公司无偿赠送红股,情况又有所不同了。

3.1.8 影响股价的技术因素

影响股价的技术因素,指证券市场内部本身的因素,它是股价短期波动的决定因素。

在股票市场上,股价的变动经常是不规则的、波浪式的。有时候,股票实际价格与运用各种基本因素分析出来的结果差距很大。比如,在宏观的经济、政治因素并未出现异常变动的情况下,一些公司赢利状况、财务状况也都表现良好时,股价却突然下跌。这说明除来自证券市场以外的基本因素外,证券市场自身也会对股价产生影响。尤其从短期来看,股市的短期波动主要是由技术因素引起的。技术因素一般体现为:

(1)市场供求

股票同其他商品一样,当供不应求时,股价就上涨;当供过于求时,股价就下跌。股票的供给取决于上市股票的数量,而需求则取决于社会资金量对股票投资的需求,也就是通常所说的上市公司股票的数量与市场资金面的相互对比。

除了投资性的真实供求关系外,尚有投机性的虚假供求关系,即看涨与看跌的对立关系存在。在股市变动中,看涨者做多头,看跌者做空头,双方通过资金实力的对比来影响股市的行情变化。如果多方资金实力雄厚,买盘剧增则推动行情上扬;若空方实力强大,卖盘增多将促使行情下滑。

(2)投机与操纵

不正当的投机操作是影响股价短期波动的又一重要因素。一般来讲,股票市场的投机主体往往是各种机构大户,它们利用其雄厚的资金实力而强行哄抬或压市,造成有利于自己的股市价位。除此以外,大部分股票通常各自拥有若干特别关切该股票动向的所谓"做手"或"炒家"(专门从事大宗股票买卖或以投机为专业的人),尤其是各发行者直接参与炒作自己发行的股票,往往对股价波动起着决定性的作用。

对股市的操纵表现为两种方式:一是凭借人为力量掀起段价波动来获利,如前所述的大户操纵;二是发行企业尽可能谋求股价保持高水准的价位,以利于增资扩股。

(3)投资者的心理

投资者的心理对股市价格变动往往产生不可估量的影响。一般来讲,信誉高且具代表性的所谓龙头股往往受到投资者的青睐而使其股价坚挺。即使该股票收益状况有所变动而出现下降的情况,但由于人心的向往也会使这类股价始终坚挺。股市上,一有风吹草动,往往会影响投资者的心理而产生股价的狂涨或狂跌,股市操纵者正是利用大众的心理状态而采取制造和散布谣言等方式来达到自己控市的目的。心理因素对股市的影响还表现在当股市持续上涨或持续下跌一段时间后所出现的疯抢或恐慌性抛售行为上,一旦心理支撑失去平衡,投资者在股市上的行为就会失去理智,所谓的从众心理就是如此,这在一定程度上对股市的短期波动会起到推波助澜的作用。

3.2 债　券

3.2.1　债券概述

(1)债券的定义

债券是债务人向债权人出具的按承诺支付利息、偿还本金的凭证。由定义可知:

①债券是体现债权债务关系的证书。对债券持有人(债权人)来说,债券是债权的证书;对债券发行人(债务人)来说,债券代表其负债,债券是债务的证书。

②债券一经债务人向债权人发出,债务人对债权人的承诺就成立。其承诺内容一般有:

A.债券的期限。

B.债券的票面利率。

C.付息方式。

D.偿还方式。

债券作为一种债权债务凭证,具有法律效力,是一种要式证券。我国《公司法》对公司债券票面内容就有如下的规定:公司发行公司债券,必须在债券上载明公司名称、债券票面金额、利率、偿还期限等事项,并由董事长签名,公司盖章。要求债券的制作程序、记载的内容和记载方式都必须符合法律的规定,否则就失去了应有的价值。

(2)债券的特征

债券作为一种有价证券和投资工具,具有以下特征:

1)偿还性

债券到期后必须偿还。债券在发行时就规定了偿还期限,债务人必须如期地向债权人支付利息,偿还本金。

2)流动性

债券在其到期之前可以也应该在证券市场上方便地交易,也可以抵押取得贷款,具有流动性。如果一种债券在转换为货币时需要等待很长的时间,则债券的流动性差。债券流动性差的结果会导致债券的发行困难,引起发行市场的萎缩。因此,债券必须具备流动性。

3)安全性

债券的安全性是指债券与股票等其他投资工具相比,投资风险较小。其原因是:第一,债券在约定的到期日将以券面金额偿还本金,在付息日分次或一次支付约定的利息,且不受发行后市场利率变动的影响。第二,债券是契约性的债务,契约的约束力使债券的发行人注意自身的信誉并避免法律纠纷,避免因违约而影响今后在市场上筹集资金。第三,债券的发行人主要是国家、地方政府、与政府有关的法人和信用度较高的企业等;而且债券的发行有一整套法定审批程序,故有法律保障。另外,与股票相比,债券的价格波动较小,付息和清偿顺序较之股票优先等,也都提高了债券的安全性。但是,债券具有安全性并不是说债券没有风险,债券也有风险。债券的风险主要是利率风险、通货膨胀风险、信用风险等。

4)收益性

收益性是指债券给持有者带来一定的收益。债券的收益性来自于两个方面:一是债券投资者可按固定利率取得稳定的利息收益,且利率通常要高于银行的同期存款利率;二是投资者可以在证券市场上低买高卖,赚取买卖价差收入。

债券的偿还性、流动性、安全性和收益性之间具有相逆的关系,很难同时兼具上述4个特征。一般来说,期限长的债券收益较高,但安全性、流动性较差;期限短的债券流动性、安全性较好,但收益较低。如政府债券的安全性高,风险相对较小,但其收益则低于许多安全性相对较差的公司债券。

3.2.2 债券的分类

(1)按发行主体分类

按发行主体的不同,债券可分为政府债券、金融债券、公司(企业)债券等几大类。政府债券的发行人是各级政府和政府机构;金融债券是指银行或其他非银行的金融机构发行的债券;公司(企业)债券是由股份公司或企业发行的债券。

(2)按计息方式分类

按利息支付方式的不同,债券可分为一次还本付息债券、附息债券、贴现债券、累进利率债券等几大类。

1)一次还本付息债券

这种债券是在债务期间不支付利息,利息于债券到期日按规定的利率和本金一起支付的债券。其债券利息 = 面额 × 券面利率 × 时期,一般不计复利。期限长的债券票面利率要比期限短的债券要高一些。目前,我国绝大部分债券都采用这种形式。

2)附息债券

附息债券又称为分期付息债券,其券面上一般写明利率,券面还附有领取利息的息票。利息通常每年支付两次。付息日债券持有人就剪下一张息票到指定的银行或付息代理人处领取利息。由于息票自身在发出后也有价值,故其也可转让。西方国家的中长期债券大多采用此形式,而我国在建国初期发行过这种债券,现在较为少见。

3)贴现债券

贴现债券又称贴水债券,是发行时以低于票面价值的价格出售,到期按票面价值偿还本金的一种债券。其发行价格与其面值的差额即为预付利息。贴现债券属于以折价方式发行的债券,由于预付了利息,因此发行者的发行成本高于附息债券。此种债券在国内、国外也较常见。

4)累进利率债券

累进利率债券是指随着债券期限的增加,其利率按既定累进利率的档次累进的债券。其期限越长,利率也越高,后期利率比前期利率高,存在一定的累进率,其到一定期限,可按此期限的利率领取利息,而且债券期限在最短持有期与最长持有期内是浮动的。因此投资者可根据自己需要而选择不同期限,并享受不同期限的不同利率收益,这有利于促进投资者延长债券投资的期限。

(3)按债券的券面形态分类

按照债券的券面形态分类可分为货币债券、实物债券、凭证式债券及记账式债券。

1)货币债券

货币债券是以货币计值并以货币形式还本付息的债券。

2)实物债券

实物债券是一种以实物的数量多少计值的债券。其多见于公债,它仅在币值剧烈波动、物价动荡时采用,以便提高投资者信心,易于政府筹资。在我国现有的国债种类中,无记名债券其实质是一种实物债券,一般也不挂失。

3)凭证式债券

凭证式债券是以发行实物凭证为流通支付手段的债券。它是一种传统的债券发行方式,其本质是债权人认购债券的收款凭证。我国近年来通过银行系统发行的凭证式国债,一般是在券面上根据认购者认购额填写实际缴款金额,并可记名、挂失,但不能上市流通。要提前兑现时,除了得到本金及利息外,债权人往往要支付一定的手续费。

4)记账式债券

记账式债券即无纸化债券,其在交易所的电脑账户中以记账形式记录债权,没有实物的凭证。记账式债券通过证券交易所的交易系统发行和交易,人们买进债券只是记在证券交易所的账户上,而卖出也仅是账户上的减少。其可以记名,可以挂失,但投资者只有在证交所设立账户后才能进行此种债券买卖。由于记账式国债的发行和交易均实行无纸化,因此其效率高、成本低、交易安全。

(4)按利率是否固定分类

按利率是否浮动来划分,可分为固息债券和浮息债券。

固息债券是指在整个借款期间利率都固定不变的债券。这种债券易于计算借款成本,但由于利率不随货币资金供求变化而波动,债权人和债务人要承担市场利率变动的风险。

浮息债券是指债券利率定期随市场利率的变化而变化的债券。这种债券的债权人和债务人所承担的风险相对较小,利息负担与资金供求状况紧密结合,但发行者在计算借款成本上较为困难。

债券还有其他不同的分类,如按有无抵押担保划分,债券又可分为信用债券和担保债券;按债券的募集方式划分,债券可分为公募债券和私募债券。

3.2.3　债券与股票

债券和股票有很多相同的地方,首先它们同属于有价证券,具有有价证券的共同属性;其次,它们都是一种投资工具,因而都具有收益性、流动性和安全性。但是,债券代表的是债权债务关系,而股票代表的是资本所有权关系。二者在本质上的不同使它们有几方面的区别:

①债券有固定的还本期限;而股票的本金是不返还的。

②债券的利息是固定的,它不随举债人剩余利润的增减而变化;而股利的多少则取决于发行股票的公司剩余利润的多少。

③债券的还本付息是有法律保护的,如果发行人不能按期支付利息和偿还本金,债券持有人有权对其提起诉讼,使其承担法律责任;而股利的派发则是由募股公司的董事会视公司利润状况决定的,派发多少和派与不派,不受法律制约。

④债券持有人无权参与公司经营决策与管理;股票的持有人(主要是普通股持有人)有权参与公司的经营决策与管理。

⑤任何经过批准的有还款能力的组织或机构都可以发行债券;而股票只有股份制公司才能发行。

3.2.4 政府债券

政府债券是由政府发行并承诺在约定的期限还本付息,体现债权债务关系的凭证。它表明了政府是债务人、债券持有人是债权人的债权债务关系。作为债券中一种的政府债券是有价证券,其同样具有偿还性、安全性、流动性和收益性的基本特征。按发行人的不同,政府债券又可分为中央政府债券、地方政府债券和政府机构债券。

(1)中央政府债券

中央政府债券是为了进行国家基本建设投资或者弥补国家财政赤字发行的、以国家财政收入为担保的债券。中央政府债券是政府债券的主要形式。

1)中央政府债券与公司债券的区别

中央政府债券与公司债券都具有债券的基本性质及特征,但因为发行人的不同,中央政府债券与公司债券又有区别,主要表现在:

①中央政府债券的债务人是政府、国家,其利率、期限、偿还办法甚至能否按期偿还完全由国家决定;公司债券的债务人为企业,其利率高低、期限和种类以及偿还办法要由市场供求决定。

②公司债券的债权人和债务人是按照事先签订的契约履行债权债务关系,一方如有违约行为,另一方可以诉诸于法律;中央政府债券由于债权人与债务人的地位不平等,作为债务人的国家,如果财政困难不能按时偿还债务,可以单方决定延迟偿还期。

③公司债券的信用保证主要是债务人的财产与收入,因此信用比较弱;中央政府债券的信用是建立在其领土范围内的全部社会资源和财富之上,只要国家存在,债权人的债权就不会丢失。

④中央政府债券的流通性高于公司债券。

2)中央政府债券与公债券的关系

中央政府债券与公债券既有联系也有区别:中央政府债券又称为国债券,国债券和公债券都代表政府的债务;但国债券仅指中央政府的债务,而公债券不仅包括中央政府的债务,而且包括地方政府的债务。

3)中央政府债券的优点

中央政府债券作为一种投资工具,有其自身的优点:

一是本金的安全性。中央政府债券由中央政府承担还本付息义务,由于政府有征税权,又有货币发行权,因此中央政府债券还本付息有可靠的保证,一般情况下没有信用风险。

二是收入的稳定性。投资于中央政府债券可以得到稳定的利息收入。

三是很高的流动性。中央政府债券发行量大,发行区域广,交易方便,因而变现能力强,具有很强的流动性。

四是中央政府债券是免税的,投资者可以免交个人收入所得税。

(2)地方政府债券

地方政府债券是地方政府为了当地经济开发、公共设施的建设而发行的债券。美国称之为市政债券,日本称之为地方债券,英国称之为地方当局债券。

地方政府债券偿债资金的主要来源是地方政府的收入,其信用度低于中央政府债券,因此地方政府债券的利率通常比中央政府债券高。地方政府债券的发行量一般较小,流通区域也有限,因而流动性较中央政府债券差。

地方政府债券基本上可以分为两种类型:

一类是一般责任债券。这类债券的还本付息完全由地方政府的税收担保,其安全性取决于发行者的税收状况。发行这类债券所筹资金主要用于满足地方政府基本职能的需要。

另一类是收益担保债券。发行这类债券所筹资金主要用于某项特定的公共事业,其还本付息资金来自于项目的营运收益,地方政府往往用税收做担保。该类债券的安全性主要取决于融资项目的收益情况。

(3)政府机构债券

政府机构债券是指由政府所属机构、公共团体或与政府有直接关系的企业发行的债券。其中有一部分机构可以发行政府提供担保的债券,如美国联邦政府主办的进出口银行、田纳西领域管理局发行的债券以及日本的首都高速公路债券等都是政府机构债券。

由政府提供担保的政府机构债券由政府提供还本付息保证,因此信用度很高,仅次于国债。但政府机构债券的每次发行额相对较小、分散,流动性弱。此外,政府机构债券不享受中央和地方政府债券的利息免税待遇。

3.2.5 金融债券

(1)金融债券的概念

金融债券是银行和非银行金融机构为筹措资金而发行的一种债权债务凭证。金融债券是债券中的一种,因此具有债券的一般性质和特征。

(2)金融债券的特点

1)安全性

金融债券的安全性低于国家债券,但高于公司债券。金融机构在经济生活中有特殊地位和信用,因此金融债券的安全性要高于一般性的公司债券。但这并不意味着金融机构没有经营风险,由于国家债券是以中央政府的税收和财政预算作为还本付息的保证,金融债券则达不到这种要求,故金融债券的安全性还是稍低于国家债券。

2)收益性

金融债券的收益性高于银行存款。由于金融债券的持有人在债券到期前不能要求银行提前兑付,只能在二级市场上出售,其流动性要低于银行存款,因而,金融债券的票面利率要高于同期银行存款的利率,以吸引投资者。

(3)金融债券的种类

①按利息支付方式的不同,分为附息金融债券和贴现金融债券。

附息金融债券是在债券的券面上附有息票的金融债券。其利息支付方式及本金偿还方式与一般附息债券相同。附息金融债券通常为中长期金融债券。

贴现金融债券是发行时按规定的折扣率(贴现率)以低于票面金额的价格发行,到期仍按票面金额偿还本金的金融债券。发行价与票面金额的差价即为发行人支付给投资者的利息。

②按发行条件的不同,分为普通金融债券、累进利息金融债券和贴现金融债券。

普通金融债券是一种类似于定期存单式的债券,平价发行,不计复利,到期一次还本付息。需要注意的是,普通金融债券尽管形式上类似于定期存单,但其本质上是债券,由发行人统一给定发行条件,到期前持券人不能要求发行人提前兑付,但可以流通转让。

累进利息金融债券是一种期限浮动、利率与期限挂钩的金融债券。其期限最短为 1 年,最长为 5 年,债券持有人可以在最短与最长期限之间随时到发行银行兑付。其利息采用累进制,即将债券的利率按债券的期限分成几个不同的等级,每一个时间段按相应利率计付息。利息通常采取对年对月对日的计算方法,不足年的部分不计息,超过 5 年的部分不另计息。

3.2.6　公司(企业)债券

(1)公司(企业)债券的概念

公司债券是由股份公司举债并按约定条件还本付息的债权债务凭证;企业债券是由企业举债并按约定条件还本付息的债权债务凭证。前者发行的主体是具有法人资格的公司,后者发行的主体是具有法人资格的企业,两者既有交叉又有不同。

(2)公司债券的特点

1)风险大

与政府债券和金融债券相比,公司债券的风险相对较大。因而发行公司债券时,一般都要有严格的审查制度和财产抵押,且必须符合规定的信用评级标准。

2)收益高

因为公司债券的风险比政府债券和金融债券高,为吸引投资者,其票面利率通常要高于政府债券和金融债券,最高可以高于银行同期存款的 40%。

(3)公司债券的种类

1)记名公司债券与不记名公司债券

记名公司债券在其券面上记载有债权人姓名,债券本息只支付给债券票面上的记名人,要凭印鉴领取,转让时必须背书并办理过户手续。不记名公司债券在其券面上不记载债权人姓名,还本付息仅以债券为凭证,转让时无需背书和办理过户手续。

2)参加公司债券与非参加公司债券

参加公司债券的持有人除获得固定利息并到期收回本金外,还有权在某种程度上参加举债公司的剩余利润分配。当然分配的方式和比例事先要有规定。非参加公司债券的持有人只能按照事先约定的利率获得利息,无权参加公司剩余利润的分配。

3)抵押公司债券、担保公司债券、信用公司债券、证券抵押信托公司债券

和设备抵押信托公司债券

抵押公司债券是指以土地、房屋、机器、设备等不动产为抵押担保品而发行的债券。当发行债券者在债券到期不能履行还本付息义务时,债券持有者有权变卖抵押品来清偿抵付。当发行人以同一种不动产为抵押品多次发行公司债券时,可以按发行顺序分为第一顺序抵押公司债、第二顺序抵押公司债、第三顺序抵押公司债,如此等等。当用抵押品清偿时,抵押品要首先清偿第一顺序抵押公司债,然后以其余额偿付第二顺序抵押公司债,如还有余额则偿付更次顺序的抵押公司债。

担保公司债券是指由第三者对该债券的还本付息提供担保的公司债券。一旦发债券人不能按期还本付息,则由担保人履行还本付息义务。

信用公司债券是无任何抵押担保品,而仅凭发行公司的信誉而发行的公司债券。发行信用公司债券时,为保护投资者的利益,通常对发行人有些约束和限制,如不得随意增加公司债券的数量,未清偿债券之前,股东的分红要有限制等。同时,还要求发行公司必须以信托契约的方式发行,并指定受托人对有关规定的实施进行监督。

证券抵押信托公司债券是以公司持有的其他有价证券作为抵押品而发行的债券。作为抵押品的有价证券通常委托信托人(多为信托银行)保管。当发行债券的公司到期不能清偿债务时,即由受托人处理其抵押的证券,并代为办理偿债,以保护债权人的合法权益。

设备抵押信托公司债券是指公司为了筹资购买设备并以该设备为抵押品而发行的公司债券。通常的做法是,发债公司用发行债券筹集的资金购买了设备后,即将设备所有权转交给受托人,再由受托人以出租人的身份,将该设备出租给发债公司,发债公司则按租赁契约的规定分期支付租金,由受托人代为保管并代为还本付息。债券本息全部还清后,该设备的所有权即归发债公司所有。

4)可转换公司债券

可转换公司债券是一种附有专门规定,允许持有人在一定时间内以一定价格向举债公司换取该公司发行的其他证券的公司债券。也就是说,它是一种可以转换成其他证券的公司债券,可转换成该公司的普通股股票,可转换成该公司的优先股股票,也可转换成该公司的其他债券。这种公司债券实际上是一种混合型的金融产品,是普通公司债券与期权的组合体。可转换公司债券的期权属性赋予其持有人一定的选择权,债券的持有人可以选择将债券持有至到期要求公司还本付息,也可以选择在约定时间内将债券转换成其他证券,如股票,以享受股利分配或资本增值。目前,国内所发行的可转换公司债券均为可转换成普通股股票的债券。

【本章小结】

股票是股份公司(筹资者)向出资人(投资者)发行的、用于证明投资者拥有股份公司的股权、成为股东,并以此享受股东权益的凭证。股票具有不可返还性、高风险性、潜在的高收益性、流通性、参与性等几个特征。

股票有很多种分类方法,按照所代表的股东权益可把股票分为普通股、优先股、后配股、混合股,按照股票的票面是否记载股东姓名而分为记名股票和不记名股票,按是否用票面金额加以表示而分为有面额股票和无面额股票,按是否允许上市交易可以分为流通股票和非流通股票。除上述国际分类外,在我国还可以按投资主体不同把股票划分为国家股、法人段、社会公众流通股和外资股等类型。

一般来说,股票有票面价值、账面价值、清算价值、市场价值和内在价值等5种价值。

股票的收益形式有股票升值和获得股利两种。当上市公司向股东分派股息时,就要对股票价格进行除息;当上市公司向股东送红股、转增股本或配股时,就要对股票价格进行除权。

股票价格受多种因素的影响。上市公司的经营状况是决定公司股票价格高低的主要因素;宏观经济发展水平和状况是股票市场的背景和外部环境,也是影响股票价格的重要因素;政治因素往往也是导致股票价格暴涨暴跌的原因。此外,人为的过度投机也是影响股票价格的重要因素之一。总之,凡能作用于一国经济状况的因素都会在股票市场上体现出来,因而股票市场是一国经济的"晴雨表"。

债券是债务人向债权人出具的按承诺支付利息、偿还本金的凭证。它具有收益性、安全性和流动性等基本特征。

按发行主体的不同,债券可分为政府债券、金融债券、公司(企业)债券等几大类。

债券与股票都是直接融资的工具,因此,它们有一定的共性,但在筹资目的与偿还期限、投资风险的大小和投资收益等方面又具有不同的性质和特征。

债券的价格主要有票面价格、发行价格以及市场价格3种。

【思考与练习】

一、基本概念

股票	股利	除权价	法人股
国有股	公众股(自然人股)	优先股	股份
股权证	股单	债券	政府债券
金融债券	公司债券	贴现债券	
附息债券	可转换公司债券		

二、计算分析题

1. 股票和债券的特点和性质有哪些?

2. 股票和债券作为投资工具,表现出什么特征?

3. 按发行主体分类,债券可以分几类?各自的特点、用途有哪些?

4. 债券与股票的异同有哪些?

5. 某股份有限公司的年终分配方案是每10股送6股转增3股,登记日的收盘价是20.80元,除权后的除权价是多少?如果在18.36元买入股票,股价跌到13.56元时,是亏还是盈?假如买入的是100股盈亏是多少?

6. 影响股票价格变动的因素有哪些?

7. 什么是除息?什么是除权?如何计算除息报价、除权报价、权值?

8. 影响债券价格的主要因素有哪些?

第 4 章
证券投资工具(二)

【学习目标】

证券投资基金是当今世界金融市场最普遍流行的投资工具之一,而金融衍生工具通常是指从原生资产派生出来的金融工具。通过对这两种证券投资工具的学习,掌握它们与传统证券投资工具相比各自所具有的独特优势,以及其一定的局限性。

4.1 证券投资基金

4.1.1 证券投资基金概念和特点

证券投资基金是一种利益共享、风险共担的集合证券投资方式，即通过发行基金单位，集中投资者的资金，由基金托管人托管，由基金管理人管理和运用资金，从事股票、债券等金融工具投资，以获得投资收益和资本增值的投资方式。证券投资基金是一种间接的证券投资方式，投资者是通过购买基金而间接投资于证券市场的。证券投资基金可以通过发行基金股份成立投资基金公司的形式设立，通常称为公司型基金；也可以由基金管理人、基金托管人和投资人三方通过基金契约设立，通常称为契约型基金。目前我国的证券投资基金均为契约型基金。

各国的证券投资基金的形式都不尽相同，称谓也有所差别，在美国称为“共同基金”，在英国及我国香港地区称为“单位信托”，在欧洲一些国家被称为“集合投资基金”或“集合投资计划”，在日本和我国台湾地区则称为“证券投资信托基金”。虽然形式和名称都不尽相同，但是其实质却一样，主要有以下几个特点：

(1)组合投资、分散风险

根据投资专家的经验，要在投资中做到起码的分散风险，通常要持有10个左右的股票。然而，中小投资者通常无力做到这一点。如果投资者把所有资金都投资于一家公司的股票，一旦这家公司的股票价格大幅下跌乃至公司破产，投资者便可能尽失其所有。而证券投资基金通过汇集众多中小投资者的小额资金，形成雄厚的资金实力，可以同时把投资者资金分散投资于不同种类、不同行业、不同地区、不同公司的证券，分散了投资风险。

(2)专业理财

基金资产由专业的基金管理公司负责管理。基金管理公司配备了大量的投资专家，他们不仅掌握了广博的投资分析和投资组合理论知识，而且在投资领域也积累了相当丰富的经验，有能力对巨额投资资金进行有效的风险管理。

(3)方便投资

证券投资基金最低投资数量一般较低(目前我国封闭式基金最低可买100份基金单位,即100元,开放式基金最低投资金额一般为1 000元),投资者可以根据自己的财力,多买或少买基金单位,从而解决了中小投资者“钱不多、入市难”的问题。而且为了支持基金业的发展,我国还对基金的税收给予合理政策,使投资者通过基金投资证券所承担的税赋不高于直接投资于证券须承担的税赋。

(4)流动性高,变现力强

投资基金是一种变现性能良好、流动性较强的投资工具,投资者可以根据个人的需要随时买卖基金受益凭证,而且手续非常简便。封闭式基金的转让一般在证券交易所或通过柜台交易进行。在证券交易所里,投资者通过证券商进行封闭式基金竞价买卖,其程序与买卖股票类似。开放式基金对投资者来说就更为便利了,可以随时直接向基金公司认购或赎回基金受益凭证,赎回时还可按照投资者个人所提出的支付方式付款。

(5)交易费用低,收益稳定

投资基金往往汇集了具有共同投资目的的资金,因此在大额买卖证券时的经纪费用可以在投资者之间共同分摊,从而降低了投资的成本,此外很多国家和地区对基金在税收上也给予一定的优惠。另一方面,各类投资基金的相互竞争也促使其在改善服务质量的同时降低管理费和购买费,由此减少了投资者的成本。在我国,证券投资基金的交易成本是远远低于股票交易的。投资基金资产划分为若干基金单位,投资者按照持有的“基金单位”份额分享基金的增值收益。一般而言,投资基金是按照组合投资的方式进行投资活动的,在一定程度上分散了风险,因此其收益往往能够保持稳定的水平。

4.1.2　证券投资基金的分类

投资基金有多种多样,可按不同的标准进行划分。

(1)按组织形式划分

按组织形式不同,可分为契约型基金和公司型基金两种。

1)契约型基金

契约型基金,又称信托型基金,是根据《信托法》组建的,也就是由委托者、受托者和受益者三方订立信托投资契约，由基金管理公司（委托人）负责发起组织基金并按照契约运用信托财产进行投资；由基金保管机构（受托人）如信托公司或银行等按照契约负责保管信托财产和相关的会计核算等事宜；由受益凭证持有人也就是一般投资者（受益人）按照契约享有投资收益。契约型基金筹集资金的方式一般是发行基金受益券或者基金单位，这是一种有价证券，表明投资人对基金资产的所有权，凭其所有权参与投资权益分配。它是历史最为悠久的一种基金，亚洲国家和地区多是契约型基金。我国的基金目前全部属于契约型基金。

2）公司型基金

公司型基金不同于契约型基金，它是依据《公司法》组建的，通过发行股票或受益凭证的方式来筹集资金，并把资金投资于有价证券等项目以达到赢利目的的股份有限公司。投资者通过购买基金公司发行的股票或受益凭证成为公司的股东，按所持的股份承担经营风险、分享投资收益和参与公司决策管理。同一般的股份公司相同，股东通过股东大会选举成立董事会、监事会，再由董事会、监事会投票选举总经理共同执行业务，向股东负责。美国的投资基金大多为公司型基金。

公司型基金通常包括4方当事人：投资公司、管理公司、保管公司和承销公司。投资公司是公司型基金的主体，它以发行股票的方式筹集资金，公司的股东就是受益人。管理公司在与投资公司订立管理契约后，既要办理一切管理事务并收取报酬，又要为投资公司充当顾问，提供调查资料和服务。保管公司一般由投资公司指定的信托公司或银行充当，在与投资公司签订保管契约之后，保管公司负责保管投资的证券，办理每日每股资产净值的核算，配发股息及办理过户手续等，并收取保管报酬。承销公司接受投资公司的委托，把投资公司的股票批销给零售商，再由零售商向投资者出售。如果投资者想退出基金并要求投资公司购回股票时，也由承销公司办理有关事宜。

3）公司型基金与契约型基金的区别

①法律依据不同。公司型基金组建的法律依据是《公司法》；而契约型基金组建的法律依据是《信托法》。

②基金财产的法人资格不同。公司型基金具有法人资格；而契约型基金不具有法人资格。

③发行的凭证不同。公司型基金发行的是股份；契约型基金发行的是受益凭证（基金单位）。

④投资者的地位不同。公司型基金的投资者作为公司的股东有权对公司的重大决策发表自己的意见，可以参加股东大会，行使股东权利；契约型基金的投资者购买受益凭证后，成为契约关系的当事人，即受益人，对资金的运

用没有发言权。

⑤基金资产运用依据不同。公司型基金依据公司章程规定运用基金资产;而契约型基金依据契约来运用基金资产。

⑥融资渠道不同。公司型基金具有法人资格,在一定情况下可以向银行借款;而契约型基金一般不能向银行借款。

⑦基金运营方式不同。公司型基金像一般的股份公司一样,除非依据公司法规定到了破产、清算阶段,否则公司一般都具有永久性;契约型基金则依据基金契约建立、运作,契约期满,基金运营相应终止。

(2)按受益凭证可否赎回划分

按受益凭证可否赎回,可分为封闭式基金和开放式基金两种。

1)封闭式基金

封闭式基金是指在设立时基金的发行总额就是限定的,在发行期满后基金就封闭起来不再增加新的股份。此后,投资者无论是想购买或赎回基金的股份或受益单位,都不能向基金公司提出要求,只能通过证券经纪人在证券交易所里进行买卖。封闭式基金的交易价格是根据市场供求状况来确定的,这里包括两方面的因素:一是证券市场整体的价格水平;另一个就是基金自身的投资业绩的好坏。

封闭式基金比较适合于发展水平较低的发展中国家的金融市场。这类市场规模小,资金的周转速度较慢,投资工具少而灵活性差,不适合大规模资金的运作。因此封闭式基金正好适用于这类市场,它既可以防止国际游资对正在发展的资本市场带来的冲击,又可以保证资金总额的稳定,让基金从事长期的投资从而获得比较稳定的收益,还可以避免应付赎回问题,降低投资成本。

2)开放式基金

开放式基金是指基金发行的股票或受益凭证的总数是不固定的,可根据基金发展需要追加发行,而投资者也可根据市场状况和自己的投资决策,决定退回或增加购买该公司的基金单位份额。基金经理人也应按照招股说明书上的规定,随时准备以按基金净资产值计算的价格向投资者出售或赎回基金单位,这一价格也反映了基金的市场供求状况。

开放式基金的投资目标比较灵活,这也要求投资市场的规模大,便于基金迅速地调整投资结构和投资品种。另外,由于基金发行股份的数量不受限制且可以随时赎回,所以基金总额经常发生变动。投资公司为了应付投资者中途抽回资金,不得不从基金总额中提取一定比例的现金资产,以满足随时变现的需要,这类现金资产不可避免地将影响到基金总体的赢利水平。因此投资公司在投资者赎回时一般要求其支付一定的赎回费,以约束他们过于频繁变动资金的行为。

3)开放式基金与封闭式基金的区别

①基金规模的可变性不同。开放式基金发行的基金单位是可赎回的,而且投资者可随时申购基金单位,所以基金的规模不固定;封闭式基金规模在封闭期是固定不变的。

②基金单位的交易价格不同。开放式基金的基金单位的买卖价格是以基金单位对应的资产净值为基础,加上必需的申购赎回费用,这个价格不受基金市场及相关市场(股票、债券市场)的供求关系变化的影响;封闭式基金是在证券交易所二级市场上挂牌买卖,其单位的价格更多地会受到市场供求关系及股市债市行情等的影响,价格波动较大,一般总是偏离基金的资产净值,会产生“折价”、“溢价”现象。

③基金单位的买卖途径不同。开放式基金的投资者可随时直接向基金管理公司购买或赎回基金,手续费较低;封闭式基金的买卖类似于股票交易,可在证券市场买卖,需要交手续费和证券交易税。

④投资策略不同。开放式基金必须保留一部分基金,以便应付投资者随时赎回,进行长期投资会受到一定限制;而封闭式基金不可赎回,无需提取准备金,能够充分运用资金,进行长期投资,取得长期经营绩效。

⑤所要求的市场条件不同。开放式基金的灵活性较大,资金规模伸缩比较容易,所以适用于开放程度较高、规模较大的金融市场;而封闭式基金正好相反,适用于金融制度尚不完善、开放程度较低且规模较小的金融市场。

(3)按投资对象划分

根据投资对象不同,可以分为股票基金、债券基金、货币市场基金、期货基金、指数基金、认股权证基金等。这里将着重介绍前3种。

1)股票基金

所谓股票基金就是把基金的全部或大部分资产投资于普通股股票的基金类型。它的投资目标侧重于追求资本利得和长期资本增值,是基金最原始、最基本的品种之一,而股票也是基金最初选择的投资对象。股票基金在基金市场上占有重要的地位,其原因有:

①一国的股票市场规模庞大、运作规范、监管严格,为股票基金投资操作创造了良好的客观条件。另外,股票市场上发行股票的各类企业分处于不同的行业,且企业之间在经营规模、资本实力和获利能力等方面也存在很大差异。股票基金可以根据不同的投资目标和投资策略,灵活地组合股票品种,向投资者提供各级风险的投资品种。高风险的有新兴市场股票基金和中小

企业股票基金等,低风险的有蓝筹股基金和国际股票基金等。

②在金融一体化的趋势下,通过股票基金投资者可以投资于海外股票市场。由于个人投资者对海外市场的经济政策、法律规定等缺乏足够的信息,投资的风险很大,而且个人投资的交易成本也比较大,如果投资者通过加入股票基金来参与国际股票的投资,那将会趋利避害,不仅风险可以得到控制,还有可能获得较高的收益。

③股票基金可以通过其掌握的巨额资金创造更多的赢利机会。基金由专业人士管理使得投资决策更趋科学,从而捕捉到市场上更多的获利机会。更为重要的是,基金本身的大额投资交易就能直接对股票市场造成影响,创造出一些额外的获利机会。这是中小投资者可望而不可即的。

正因如此,股票基金对股票市场起了至关重要的作用。因此,各国政府都对股票基金进行严格的监管,以防止基金过度投机或对股票市场进行价格操纵,这样也就减少了其他投资者的风险。

2)债券基金

债券基金是基金市场的重要组成部分,其规模仅次于股票基金。它是将资产的全部或大部分投资于收益稳定的各类债券上的基金,具有风险小、收益稳定的特点。但是与股票基金相比,它缺乏资本增值的能力,因此更适合于那些追求比较稳定收入的稳健型投资者。应该看到,债券基金也是存在投资风险的,这种风险主要来自 3 个方面:

①市场利率水平将影响债券价格,从而影响债券的收益率。市场利率水平主要随资金供求状况、通货膨胀率、货币政策和财政政策等的变化而相应地调整。因此在投资债券时,如何安排固定利率债券与浮动利率债券的搭配、中长期债券和短期债券的搭配将直接影响债券基金的未来收益。

②国际市场债券基金的汇率风险。汇率风险是指那些投资于外国债券或欧洲债券的基金,由于资产的计值单位与投资对象的计值货币不一致,而发生货币兑换时承担的汇率变动风险。通常的做法是通过衍生工具市场来对冲风险头寸,这无疑会增加基金投资的成本。

③债券的信用等级的高低将会影响到债券的价格,从而影响债券基金股份的市场价格。债券的信用评级对债券的发行和流通交易都十分重要,评级的高低反映了该种债券的信用度和风险水平。评级高的债券往往能吸引投资者的踊跃投资,市场流动性也很高,容易变现;而评级低的债券则不得不通过提高利率来吸引投资者。所以,基金在选择投资的债券品种时,也应该注意考虑它的信用等级。

3)货币市场基金

货币市场基金主要以货币市场（1 年期以内的短期金融产品交易市场）

上那些具有较高流动性的有价证券，如国库券、大额可转让定期存单、商业票据、承兑汇票、银行同业拆借以及回购协议等为投资对象。这类基金的主要特点是：

①流动性强，安全性高。货币市场基金是以货币市场的短期融资工具为投资对象，而这类工具在各类有价证券中是最具流动性的，仅次于货币。而且，这些证券是由政府或大的商业银行、著名工商企业发行的，或由大银行担保的，安全性很高。

②投资成本低，收益较高。货币市场基金的认购和售出均无需交纳手续费，只收取管理费，大大降低了投资的成本。另一方面，基金投资于短期有价证券，收益要高于银行存款和一些债券投资。

③基金是无限期的。货币市场基金通常是无限期的，但收益的计算是以约定的时间进行，投资者可以随时进入或退出。

④投资这类基金容易操作。货币市场基金对没有投资经验的投资者来说几乎是一种必不可少的选择，是所有投资基金中最稳健的投资工具。

(4)按投资收益目标划分

根据投资收益目标的不同，可以把投资基金分为成长型基金、收入型基金和平衡型基金。

1)成长型基金

成长型基金是以追求资本的长期增值为目标的基金。成长型基金注重资本的长期增值，同时兼顾一定的经常性收益。基金的投资主要集中于市场表现良好的绩优股。基金经理人在进行投资操作时，把握有利的时机买入股票并长期持有，以便能获得最大的资本利得。成长型基金的主要目标是公司股票，它不做信用交易或证券期货交易。

成长型基金虽然追求资本增值，但并不追求资本在短期内的最大增值，而是要使基金资产保持稳定、持续、长时间的成长。被成长型基金挑选的公司，多是信誉好且具有长期赢利能力的公司，其资本成长的速度要高于股票市场的平均水平。由于成长型基金追求高于市场平均收益率的回报，因此它必然承担了更大的投资风险，其价格的波动也比较大。

成长型基金的投资对象是股息分配记录优良，尤其是业绩逐年增长的股票，它是利率可以预测并在比较稳定年代一种好的投资工具。不过，现在的公司所提供的股息远较货币市场基金所提供的报酬低，导致人们对它的兴趣大减，这样成长型基金逐渐失去了它的优势。所以一些成长型基金改变了投资策略，从而派生出了一些新的类型：

①积极成长型基金。也称高成长基金或资本增值基金。与普通成长型

基金追求资本的长期增长不同,它的主要目标在于尽可能争取资本的快速增长,有时甚至是短期内的最大增值。这种基金投资于有高成长潜力的股票或其他证券,有时还包括一些被兼并企业的股票或低于其内在价值的股票或债券。这些被投资的企业往往是一些具有很强活力的企业。为了能使企业快速成长,这些企业把赢利作为再投资,而很少向股东派发股息和红利。因此,积极成长型基金的目标就是资本利得,而不是经常收入。有时,基金还会采用保证金的方式进行交易,买空卖空证券来取得投资收益。它的投资目标、投资策略以及相应的操作,都决定了这类基金有很强的投机性,从而它的波动性也比较大。所以了解基金管理公司的投资能力和投资策略,基金在市场产生异常波动时所持有的头寸和历史表现等,都是投资者在购买该种基金的收益凭证之前必须考虑的问题。

②成长兼收入型基金。它是利用投资于可带来收入的证券及有成长潜力的股票,来达到既有收入又能使资本增值的双重目的。通常这种基金的投资目标中成长稍重于收入。因此成长兼收入型基金是成长型基金中投资策略较为保守的一种,它既可以满足投资者希望资本能不断增值的心理预期,又可以为投资者带来一定量的当期收入。

2)收入型基金

收入型基金则是注重当期收入最大化和基金股份价格的增长;收入型基金是以当期收入最大化为投资目标,把资产运用于利息较高的货币市场工具或债券以及股利分配比较丰厚的股票。这类基金虽然成长潜力小,但是本金损失的风险也低,因而受到那些保守的投资者和退休人员的欢迎。收入型基金通常分为两个类型:固定收入型基金和股票收入型基金。

固定收入型基金是在低水平的风险下,强调固定不变的收入。它的主要投资对象是债券和优先股,这样,不仅能够保证在本金不受损失的情况下收入的稳定来源,而且使建立和管理这类基金在技术上相对简单。但是,固定收入型基金并非没有风险,它的最大风险就是当货币市场的利率水平频繁波动时,基金所投资的债券和优先股却不因此而上下波动,从而造成基金的收益率相对下降。

股票收入型基金虽然把资产集中于股票,但与成长型基金不同的是它的投资目标主要是当期收入。它主要投资于那些历史上股息分派记录比较好的公司的普通股或可转换公司债券等,所以该类基金更关注投资企业的经济状况和股息、红利的分配政策等。与固定收入型基金相比,股票收入型基金的资本增值潜力大,但价格波动也大。

3)平衡型基金

平衡型基金兼具前两者的优点,既追求长期的资本增值也不放弃当期收入。平衡型基金与成长兼收入型基金类似，也是既追求资金的长期成长，又要注重当期收入的取得。两者的区别在于，成长兼收入型基金的投资对象是股票，而平衡型基金则是把资金分散投资于股票（普通股和优先股）和债券，其投资策略与成长兼收入型相比要更为保守。

实践中平衡型基金的资产分配大约是：25% ~50%的资产投资于优先股和公司债券，其余的投资于普通股，这样可以更好地确保基金资产的安全性。因此它的最大优点就是具有双重投资目标，投资风险小。当股票市场出现空头行情时，平衡性基金的表现要好于全部投资于股票的基金；而在股票市场出现多头行情时，平衡型基金的增长潜力要弱于全部投资于股票的基金。

(5)按募集对象、募集方式划分

根据募集对象、募集方式的不同，可以将投资基金划分为私募基金和公募基金两种。

1）私募基金

私募基金是一种以私募发行的方式向少数投资者募集资金而设立的基金。在发达国家，私募基金影响力非常大，投资的风格相当明确，个性化的服务是私募基金的竞争力所在，成为私募基金的卖点。私募基金按发行主体又可以划分为：以机构投资者为发起人设立的私募基金和以个人投资者为主体设立的私募基金。而不论是机构投资者还是个人投资者，基金的私募作为非公开发行的一种模式，对公开发行基金是补充也是竞争。从国外的一般经验看，机构投资者作为私募基金的发起人是主要形式。私募基金的发行对象一般都是与发行者有特定关系的投资者，发行者的资信情况为投资者所了解，所以可以不必像公募发行那样向社会公开内部信息，也没必要取得证券资信评级机构级别的评定。

2）公募基金

公募基金是指向广泛而不特定的投资者发行基金份额的基金。公募基金发行涉及众多的投资者，社会责任和影响都较私募基金大。出于保证投资者的合法权益，政府对基金的公募发行控制很严，要求发行人具备较高的条件，例如，必须向社会提供各种财务报表及其他有关资料。公募基金可以上市流通，具有较高的流动性，因而易于被广大投资者接受。

3）私募基金与公募基金的主要区别

①监管要求不同。公募基金必须向证监会注册，而且在结构和操作上要受到相关法律的严格管制，其目标是为了确保投资者获得足够和准确的基金信息，并且保护基金资产的完整和投资符合投资规划的限制。相对来说，私募投资基金是非经注册的私人投资体，只受到投资者与基金发起人所签投资

协议的制约,除了其他相应法律法规的规定,它们免于证监会的监管,其投资组合结构不受限制,也无需披露投资者和基金表现。

②费用要求不同。出于保护投资者的利益,一般来说政府会制定法律限制公募基金从管理投资基金中获得的收入,另外,投资基金销售费用和其他分配费用也会受到特定规则的限制。而私募基金收取投资者的费用可以不受任何限制,典型的情况是基金经理按所管理的合伙基金数量收取以固定比例计算的较低管理费,数年后,当客户收回本金并赚取了一定百分比的收益后,他们一般可按事先商定的比例分享到一部分利润。

③杠杆操作要求不同。为了公募基金对其风险进行限制以保证投资者的合法利益,政府会通过法律的形式严格地限制投资基金杠杆操作或以其投资组合价值为担保进行借贷的能力。然而,杠杆操作和其他更高风险投资策略却是私募投资基金的主要特征之一,如索罗斯管理的量子基金和长期资本管理公司等。

④价格制定和流动性要求不同。公募基金必须每天对其投资组合所含有的全部证券进行定价,按天定价除了给投资者提供及时的投资价值信息之外,还在于确保投资和赎回的价格公平。而私募投资基金的投资者任何时候都无法确定其投资价值,也不能随时加入或退出,一般以5~10年为期限。这一方面,是因为经济周期每四五年一次;另一方面,是希望投资管理人员不必迫于短期表现的需要而牺牲长远利益。

⑤对投资者的要求不同。公募基金以收入中等的中年散户投资者为最多,对投资者的要求是具备基金公司开户的最低投资额。相反,私募基金一般由大户及集团投资者(如保险公司、银行、退休金管理公司等)出资组成,一般要求至少100万美金的投资数额。这种规定旨在限制合伙基金的加入,使其局限于非常有经验的投资者,因此私募基金在西方也被人称为富人基金。

4.1.3 证券投资基金当事人

投资基金的创立和运行一般涉及4方:

(1)基金发起人

基金发起人是发起设立基金的直接责任人,它在设立基金过程中所扮演的角色类似于股份公司的发起人。但鉴于基金的特殊性,各国一般都对基金发起人提出了比股份公司发起人更高的要求,各国法律、法规都从发起人的资本规模、商业信誉和经营业绩等方面做了资格限制。我国《证券投资基金管理暂行办法》规定,基金发起人应符合以下条件:主要发起人为按照国家有关规定设立的证券公司、信托投资公司和基金管理公司；每个发起人的实收资本不少于3亿元人民币；主要发起人有3年以上从事证券投资经验、连续赢利的记录，并有健全的组织机构和管理制度。

在基金设立过程中，基金发起人主要负责向主管机关申请设立基金。在基金设立获得批准后，负责基金的募集工作，使基金能够成功地完成设立的各项工作。

(2)基金持有人

基金持有人是基金受益凭证的持有者。基金资产通常由基金托管人保管，并且一般以托管人名义持有；但是，基金最后的权益属于基金持有人，持有人承担基金投资的亏损和收益。基金持有人的基本权利包括对基金收益的享有权，对基金单位的转让或赎回权，以及一定程度上对基金经营的决策权。基金持有人在享有法律、法规赋予的权利的同时，也必须承担遵守基金契约、交纳基金认购款项及规定的费用，以及承担基金亏损或者终止的有限责任等规定的义务。

(3)基金管理人

证券投资基金管理人是指负责基金具体的投资操作和日常管理的管理机构，即凭借专门的知识与经验，运用所管理的基金资产，根据法律、法规及基金章程或契约的规定，按照科学的投资组合原理进行投资决策，谋求所管理的基金资产不断增值，并使基金持有人获取尽可能多的收益机会。基金管理人在不同国家(地区)有不同的名称，例如，在英国称投资管理公司，在美国称基金管理公司，在日本多称投资信托公司。但其职责都是基本一致的，即运用和管理基金资产。

(4)基金托管人

基金托管人是投资人权益的代表，是基金资产的名义持有人或管理机构。为了保证基金资产的安全，按照资产管理和资产保管分开的原则运作基金，基金设有专门的基金托管人保管基金资产。基金托管人为基金开设独立的基金资产账户，负责款项收付、资金划拨、证券清算、分红派息等，所有这些，基金托管人都是按照基金管理人的指令行事，而基金管理人的指令也必须通过基金托管人来执行。在外国，对基金托管人的任职资格有严格的规定，一般都要求由商业银行及信托投资公司等金融机构担任，并有严格的审批程序。在我国，基金托管人有中国工商银行、中国建设银行、中国银行、中国农业银行和中国交通银行等5家。

证券投资基金当事人的运行关系如图4.1所示。

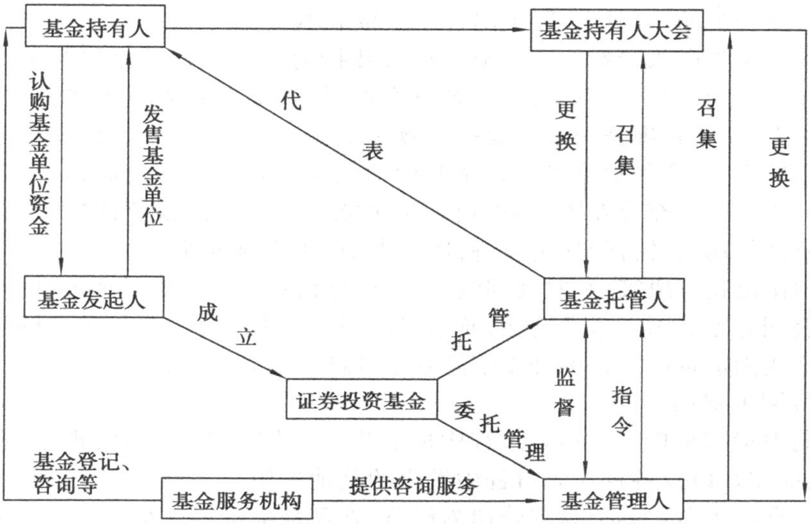

图4.1　证券投资基金当事人的运行关系

4.1.4　证券投资基金的费用、估值与收益

(1)证券投资基金的费用

因为基金是以委托方式请他人代为投资和管理,故从设立到终止都要支付一定的费用。基金所应支付的费用可按发生时间的先后,分为期初费用、期中费用和期终费用。

1)期初费用

期初费用指为发行基金单位时支付的费用,以及与募集基金相关的其他费用,主要包括开办费用和固定资产购置费。

①开办费用。开办费用指的是基金在成立前所花费的一切费用。基金管理公司创建基金时,要做广告宣传;在设计基金或推出一种基金品种时,需要对投资市场进行调查和可行性研究,以便设计出适销对路的基金产品;基金设计好以后,还需要在有关部门注册登记;在某一金融市场推销基金,又需要经过该金融市场的证券管理当局审批等。在此过程中,发生的费用有:成立费、发起费、调查咨询费、发行时各网点的手续费、注册费、宣传广告费、文件资料印刷和派发费、承销费等。这些费用开支都统称为开办费。这些费用

列入发行价格，不列入基金资产，由认购人在认购基金时一并支付。但基金上市后新开支的费用按实际支出计入基金成本。

②固定资产购置费。固定资产购置费指的是基金管理公司购买固定资产所花的费用。基金管理公司经营基金产品，表面上看来无需多大的投入，但实际上，这些管理公司多是有一定规模的金融机构，拥有丰富的人才资源和良好的声誉，这些都是可以计量其价值的无形资产。但仅此是不够的，为使这种资源得以充分发挥，为投资者尽可能带来较高的投资回报，基金管理公司还必须购置必备的先进设备，比如电脑、通信网络等，才能争取在最短的时间内做出投资决策，及时处理资料信息，分析行情。如果是环球基金，基金管理公司还必须建立国际性的通信设施系统，以便同各大金融市场沟通信息。这些固定资产设备的开支都是基金管理公司必须支付的。

2）期中费用

期中费用是指基金运营过程中所发生的一切费用，包括管理年费、保管年费、操作费以及各种在此过程中发生的其他费用。

①管理年费。基金管理公司为经营、管理基金每年从基金资产中提取的费用称为管理年费。该笔费用用于基金管理公司该年度的各种必要的开支，包括有关登记、顾问费用及秘书工作的费用，通常从基金资产中扣除，无需向基金持有人直接收取。根据与管理公司所定的协议，这部分费用一般是每年按基金资产净值的一定比率提取，比率的大小与基金规模成反比例关系，与风险成正比例关系。基金规模越大，风险越小，比率越低；反之，则相反。一般情况下，管理年费比率为基金资产净值的0.25%～2.5%，不同类型的基金所收取的管理年费也不同。管理年费的计提一般是逐日累计，按月支付。此外，有的基金也准许预提一部分。

②保管年费。保管年费是指基金托管人为保管及处理基金资产而收取的费用，又称为托管费。每年的费用标准一般为基金资产净值的0.2%，同样，费率标准及提取也会因基金种类不同而异。计提方式一般也是逐日累计，按月支付。该项费用从基金资产中支付给基金托管人。

③上市费用。封闭式基金往往在证券交易所上市交易，基金上市须经一定的审批手续，付一定的费用。另外，基金还须付给负责将基金上市的机构（如投资银行）一定的佣金，上市后还要交纳上市年费。

④操作费用。操作费用包括支付的会计师费、律师费、基金持有人大会费用、基金信息披露费用、证券交易费用，以及季（年）报及公开说明书等的印刷制作费等。这些开销和费用是作为基金的运营成本支出的，统称“操作费”。基金的操作费用所占的比例较小，一般是按有关规定或当事人的收费标准从基金资产中适时支付的。

投资基金操作是否有效率,主要看其是否经济,看其操作费用是否偏高。操作费比重高低与基金规模大小也有关,通常是基金规模越大,其操作费比重越低,另外,表现不好的基金操作比重也比较高。因而,操作费比重高低也是投资者衡量基金表现的一个重要依据。对于开放式基金来说,如果表现不佳,每基金单位分摊的操作费用比较高时,投资者就会不断将资金撤出,导致基金缩减。但基金的操作费总额并不一定因资金减少而减少,结果使每基金单位分摊的操作费用更高。

⑤业绩报酬。此项支出一般为基金年终实现利润的一定百分比,基金分配时一次性支付给管理公司。具体报酬比率应在基金契约等相关契约、委托书中注明。

⑥其他费用。

3)期终费用

期终费用即为基金清算所需费用,按结算时实际支出从基金资产中提取。

(2)证券投资基金资产的估值与净值的计算

在基金的投资组合中拥有多种资产,包括股票、债券、未上市证券,还包括一些其他资产,如银行存款、应收账款等。对基金资产进行估值就需要依照相关法律法规和会计准则对基金拥有的各类资产的价值进行客观、准确、公正的计算。

对基金拥有的各类资产进行估值后将其加总,即得出基金资产总值,然后扣除基金总负债就得出基金净资产总值。用基金净资产总值除以发行的基金单位总数,可得出基金单位净资产价值。基金单位净资产价值是衡量基金运作好坏的主要指标,也是制订基金单位交易价格的依据。证券市场每天都在波动,因此基金资产价值每天都在发生变化,从而基金单位净资产价值和基金交易价格不断发生变化。因此对基金的资产进行适时的估值,能够真实地反映基金当时的实际价值,便于基金单位在市场上交易。对于投资者来说,及时、准确地了解基金价值的变化,便于其做出投资决策。我国规定封闭式和开放式基金至少每周公布一次资产净值,这样基金资产估值至少每周一次。

估值对象是指基金拥有的各类资产,包括股票、债券、未上市证券和其他资产。估值的方法在契约中应予以规定。估值的过程中,首先对基金的各类资产进行估值,最后得到的指标通常是每单位基金净资产价值。按一般公认会计准则,对已上市股票、债券的估值以估值日(是指对基金资产进行估值的实际日期)当天市场收盘价为准;该日无交易的,以其前一个交易日的收盘价为准。对于未上市股票以其成本价计算,未上市国债或大额可转让存单以本金加计至估值日为止的应计利息额计算。

基金持有的其他资产包括:银行存款、投资以及应收款等。银行存款应以本金加计至估值日为止的应计利息额计算,投资应将其账面资产额加计其所产生的利息或收益计算,应收款项应计入基金资产,外汇资产折算人民币的价格以估值日当日的外汇买卖中间价计算。

基金单位净资产价值等于基金的净资产价值总额除以发行在外的基金单位总数,即

$$基金单位净资产价值 = \frac{基金净资产价值总额}{发行在外的基金单位总额}$$

其中　　基金净资产价值总额 = 总资产 − 总负债

而　　总资产 = 股票价值 + 债券价值 + 现金 + 未上市证券价值 + 其他资产价值

总负债 = 管理费 + 托管费 + 应付基金赎回费 + 应付购买证券款 + 基金应付的收益分配 + 其他应付费用

另外,基金单位净资产价值与基金交易价格有明显的区别。对于开放式基金而言,基金的交易价格是以基金单位净资产价值计价;但对于封闭式基金,因为封闭式基金在证券交易所上市,其价格除了受基金单位净资产价值的影响外,还要受市场供求关系、经济关系、市场突发事件等因素的影响,二者必然会产生偏离。

(3)证券投资基金的收益

对于不同种类的证券投资基金,尽管其投资目标和投资策略不同,但其收益的构成可以归结为投资所得红利、股息、债券利息、买卖证券差价、存款利息以及其他收入。

1)利息收入

基金的利息收入来自两个方面:一是存款利息收入,二是投资于有价证券的利息收入。

基金管理公司为了保证资产的流动性,以备随时赎回基金单位时付现,或者及时抓住有利的投资机会,一般都会保留一定比例的现金资产。由此,基金每隔一段时间,就会有一定的利息收入。一些保守或持稳健风格的基金,会追求稳定的利息收入,主要投资于政府债券、企业债券以及商业票据、可转让大额存单或其他短期票据等具有稳定利息收入的金融品种。这些金融品种构成基金的第二个利息收入来源,也是基金最主要的利息收入来源。利息收入占总收益的比例因基金的类型和投资目标的不同而不同,对于货币

市场基金来说,其收入来源基本上来自利息。

2)股息收入

除了以追求利息收入为主要目标的债券基金和货币市场基金外,大部分基金并不以利息为主要收入来源,而将大部分资金投资于股票。我国大部分基金即属于这种情况。股息的支付形式有现金和股票,或是两种形式的组合。不管上市公司采用何种方式发放股息,都构成基金的股息收入来源。现金股息可直接增加基金的现金收益,基金可将这部分收益按份额分配给投资者。股票股息可增加基金的资产总额,从而给未来带来更多的股息收入。

3)资本利得

资本利得是大部分投资基金的一项最重要的收益来源。资本利得是指股票和其他有价证券的卖出价高于买入价的那部分差额。一般来说,投资于股市的基金特别是一些积极成长型或富有进取型的基金,并不很看重股利的高低,而更看重股票价格的上涨,以“低进高出”原则进行操作,赚取差价利润。这种差价利润就是已实现的资本利得。

资本利得的多少取决于基金管理公司的操作水平。基金管理公司具有一批投资专家进行操作,他们对何时买进卖出、买卖何种证券进行判断,并且把这些指示传达给指定的基金托管人执行。

基金管理公司一般都会将已实现的资本利得分配给投资者。对于尚未卖出的那部分已增值资产的增值部分,则作为账面资本保留在基金内,不予分配。待以后卖出这部分资产,使账面资本利得成为现实资本利得后,才对这部分资本利得进行分配。

4)其他收入

其他收入指运用基金资产而带来的成本或费用的节约额,如基金因大额交易而从证券商那里得到的交易佣金优惠等杂项收入。这部分收入通常数额很小。在《证券投资基金管理暂行办法》实施准则第一号中规定,在证券投资基金契约中应说明因运用基金资产带来的成本或费用的节约应计入收益。另外其他收入还可能包括其他投资收入等杂项收入。

案　例

我国证券投资基金 2001 年收入构成的分析

2001 年基金收入结构最大的变化就是股票交易收入大幅度减少,而债券收入却大幅度提高。在公布的 2001 年年报的 50 只基金(部分基金运作未

满一个完整的会计年度)中,其收入指标分析如下:

收入总数:11只基金收入为负,累计收入-3.77亿元,39只基金收入为正,累计收入54.02亿元,50只基金最终收入总数为50.25亿元。11只收入为负的基金中,除基金景宏、基金天华两只大盘基金外,其余均是小盘基金,表明总体而言,大盘基金运作强于小盘基金。基金安信以5.40亿元收入夺得第一,充分显示了基金安信的实力。

股息收入:实现2.64亿元,占总收入的5.25%。从历年情况看,2001年占比值是1998年以来最高的。股息收入和股票行情有负相关关系。1998、2001年股票行情先涨后跌,基金股息收入却大幅度提高,尤其是2001年更是突破5%,这一方面说明基金加大对蓝筹股的投资,另一方面也说明一旦行情看淡,现金高回报的股票就成为基金构建防守型组合的主要对象。

债券利息收入:实现4.83亿元,占总收入的9.61%,表明基金越来越注重债券投资。债券主要是国债的投资正成为基金资产配置的重要构成。在1999、2000年股票行情火暴时,债券投资仅仅是为了满足投资组合比例规定以及随之而来的调整头寸需要。2001年在股票风险与操作难度加大时,基金加大债券投资是合理的选择。

股票买卖差价收入:实现35.77亿元,占总收入的71.18%。股票买卖价差收入虽然仍是基金收入的主要来源,但2001年占比较过去两年大幅度下降,而且绝对值也急剧减少。景宏、天华股票买卖差价收入分别为-1.94亿元和-0.70亿元,这可能与景宏在银广夏上被迫巨额亏损斩仓有关,天华可能是对历史遗留的流动性严重不足的资产进行调整有关。

债券买卖差价收入:实现3.51亿元,占总收入的6.98%,安信、安顺、兴和基金该科目收入较多,二级市场操作水平明显高出其他基金一截。华安、华夏两家基金管理公司的债券交易水平初具品牌特征。

其他收入:实现3.51亿元,占总收入的6.98%,其他收入主要反映基金银行存款利息收入、回购利息收入等。这里包括了可转换债券的收入。从回购利息收入明细科目看,基金同益、同智、华安创新、南方稳健成长均有较大规模的回购利息收入,显示基金手头货币资金极为宽松,为盘活运用现金资产,就大量拆出资金。从历年情况看,1998、1999年因新基金大量发行,发行费用节余部分归入该科目而收入大增。2000年基金发行暂停,该科目占比就大幅度减少。2001年占比回升到6.67%,主要是基金的存款利息与回购利息收入所致。表4.1是基金历年各项收入与总收入占比的关系表。

2000年12月31日,基金拥有108.44亿元的浮动盈利,结转2001年会计年度。而2001年12月31日,基金却有32.48亿元的浮动亏损需要弥补。2001年的27亿分红实际上部分来自于2000年底108亿元浮动盈利的推迟兑现。而2002年,基金已经没有浮动盈利可以支撑了,相反,却累计了32亿多的浮动亏损。

表4.1　我国基金历年各项收入与总收入之比　　单位:%

年份	基金数量/只	股息收入占比	债券利息收入占比	股票买卖差价收入占比	债券买卖差价收入占比	其他收入占比
1998	5	2	6.49	32.01	18.06	41.46
1999	20	1.63	3.42	87.78	-0.63	7.58
2000	33	0.62	1.57	96.79	-0.45	1.52
2001	50	5.25	9.61	71.18	6.98	6.98

(改写自:胡立峰.国债收益颇丰,股票浮亏较大[J].中国证券报,2002年4月1日.)

4.1.5　证券投资基金的投资范围

投资基金的投资对象和投资行为要受到基金契约的规定以及法律法规的限制。基金契约的规定,取决于具体基金的投资目标和投资原则,各个基金有所不同。例如,固定收入型基金主要投资于债券和优先股股票,而成长型基金主要投资于长期有成长前景的公司的普通股。而法律法规对投资基金做出的限制,是各国证券主管机构或政府有关部门为保障广大投资者的利益针对所有证券投资基金共同制订的。

我国的法律法规对证券投资基金的投资行为做出了有关具体的规定,现归纳如下:

(1)投资范围限制

2004年我国《证券投资基金法》中第58条规定,“基金财产应当用于下列投资:上市交易的股票、债券;国务院证券监督管理机构规定的其他证券品种”。

(2)投资数量限制

根据《投资基金管理暂行办法》第33条,基金的投资组合应当符合下列规定:

①1 个基金投资于股票、债券的比例,不得低于该基金资产总值的 80%;

②1 个基金持有 1 家上市公司的股票,不得超过该基金资产净值的 10%;

③同一基金管理人管理的全部基金持有 1 家公司发行的证券,不得超过该证券的 10%;

④1 个基金投资于国家债券的比例,不得低于该基金资产净值的 20%;

⑤中国证监会规定的其他比例限。

(3)特殊投资行为限制

我国证券投资基金法第 59 条规定,基金财产不得用于下列投资或活动:

①承销证券;

②向他人贷款或者提供担保;

③从事承担无限责任的投资;

④买卖其他基金份额,但是国务院另有规定的除外;

⑤向其基金管理人、基金托管人出资或者买卖其基金管理人、基金托管人发行的股票或者债券;

⑥买卖与其基金管理人、基金托管人有控股关系的股东或者与其基金管理人、基金托管人有其他重大利害关系的公司发行的证券或者承销期内承销的证券;

⑦从事内幕交易、操纵证券交易价格及其他不正当的证券交易活动;

⑧依照法律、行政法规有关规定,由国务院证券监督管理机构规定禁止的其他活动。

4.2 金融衍生工具

4.2.1 金融衍生工具的特征

金融衍生工具是由金融基础工具衍生出来的各种金融合约及其各种组合形式的总称。衍生工具是由相关资产的未来价值衍生而来的,由两方或多方共同达成的一种金融合约。最初的衍生工具交易中通常以一种商品,如大米、黄豆或小麦作为相关资产。今天部分衍生工具交易仍以商品作为相关资产,但除此之外,几乎所有的金融产品或金融工具都可用作相关资产。例如以债务工具、利率、股票指数、货币市场工具、货币甚至其他衍生合约作为衍生工具的基础,即金融衍生工具。

金融衍生工具与金融基础工具相比，具有以下4个特征：

(1)金融衍生工具的性质复杂

对基本衍生工具如期货、期权和互换的理解和运用已经不易，再加上国际金融市场的“再衍生工具”更是把期货、期权和互换进行组合，使金融衍生工具的特性更为复杂。这种复杂多变的特性，一方面使得金融衍生工具具有充分的弹性，能够满足使用者的特定需要；另一方面也导致大量的金融衍生工具难以为一般投资者理解，更难以掌握和驾驭。

(2)金融衍生工具的交易成本较低

金融衍生工具可以用较为低廉的交易成本来达到规避风险和投机的目的，这也是金融衍生工具为保值者、投机者所喜好并迅速发展的原因之一。金融衍生工具的成本优势在投资于股票指数期货和利率期货时表现得尤为明显。例如，通过购买股票指数期货，投资者可以少量的资本投入及低廉的交易成本来实现其分散风险或投机的目的。又如，在浮动利率市场具有借款优势的借款人可与另一在固定利率市场具有借款优势的借款人进行利率互换交易，来达到双方降低成本的目的。

(3)金融衍生工具具有高度的财务杠杆作用，是一种高风险的投资工具

高度的财务杠杆作用在金融期货和金融期权中表现得非常明显。例如，金融期货采用保证金方式进入市场交易，市场参与者只需动用少量资金即可控制巨额交易合约，所以金融期货具有以小博大的高杠杆效应。如果运用于套期保值，可在一定程度上分散和转移风险；如果运用于投机，可能带来数十倍于保证金的收益，也可能产生巨额的亏损。发生于1995年2月的英国巴林银行事件就是因为交易员过度投机日经股票指数期货导致的。

(4)运用金融衍生工具易于形成所需要的资产组合

比如，一个投资者决定以甲国政府债券做多头，以乙国政府债券做空头，而他现时资产组合中只有乙国政府债券。为此，若按照传统金融工具的交易方式，他只有先卖出乙国政府债券取得乙国货币，再卖出乙国货币买回甲国货币，并用甲国货币买进甲国政府债券。这一资产组合的完成最快也需要5~7天才能真正实现，同时此间还可能出现外汇风险。若是采用政府债券期货交易，则仅用十几分钟就可完成资产组合的调整。

4.2.2 金融衍生工具的分类

根据不同的分类标准有不同的分类方式。按照基础工具种类的不同,金融衍生工具可分为:股权式衍生工具、货币衍生工具、利率衍生工具;按照金融衍生工具交易性质的不同,即合约的买方是否具有选择权,可分为:远期类工具和选择权类工具;按照金融衍生工具自身交易的方法及特点,可分为:金融远期、金融期货、金融期权、金融互换。下面将对一些主要的金融衍生工具做一些介绍。

(1)金融远期

金融远期也称为金融远期合约,是指交易双方规定在未来某一确定时间,按照事先约定的价格和方式买卖一定数量的某种金融资产的合约。远期合约中购买金融资产的一方称为多头,出售金融资产的一方称为空头。在合约到期时,交易双方必须进行交割,即空方付给多方合约规定数额的金融资产,多方付给空方按约定价格计算的现金。

1)远期合约的价值和远期价格

远期合约的价值是对合约的多空双方而言,在某一时刻合约本身具有的价值。该价值的决定因素是合约金融资产的价格。在合同生效初始,远期合约的价值为0,因为多空之间均没有因合同而发生现金流动,双方就不会产生收益和损失。此后,随着金融资产现货价格的变化,虽然多空双方没有实现现金的支付或收取,但一方有了账面上的收益,相应的另一方也有了账面上的损失,此时对多空双方而言合约就有了价值,该价值可能为正也可能为负。

远期价格是远期合约的金融资产在未来某一时刻的价格。在合约生效初始时刻 t,在约定的交割价格 K 下,合约价值 f 为0,此时的远期价格就是合约的约定价格(即交割价格)。随着时间的推移,在时刻 t_1,合约交割价格是固定不变的,而远期价格却在发生变化,因而两者一般不再相等,此时合约价值 f 不再为0。假定此时存在一个能使 $f=0$ 的交割价格 K_1,K_1 就是时刻 t_1 金融资产的远期价格。就同一金融资产的远期合约而言,远期价格随着期限的不同而不同,远期价格高于即期价格,称为远期升水;反之,称为远期贴水。

2)远期合约的损益

在远期合约的交割日,合约多方必须以价格 K 买入金融资产,而此时该资产的市场价格为 S_T,这样远期合约的损益可表示如下:

多方: 收益 $=S_T-K$

空方：　$$收益 = K - S_T$$

①**空头对冲**

空头对冲		
现货市场	期货市场	对冲结果
由于持有商品而为**多头**	卖者需成为**空头**或**卖出**期货合约，即**卖空**	两方仓盘相反，从而使卖方避开现货市场上价格下跌的风险。现货价格的**下跌**为期货合约交易中的盈利所冲抵

如果现货市场上某项资产价格**下跌**，市场参与者决定卖出期货，则现货市场上的全部亏损可由从期货合约中赚利的利润冲抵。图 4.2 显示了现货市场上的亏损是如何由期货市场上的利润所冲抵的。

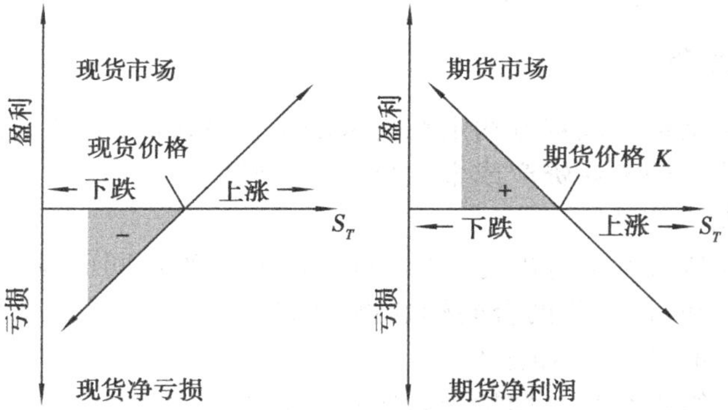

图 4.2　空头对冲示意图

②**多头对冲**

多头对冲		
现货市场	期货市场	对冲结果
由于需要买入商品而为**空头**	买入者需成为**多头**或**买入**期货合约，即**买多**	由于仓盘相反，从而使买入者避开现货市场上价格上涨的风险。现货价格的**上涨**为期货合约中的收益所冲抵

如果现货市场上某项资产价格**上涨**，市场参与者决定买入期货，则现货市场上的全部亏损可由从期货合约中赚得的利润冲抵。图 4.3 显示了现货市场上的亏损是如何由期货市场上的利润所冲抵的。

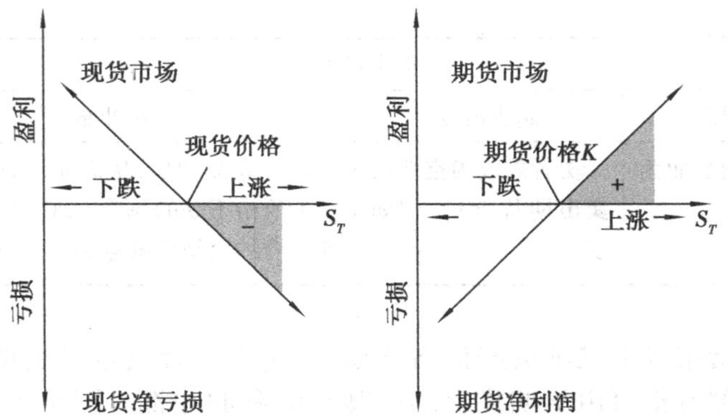

图 4.3　多头对冲示意图

(2) 金融期货

金融期货是指协议双方约定在将来的某一特定时间,按当前约定价格买卖一定数量的某种金融资产或金融指标的合约。

1) 金融期货的特征

①金融期货合约的标准化。体现在:标准化的合同面额和合同数量;标准化的交割时间;标准化的合同标的物;以及实行涨跌停限制,规定价格的最大波幅和价格的最小变化幅度。

②交易所组织交易。期货交易所直接介入每一笔期货交易,充当期货买卖双方的相对方,即买方的卖方和卖方的买方。

③保证金制度。保证金是履约的保证,保证金比率因期货合约和交易所不同而有所区别,但一般都低于100%,因此,期货交易是一种"以小博大"的杠杆投资工具。保证金主要包括两类:初始保证金和维持保证金。初始保证金是在新开仓时买卖双方都必须交纳,一般用现金方式,也可用有价证券。初始保证金数额计算公式如下:

初始保证金 = 交易金额 × 保证金比率(一般在0.5% ~5%之间)

维持保证金是投资者保证金账户中所允许的最低保证金。交易所每天清算会员期货仓位,按每天收市价逐日结算,以确定其期货价值,并将每日盈亏记入保证金账户。当保证金账户数额低于最低要求时,投资者就会被要求在24小时内追加现金到初始保证金水平,否则其期货头寸就会被强制平仓。这部分新交的保证金被称为追加保证金。

④合约对买卖双方强制执行。合约到期时,买卖双方必须按合同规定进

行实物交割。不过,实践中一般都是在合约到期前通过数额相等、方向相反的交易抵消了。

2)金融期货市场的参与者

金融期货市场的参与者按不同的交易动机可分为套期保值者、组合投资者和投机者等。

套期保值者是金融期货市场上的主要参与者,主要目的是通过在期货市场上建立与现货市场相反的仓位,来锁定其所需金融资产的价值或负债的成本。其本质是通过金融期货规避现货市场上种种不可预测风险,包括利率风险、汇率风险和股票风险等。

投资基金管理者在进行资产组合投资时,往往会运用期货合约来预防股票价格、利率和汇率的不利波动。

投机者利用金融期货交易的高杠杆性,进行"以小博大"的高风险投资。其目的不是为其所持资产或负债进行保值,而是借助于较少的保证金和专门的投资知识、丰富的投资经验,通过发现期货市场与现货币场的差价,进行频繁的交易以获取利益。

3)金融期货交易的主要品种

①股票指数。以股票指数为标的物的期货合约股指期货是目前金融期货市场最热门的、发展最快的期货交易。由于股票指数是根据股票市场上有代表性的股票加权平均计算出来的,代表市场总体价格水平的指标,因此购买股指期货可使投资者享受高度多元化的好处,又免于实际购买指数中的一揽子股票的负担。

②利率期货。利率期货是以利率为标的物的期货合约,主要针对市场上债务资产的利率波动而设计,按期限的不同它又可分为短期利率期货和长期利率期货。前者包括以国库券、定期存单、欧洲货币存款等短期信用工具的利率为标的的期货,后者主要是以中长期债券利率为标的的期货。

③货币期货。货币期货是以汇率为标的物的期货合约,又称外汇期货,是适应各国从事对外贸易和金融业务需要而产生的,借以规避汇率风险。目前国际上货币期货合约交易所涉及的货币主要有英镑、美元、日元和欧元等。

4)金融期货品种的操作

金融期货通常被市场参与者用于保护他们的资产不受价格逆向变动影响。他们持有的仓盘取决于市场波动性,如表4.2所示。

表4.2　金融期货品种的操作

金融期货合约	**卖出空头**以对付	**买入多头**以对付
利息率	利息率**上升**	利息率**下降**

续表

金融期货合约	卖出空头以对付	买入多头以对付
货币	货币价格下跌	货币价格上涨
股票指数	股票指数价值下跌	股票指数价值上涨

(3)金融期权

金融期权是以合约方式,规定合约的购买者在约定的时间内以约定的价格购买或出售某种金融资产的权利。同时,合约的购买者也有权选择不执行合约,因此期权交易也称为选择权交易。

一般来说,期权与远期和期货合约一样,如果市场参与者买入了一个合约,则称其为做多头;如果他卖出,则称其为做空头。如图4.4所示。

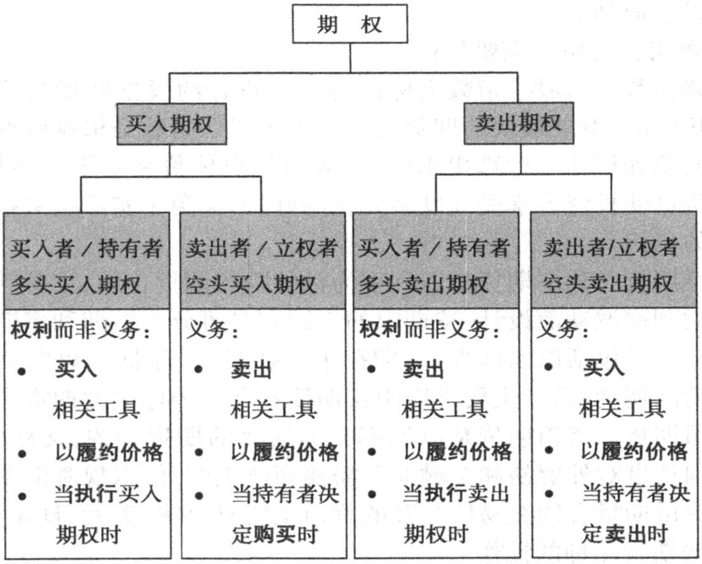

图4.4 期权双方的权利与义务

1)金融期权分类

金融期权按合约规定的对合约标的物的处置权可分为买进期权和卖出期权。买进期权,又叫看涨期权,是合约赋予购买者按约定的价格,在约定时期购买一定数量的特定资产的权利。卖出期权,又叫看跌期权,是合约赋予购买者按约定的价格,在约定时期卖出一定数量的特定资产的权利。根据投资者所处头寸的不同又可以细分为,多头看涨期权、空头看涨期权、多头看跌期权、空头看跌期权。

按履约的灵活性的不同,金融期权又可分为:美式期权和欧式期权。美式期权在合约有效期内的任何一天都可以宣布执行或不执行;而欧式期权只能在期权到期日才宣布执行或不执行。

按照期权合约标的的不同,金融期权可分为利率期权、货币期权、股份指数期权、股票期权等现货期权以及金融期货期权。

2)金融期权的特征

①它交易的对象不是任何金融资产实物,而是一种买进或卖出金融资产的权利。这种权利具有很强的时间性,它只能在合约规定的有效期内行使,一旦超过合约规定的期限,就自动失去这种权利。

②期权交易双方享有的权利、承担的义务不一样,期权的买方享有选择权,他有权在规定的时间内根据市场行情变化决定是否行使或者转让其权利;而期权的卖方则有义务履行合约,不得以任何理由拒绝。

③期权交易双方的合约一旦订立,买方须事先向卖方支付一笔期权费,且不论买方是否行使期权,期权费均不退还。

(4)金融互换

金融互换是指买卖双方依据预先约定的协议,在一定的时间内交换一系列的现金流的合约。金融互换发展的时间较短,但品种不断创新,除了传统的货币互换和利率互换外,各种新的互换品种不断出现。下面将对货币互换和利率互换做一个简单的介绍。

1)货币互换

货币互换是指交易双方同意在约定的期限内将一种货币的本金和固定利息与另一种货币的等价本金和固定利息进行交换,以达到规避未来汇率和利率变动的风险,并降低筹资成本目的的交易。

互换包括3个基本步骤:①交易双方先以约定的协议汇率进行本金的互换,②再按原债务的利率进行利息支付的互换,③最后在互换到期日,双方以协定汇率换回原本金。

假定甲、乙两家公司在金融市场上筹资,甲公司想借入1年期的人民币827万元,乙公司想借入1年期美元100万元,但甲乙两公司的筹资成本不同,如表4.3所示。

表 4.3　市场向甲、乙两公司提供的借款利率

	美　元	人民币
甲公司	8.0%	11.6%
乙公司	10.0%	12.0%
甲对乙的绝对成本优势	2%	0.4%

分析表 4.3，如果甲、乙两家公司不进行货币互换，分别计算两家公司的筹资成本：对于甲公司来说，它将以 11.6% 的利率借入 827 万元人民币，到期将支付利息 95.93 万元人民币；对于乙公司而言，它将以 10.0% 的利率借入 100 万美元，到期将支付利息 10 万美元。

由于甲公司比乙公司信誉好，故甲能够在美元和人民币两种货币中获得较便宜的借款，但是甲在美元市场上更有利。因为甲需要借人民币，乙需要借美元，这时，甲、乙双方不必各自直接筹措所需要的货币资金，而是筹借成本最低的货币资金。通过互换，得到自己所需要的货币债务。因而，甲借入美元，乙借入人民币，双方达成互换协议。

那么甲公司将以 8% 的利率借入 100 万美元，乙公司将以 12% 的利率借入 827 万人民币，然后进行交换。首先，甲、乙双方将进行本金交换，即甲公司向乙公司支付 100 万美元，乙公司向甲公司支付 827 万元人民币；然后，双方再进行利息互换，假定甲、乙双方平分互换收益，则两家公司都将使成本降低 0.8%，即甲公司支付 10.8% 的人民币利率，乙公司支付 9.2% 的美元利率（注意比较货币互换以前的甲乙双方的筹资成本）。最终，甲公司的筹资成本为 10.8% 的人民币利率，乙公司的筹资成本为 9.2% 的美元利率，到期后，甲公司将支付的利息为 89.32 万元人民币，而乙公司将支付 9.2 万美元利息。

以上都不考虑汇率风险，通过上面的分析，可以发现通过货币互换对甲、乙两家公司来说，都降低了筹资成本，双方都将从货币互换中得到收益。上述货币互换的流程图可以用图 4.5 表示。

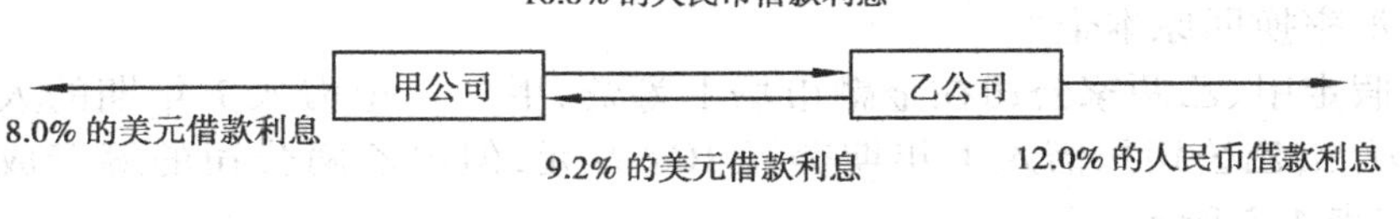

图 4.5　甲、乙两公司货币互换流程图

2）利率互换

利率互换是指双方同意在未来的一定期限内根据同种货币同样的名义本金交换现金流,其中一方的现金流根据浮动利率计算出来,而另一方的现金流根据固定利率计算。互换的期限通常在2年以上,有时甚至在15年以上。

双方进行利率互换的主要原因是双方在固定利率和浮动利率市场上具有比较优势。假定甲、乙两家公司都想借入5年期的1 000万美元的借款,甲公司想借入6个月期的浮动利率借款,乙公司想借入6个月期的固定利息借款。但两家信用等级不同,所以市场向它们提供的利率也不同,如表4.4所示。

表4.4　金融市场向甲、乙两家公司提供的借款利率

	固定利率	浮动利率
甲公司	10.00%	6个月期 LIBOR +1.00%
乙公司	11.20%	6个月期 LIBOR +0.30%

从表4.4可以看出,在固定利率市场上,甲公司比乙公司的绝对优势为0.80个百分点,这就是说,甲公司在固定利率市场上有比较优势;而乙公司在浮动利率市场上有比较优势。这样,双方就可以利用各自的比较优势为对方借款,然后互换,从而达到共同降低筹资成本的目的,即甲公司以10.00%的固定利率借入1 000万美元,而乙公司以LIBOR +0.30%的浮动利率借入1 000万美元。由于本金相同,故双方不用交换本金,而只交换利息的现金流,即甲公司向乙公司支付浮动利息,乙公司向甲公司支付固定利息。

通过发挥各自的比较优势并双方互换总的筹资成本降低了0.50% [即11.20% +(6个月期 LIBOR + 0.30%) - 10.00% -(6个月期 LIBOR - 1.00%)],这就是互换利益。互换利益是双方合作的结果,理应由双方分享,具体分享比例由双方谈判决定。假定双方各分享一半,则双方都将使筹资成本降低0.25%,即双方最终实际筹资成本分别为:甲公司支付LIBOR +0.75%浮动利率,乙公司支付10.95%的固定利率。

这样双方就可根据借款成本与实际筹资成本的差异计算各自向对方支付的现金流,即甲公司向乙公司支付按(LIBOR +0.75)计算的利息,乙公司向甲公司支付按10.95%计算的利息。

在上述交换中,每隔6个月为利息支付日,因此互换协议的条款应规定每6个月一方向另一方支付固定利率与浮动利率的差额。假定某一支付日的LIBOR为11.00%,则甲公司应付给乙公司0.25万美元。由于利率互换只交换利息差额,因此信用风险很小。甲、乙两公司利率互换的流程如图4.6所示。

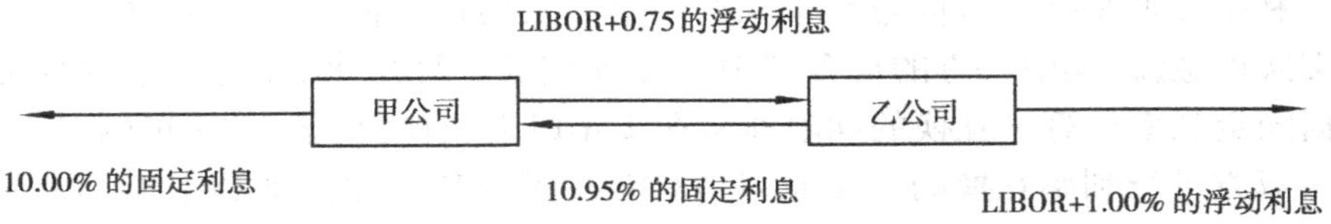

图 4.6　甲、乙两公司利率互换流程图

4.2.3　其他衍生工具

(1) 存托凭证

存托凭证又称存券收据或存股证，是指在一国证券市场流通的代表外国公司有价证券的可转让凭证，属公司融资业务范畴的金融衍生工具。以股票为例，存托凭证是这样产生的：某国的一公司为使其股票在外国流通，就将一定数额的股票，委托某一中间机构（通常为一银行，称为保管银行或受托银行）保管，由保管银行通知外国的存托银行在当地发行代表该股份的存托凭证，之后存托凭证便开始在外国证券交易所或柜台市场交易。

(2) 认股权证

认股权证是指由股份有限公司发行的、能够按照特定的价格在特定的时间内购买一定数量该公司普通股票的选择权凭证，其实质是一种普通股票的看涨期权。认股权证是一种新兴的金融工具，进入 20 世纪 80 年代以来首先由日本公司大量采用，现在认股权证作为一种创造股东和债权人利益、活跃证券市场的手段，已经越来越多地为境外上市公司所采用。

(3) 备兑凭证

备兑凭证属于广义的认股权证，它给予持有者按某一特定价格购买某种股票或几种股票组合的权利，投资者以一定的代价（备兑凭证发行价）获得这一权利，在到期日可根据股价情况选择行使或不行使该权利。和一般的认股权证不同，备兑凭证由有关股票对应的上市公司以外的第三者发行，通常是由资信良好的金融机构发行。发行后可申请在某个交易所挂牌上市。发行备兑凭证的目的，或是为了能以较高的价格套现所持有的有关股份，或是为了赚取发行备兑凭证带来的溢价。

案　例

利用金融期货进行避险

投资人为了规避债券现货本身存在的风险,而在期货市场买进反方向的债券期权,可以规避价格风险。

刘先生在年初持有长期公债100万元,票面利率为8%,每百元债券价格为102元。由于当时经济过热,该投资者预计利率有上涨可能,为了规避未来利率上涨、价格下跌的风险,故委托交易商在期货市场做空卖出100万元。4月份的债券期货合约,价位是105元。到4月份时利率上涨,价格下跌,刘先生从期货市场中回补买入4月份期货合约,价位为98元。刘先生实施避险操作,不但没有受到损失,反而还获得额外收入。刘先生的避险策略结果是:

现货损失=[(102 - 98)×10 000]元=40 000元

期货获利=[(105 - 95)×10 000]元=70 000元

刘先生不仅没有受到利率风险带来的损失,反而获利30 000元。

分析提示:

衍生金融工具对金融市场的促进作用主要表现为它为投资者提供了种类多、灵活多样的交易形式,其发展和广泛应用既可带来正面效应,又会产生负面影响,因此要在利用衍生工具的同时防范风险。

【本章小结】

证券投资基金是一种利益共享、风险共担的集合证券投资方式,它具有组合投资、分散风险、专业理财、方便投资、流动性高、变现力强、交易费用低、收益稳定等特点。

投资基金按不同划分标准有不同的种类。按组织形式不同,可分为契约型基金和公司型基金;按受益凭证可否赎回,可分为封闭式基金和开放式基金;根据投资对象不同,可以分为股票基金、债券基金、货币市场基金、期货基金、指数基金、认股权证基金等;根据投资收益目标的不同,可以分为成长型基金、收入型基金和平衡型基金;根据募集对象、募集方式的不同,可以分为私募基金和公募基金。

证券投资基金的当事人有基金发起人、基金持有人、基金管理人、基金托管人。

证券投资基金的费用有:期初费用、期中费用和期终费用。

对基金拥有的各类资产进行估值后,将其加总再扣除基金总负债就得出基金净资产总值。基金单位净资产价值等于基金的净资产价值总额除以发行在外的基金单位总数。

证券投资基金的收益有投资所得红利、股息、债券利息、买卖证券差价、存款利息以及其他收入。

证券投资基金的投资范围,取决于具体基金的投资目标和投资原则,不同基金其投资目标和投资原则有所不同。

金融衍生工具是由金融基础工具衍生出来的各种金融合约及其各种组合形式的总称。金融衍生工具具有交易复杂、成本较低的特点,是一种高风险的投资工具。

金融远期也称为金融远期合约,是指交易双方规定在未来某一确定时间,按照事先约定的价格和方式买卖一定数量的某种金融资产的合约。

金融期货是指交易双方就在将来的约定时间按当前约定价格买卖一定数量的某种金融资产或金融指标的合约。金融期货的标的物是证券、债券、存单、股票、股票指数、利率等金融资产或金融指标。

金融期权是以合约方式,规定合约的购买者在约定的时间内以约定的价格购买或出售某种金融资产的权利。

金融互换是指买卖双方依据预先约定的协议,在一定的时间内交换一系列的现金流的合约。

其他金融衍生工具有存托凭证、认股权证、备兑凭证等。

【思考与练习】

一、基本概念

证券投资基金	契约型基金	公司型基金	封闭型基金
开放型基金	股票基金	债券基金	货币市场基金
成长型基金	收入型基金	平衡型基金	私募基金
公募基金	基金管理人	基金托管人	资本利得
金融衍生工具	金融远期	金融期货	金融期权
看涨期权	看跌期权	美式期权	欧式期权
金融互换	货币互换	利率互换	存托凭证
认股权证	备兑凭证		

二、计算分析题

1. 简述证券投资基金的概念和特点。

2. 简述投资基金的种类。

3. 公司型基金和契约型基金有何区别?

4. 开放式基金与封闭式基金有何区别?

5. 投资基金当事人有哪些?

6. 证券投资基金的费用有哪些?

7. 简述金融衍生工具的概念和特点。

8. 金融衍生工具可以分为那些种类?

9. 期货交易和期权交易的区别是什么?在什么情况下选择期权合约对投资者有利?

10. 为什么交易所只向期权卖方收保证金而不向买方收取?

11. 假定甲、乙两公司面临如表4.5所示的利率。

表4.5 金融市场向甲、乙两公司提供的借款利率

	甲公司	乙公司
美元(浮动利率)	LIBOR +1.0%	LIBOR +0.5%
欧元(固定利率)	5.0%	6.5%

假如甲公司要用浮动利率借入美元而乙公司要用固定利率借入欧元,某金融机构为它们安排利率互换并赚取50点差价。要使这项业务对甲、乙两公司具有同样的吸引力,甲、乙两公司应各付多少利息?

第 5 章
证券市场运行与管理

【学习目标】

证券市场是证券买卖交易的场所，也是资金供求的中心。根据市场的功能划分，证券市场可分为证券发行市场和证券交易市场。证券市场的两个组成部分既有联系，又有区别，是一个不可分割的整体。

通过本章的学习，掌握证券发行市场和交易市场的内涵和二者的关系，证券交易的基本原则和规则，股票、债券的风险和收益以及收益率计算；了解股票和债券的发行方式及发行条件，股价指数编制及证券市场的主要股价指数种类；了解证券市场的监管体制和监管内容。

5.1　证券发行市场

5.1.1　证券发行市场的内涵

(1)证券发行市场的作用

证券发行市场是发行人向投资者出售证券的市场。又称为一级市场、初级市场。证券发行市场通常无固定场所,无统一的发行时间,是一个无形的市场。证券发行市场的作用主要表现在以下 3 个方面:

1)为资金需求者提供筹措资金的渠道

证券发行市场拥有大量的运行成熟的证券商品供发行者参考,发行者可以参照各类证券的期限、收益水平、参与权、流通性、风险、发行成本等特点,根据自己的需要和可能来选择确定发行何种证券,并根据当时市场上的供求关系和价格行情来确定证券发行的数量和价格。发行市场上还有众多的为发行者服务的中介机构,它们可以接受发行者的委托,利用自己的信誉、资金、人力、技术和网点等向公众推销证券,有助于发行者及时筹措到所需资金。发达的发行市场还可以冲破地区限制,为发行者扩大筹资范围和对象,在各个地区向各类投资者筹措资金,并通过市场竞争逐步使筹资成本合理化。

2)为资金供应者提供投资和获利机会,实现储蓄向投资的转化

政府、企业和个人在经济活动中可能出现暂时闲置的货币资金,证券发行市场为投资者提供了各种各样的投资机会。储蓄转化为投资是社会再生产顺利进行的必要条件。

3)形成资金流动的收益导向机制,促进资源配置的不断优化

在现代经济生活中,生产要素都跟随着资金流动,只有实现了货币资金的优化配置,才有可能实现社会资源的优化配置。证券发行市场通过市场机制选择发行证券的企业,那些产业前景好、经营业绩优良和具有发展潜力的企业更易从证券市场筹集所需要的资金,从而使资金流入最能产生效益的行业和企业,达到促进资源优化的目的。

(2)证券发行市场的结构

证券发行市场是一个无形市场,证券发行市场的总和构成了证券发行市

场。它由以下3部分构成:

1)证券发行人

证券发行人是资金的需求者和证券的供应者。在市场经济条件下,资金需求者对外筹集资金主要通过两条途径:向银行借款和发行证券,即间接融资和直接融资。随着市场经济的发展,发行证券已成为资金需求者最基本的筹资渠道。证券发行人主要包括政府、企业和金融机构。

2)证券投资者

证券投资者是资金的供应者和证券的需求者,是指以取得利息、股息或资本收益为目的而买入证券的机构和个人。证券发行市场上的投资者包括个人投资者和机构投资者,后者主要是证券公司、保险公司、社保基金、证券投资基金、信托投资基金、信托投资公司、企事业单位和社会团体等。

我国现行法规规定,包括银行、财务公司、信用合作社等在内的金融机构可用自有资金及银监会规定的可用于投资的资金进行证券投资,但仅限投资于国债。对于因处置贷款质押资产而被动持有的股票,只能单向卖出。信托投资公司可以受托经营资金信托业务和投资基金业务;而保险公司除投资于国债之外,还可以在规定的比例内投资于证券投资基金和股权性证券。

3)证券中介机构

在证券发行市场上,为证券发行与投资服务的中介机构主要包括证券公司、会计审计机构、律师事务所、资产评估事务所、证券登记结算公司等。它们是证券发行人和投资者之间的中介,在证券发行市场上占有重要地位。

(3)证券发行分类

证券发行的方式很多,分类方法亦有差异。

1)按发行对象分类

证券发行按照发行对象的不同,可以分为公募发行和私募发行。

①公募发行。它又称公开发行,是指发行人向不特定的社会公众投资者发售证券。任何合法的投资者都可以认购公募发行的证券。公募发行的优点在于:

第一,以众多投资者为发行对象,发行数量多,筹资潜力大。

第二,投资者范围广,可避免发行的证券过于集中或被少数人操纵。

第三,只有公开发行的证券可以申请在证券交易所上市,可以增加证券的流动性,有利于提高证券的流通性,并提高发行人的社会知名度和信誉。

公募发行的不足之处在于发行程序比较复杂,审核较严格并采取公示制度,发行费用也较高。一般只有信用程度较高、经营状况较好并经证券主管部门核准的发行人才能采用公募发行。

②私募发行。它又称不公开发行或私下发行、内部发行，是指发行人向特定少数投资者发行证券。私募发行的对象多为与发行人有特定关系的机构投资者，也有发行公司的内部职工。私募发行的审核条件相对宽松，投资者也较少，不采取公示制度。这种发行方式有确定的投资者，发行手续简单，发行时间较短并能节约发行费用。其不足之处是投资者数量有限，证券流动性较差，而且不利于提高发行人的社会信誉。

2）按有无发行中介分类

证券发行按照是否有中介介入发行过程，分为直接发行和间接发行。

①直接发行，即发行人直接向投资者出售证券。这种发行方式的优点是可以节省向发行中介机构支付的手续费，降低发行成本。不利之处是如果发行额较大，发行人可能由于缺乏专门知识和广泛的发行网点而承担发行风险，一旦认购额低于发行额，就会导致发行失败。因此这种方式只适用于有既定发行对象或发行人知名度高、发行数量少、风险低的证券。如大银行发行金融债券常常采用直接发行。

②间接发行，指由发行人委托投资银行、证券公司等证券中介机构代理出售证券的发行方式。采用这种发行方式可在较短时间内筹集到所需资金，而且发行人的风险较小，但是发行人需支付一定手续费给中介机构，从而提高了发行成本，并且要提供相关资料给发行中介。

直接发行和间接发行各有利弊。一般而言，公募发行多采取间接发行，而私募发行多以直接发行为主。

证券发行还有其他很多分类方式，如根据发行证券的种类不同可以分为股票发行、债券发行和基金发行；根据增资方式的不同可以分为有偿增资发行和无偿增资发行；根据发行招标标的不同可以分为价格招标发行和收益率招标发行等。

5.1.2　股票发行市场

股票发行市场是新股初次发行的市场，是股份公司筹集资金、将社会闲散资金转化为生产资金的场所。

(1)股票发行的目的、条件和程序

1）股票发行的目的

明确股票发行的目的，是股份公司决定发行方式、发行程序、发行条件的前提。股份公司发行股票总的来说是为了筹集资金，但具体来说，有不同原因，主要有：

①设立新的股份公司。新的股份公司的设立需要通过发行股票来筹集股东资本，达到预定的资本规模，为公司开展经营活动提供必要的资金条件。

②增加投资，扩大经营规模。已经设立的股份公司为不断扩大生产经营规模，也需要通过发行股票来筹集所需资金，人们称此类发行为增资发行。如果拟发行的股票在核定资本的额度内，只需经董事会批准；如果超过了核定资本额度，则须召开股东大会重新核定资本额。在核定的资本额度内增资发行，董事会通过之后，还要呈报政府有关机构，办理各种规定的手续。

③其他目的。如：

A. 公司为了争取自己的股票在证券交易所挂牌上市，常通过发行新股票的办法来增加资本额，以满足上市标准。

B. 自有资本在资金来源中所占比率的高低是衡量公司财务结构和实力的重要标志，因此许多公司通过发行股票调整公司财务结构，保持适当的资产负债比率。

C. 为了巩固公司的经营支配权，防止被兼并而增加资本。

D. 经营状况良好的股份公司可以通过派送股票股利方式维护股东的直接利益。

E. 当可转换优先股或可转换公司债的转换请求权生效后，股份公司必须发行新股票。

F. 为了争取更多的投资者降低股价而进行股票分割等。

2）股票发行的条件

按国际惯例，股份公司发行股票必须具备一定的发行条件，取得发行资格，并办理必要手续后才能发行。我国股票发行的具体条件如下：

①一般规定：

A. 上市公司的组织机构健全、运行良好；

B. 上市公司的盈利能力具有可持续性，最近 3 个会计年度连续盈利，业务和盈利来源相对稳定；

C. 上市公司的财务状况良好；

D. 上市公司最近 36 个月内财务会计文件无虚假记载，且不存在重大违法行为；

E. 上市公司募集资金的数额和使用应当符合相关规定。

②向原股东配售股份（简称“配股”），除符合一般规定外，还应当符合下列规定：

A. 拟配售股份数量不超过本次配售股份前股本总额的 30%；

B. 控股股东应当在股东大会召开前公开承诺认配股份的数量；

C. 采用证券法规定的代销方式发行。

③向不特定对象公开募集股份（简称“增发”），除符合一般规定外，还应当符合下列规定：

A. 最近3个会计年度加权平均净资产收益率平均不低于6%；

B. 除金融类企业外，最近1期末不存在持有金额较大的交易性金融资产和可供出售的金融资产、借予他人款项、委托理财等财务性投资的情形；

C. 发行价格应不低于公告招股意向书前20个交易日公司股票均价或前1个交易日的均价。

3）股票发行的基本程序

根据国际惯例，各国股票的发行都有严格的法律规定程序，任何未经法定程序发行的股票都不发生效力。公开发行股票最基本的程序是：

①公司做出新股发行决议。

②公司做好发行新股的准备工作，编写必备的文件资料和获取有关的证明材料。

③提出发行股票的申请。

④有关机构进行审核。

⑤签署承销协议。

⑥公布招股说明书。

⑦按规定程序招股。

⑧认股人缴纳股款。

⑨向认股人交割股票。

⑩改选董事、监事。

（2）我国股票的发行方式

我国的股票发行市场，基本上采取公募间接发行方式。根据现行有关法规规定，我国股份公司首次公开发行和上市后增发主要采用以下发行方式：

1）上网定价发行方式

上网定价发行是事先规定发行价格，再利用证券交易所的交易系统来发行股票的发行方式，即主承销商作为股票的唯一“卖方”，投资者在指定的时间内，按现行委托买入股票的方式进行申购。投资者应在申购委托前把申购款全额存入与办理该次发行的证券交易所联网的证券营业部指定的账户。我国目前广泛采用此种方式。

2）对法人配售股票的发行方式

这里所指的法人是指在中华人民共和国境内登记注册的除证券经营机构以外的有权购买人民币普通股的法人。法人分两类：一类是与发行人业务联系紧密且打算长期持有发行公司股票的法人，称为战略投资者；另一类是与发行人无紧密联系的法人,称为一般法人。对法人配售和对一般投资者上网发行的比例由发行人和主承销商在充分考虑上市后该股票流动性等因素的基础上自主确定。

(3)股票发行中的其他方式

我国股票发行历史上,还采取过以下发行方式:

①“全额预缴款、比例配售、余额即退”。这种方式是指投资者在规定的申购时间内,将全额申购款存入主承销商在收款银行设立的专户中;申购结束后,银行专户进行冻结,在对到账资金进行验资和确定有效申购后,根据股票发行量和申购总量计算配售比例进行配售,余款返还投资者的股票发行方式。

②“全额预缴款、比例配售、余额转存”。这种方式与“全额预缴款、比例配售、余额即退”基本相同,但申购余款转为存款,利息按同期银行存款利率计算。该存款为专项趣款,不得提前支取。

③“与储蓄存款挂钩”。这种方式是指在规定期限内无限量发售专项定期定额存单,根据存单发售数量、批准发行数量和每张中签存单可认购股份数量的多少确定中签率,通过公开摇号抽签决定中签者,中签者按规定的要求办理缴款手续。

以上这3种方式属于网下发行的方式,但发行成本较高,而且必须选定有良好通讯和交通条件,有一定数量的金融分支机构(包括证券经营机构),有上海、深圳证券交易所会员机构的金融业相对发达的城市。近年来,发行人和主承销商几乎不采用这几种发行方式。

④上网竞价发行。上网竞价发行是指利用证券交易所的交易系统,主承销商作为新股的唯一卖方,以发行人宣布的发行底价为最低价格,以新股实际发行量为总的卖出数,由投资者在指定的时间内竞价委托申购。确认投资者的有效申购后,就可以确定发行价格。当有效申购量等于或小于发行量时,发行底价就是最终的发行价格;当有效申购大于发行量时,主承销商可以采用比例配售或者抽签的方式确定每个有效申购实际应配售的新股数量。

⑤向二级市场投资者配售。新股网上定价市配售就是在新股网上发行时,将发行总量中一定比例的新股(也可能是全部新股)向二级市场投资者配售,投资者根据其持有的上市流通股票的市值和折算的申购限量自愿申购新股的发行方式。配售比例低于100%的也可以采取市值配售与其他发行方式相结合的发行方式。每持有10 000元上市流通股票市值可收购1 000股新股,不足10 000元的部分不记入可申购市值。

(4)股票发行的定价方式

我国《公司法》明确规定,首次公开发行股票的发行价格可以等于票面金额,也可以超过票面金额,但不得低于票面金额。溢价发行所得的溢价款项列入发行人的资本公积金。

股票发行的定价方式,可以采取协商定价方式,也可以采取一般询价方式、累计投标询价方式、上网竞价方式等。我国现行的做法是首次公开发行的股票询价制度。

根据规定,首次公开发行股票的公司及其保荐机构应通过向询价对象询价的方式确定股票发行价格。询价对象是指符合中国证监会规定条件的证券投资基金管理公司、证券公司、信托投资公司、财务公司、保险机构投资者和合格境外机构投资者(QFII)以及其他经中国证监会认可的机构投资者。发行申请经中国证监会核准后,发行人应公告投股意向书并开始进行推荐和询价。询价分为初步询价和累计投标询价两个阶段。通过初步询价确定发行价格区间和相应的市盈率区间。发行价格区间确定后,发行人及保荐机构在发行价格区间向询价对象进行累计投标询价,并根据累计投标询价的结果确定发行价格和发行市盈率。

5.1.3　债券发行市场

债券发行市场是债券发行人初次出售新债券的市场。债券发行的主体有中央政府、地方政府、金融机构、公司。债券发行的目的多种多样,一般来说,中央政府和地方政府发行债券的目的主要是为了弥补财政赤字和增加公共投资,金融机构发行债券的目的主要是为了扩大信贷规模和投资。而公司发行债券的目的较为复杂,主要体现为:筹集长期稳定的、低成本的资金,灵活地运用资金,转移通货膨胀风险,维持对公司的控制,满足公司用多种方式筹集资金的需求并降低筹资风险等。

(1)债券的发行条款

债券发行条款包括发行金额、票面金额、期限、偿还方式、票面利率、付息方式、发行费用及有无担保等内容。如果发行人对这些因素考虑不周,就会影响发行结果,降低发行收入,增大筹资成本。

1)发行金额

债券的发行金额是根据发行人所需资金的数量、资金市场供给情况、发行人的偿债能力和信誉、债券的种类以及该债券对市场的吸引力来决定的。

2)票面金额

票面金额的大小可以影响投资者的范围和数量。

3)债券期限

一般如果企业发行债券是用于长期投资建设,未来市场利率有上升趋势,流通市场也比较发达,物价平稳,则可以发行中长期债券;反之则发行短期债券。

4)债券的偿还方式

债券的偿还方式会直接影响到债券的收益高低和风险大小。在偿还方式中,要规定偿还金额、偿还日期以及偿还形式等。债券按偿还日期可以分为期满偿还、期中偿还和延期偿还3种;按偿还形式可以分为货币偿还、债券偿还和股票偿还3种。

5)票面利率

债券票面利率的高低直接影响到发行人的筹资成本和投资人的投资收益。一般而言,债券期限长,利率则较高;债券的信用等级高,利率则应该低;到期一次付息的利率应高于附息债券;在收益率一定的情况下,按单利计算的票面利率应高于按复利计算的票面利率。

6)付息方式

债券的付息方式是指发行人在债券的有效期内,一次或按一定的时间间隔分次向债券持有人支付利息的方式。发行者在选择付息方式时,应把降低筹资成本与增加债券对投资者的吸引力结合起来。

7)发行价格

债券的发行价格是指债券投资者认购新发行的债券时实际支付的价格。债券的发行价格可以分为平价发行、折价发行和溢价发行。在面值一定的情况下,调整发行价格可以使投资者的实际收益率接近市场收益率的水平。

8)发行费用

发行费用是指债券发行者支付给有关债券发行中介机构的各种费用,包括最初费用和期中费用。发行者应尽量减少其发行费用,以降低发行成本。

9)有无担保

有无担保是债券发行的重要条件之一。由信誉卓著的第三者担保或用发行者的财产作抵押担保,有助于增加债券的安全性,减少投资风险。一般而言,政府、大金融机构发行的债券大多是无担保债券。

(2)债券的发行方式

1)定向发售

定向发售是指面向少数特定投资者发行,发行人向商业银行、证券投资基金等金融机构、养老保险基金以及其他社保基金等特定机构发行债券的方式。我国的国家重点建设债券、财政债券、特种国债等均采用定向发售方式。

2）承购包销

承购包销又称全额包销，它是一种由一家或数家承销商与发行人签订承购包销合同，由承销商以双方协定的价格将准备发行的债券全额买下并按合同规定的时间将价款一次付给发行人，然后承销商再以略高的价格向投资者出售的发行方式。我国目前主要运用于不可上市流通的凭证式国债和公司债。

3）代销

它是指承销人并不保证证券的全部发行，只是利用自己的网点和专业力量尽力为发行人发售债券，在发售期结束后，将筹集的资金和未能销售的剩余债券退还给发行人的方式。国外的储蓄债券常采用这种方式。

4）公开招标发行

公开招标发行是通过投标人的直接竞价来确定发行价格（或利率水平），因此所确定的价格是供求决定的市场价格。1996 年起，公开招标方式被广泛采用，目前所有记账式国债和金融债券均采用公开招标方式发行。公开招标发行具体的模式主要有3类：

①缴款期招标。它是指在债券的票面利率和发行价格已经确定的条件下，按照承销机构向财政部缴款的先后顺序获得中标权利，直至满足预定发行额为止。这一招标形式是我国的创新。

②价格招标。它主要用于贴现债券的发行。根据招标规则的不同，它又可分为荷兰式招标和美国式招标。荷兰式招标是指按投标人所报买价从高到低的顺序中标，直至满足预定发行额为止，中标人以所有中标价格中的最低价格认购中标的债券数额。美国式招标的过程与荷兰式招标大体相同，但是在投标人中标后，分别以各自出价来认购债券。两者的区别是，荷兰式招标是所有中标人以单一价格认购；美国式招标是中标人以多种价格认购。

③收益率招标。它主要用于付息债券的发行，它同样可以分为荷兰式招标和美国式招标两种形式，原理与价格招标相似。债券的票面利率由投资者以投标方式进行竞争，按照投标人所报的收益率由低到高依次中标，直到满足预定发行额为止。荷兰式招标的中标人以所有中标收益率中最高收益率认购中标额；美国式招标则以中标人各自报出的收益率认购中标额，并均以各中标人投标收益率的加权平均值作为债券的票面利率。

（3）债券的信用评级

在债券的公募发行之初，发行人要做的一项重要工作，就是请专门的证券评级机构对即将发行债券的信用等级进行评定。债券评级的目的是将发行人的信誉和偿债的可靠程度公布给投资者，以保护投资者的利益，使之免遭由于信息不充分或判断不准而造成的损失。对债券的评级并不是评价该种债券的市场价格、市场销路和投资收益，而是评价其发行质量、发行人的资信状况和投资者所承担的风险。为此，信用评级机构使用简单易懂的符号，如 AAA，BB 等，向投资者提供有关债券风险的实质信息，以供投资者做出债券投资的决策。

国际上公认的最具权威性的信用评级机构主要有美国的标准普尔公司和穆迪投资服务公司。这两个公司评级的对比情况如表 5.1 表示。

表 5.1　国际主要信用评级公司债券信用评级体系及标示一览表

穆迪投资服务公司	标准普尔公司	通用定义
投资级——高信誉		
Aaa：投资风险的最小级别	AAA：特别强的还本付息能力	金边债券，一流质量，最高安全性
Aa：高等还款责任	AA：很强的还本付息能力	优等，高质量
A：高中等还款责任	A：强的还本付息能力	中上等
Baa：中等还款责任	BBB：足够的还本付息能力	中下等
显著投机型——低信誉		
Ba：存在某些投机因素	BB：正在面临重大的不确定风险，可能导致还款能力不足	低等投机型
B：缺少理想的投资特征	B：处于不利的条件，可能损害还本付息的能力或愿望	高度投机型
纯粹投机型——极大的违约风险		
Caa：不好的状况	CCC：目前容易导致违约	风险极大，处境困难

续表

穆迪投资服务公司	标准普尔公司	通用定义
Ca:高度投机	CC:CCC级债券的从属级别	会发生违约风险,属极度投机型
C:最低评级	C:不支付利息	不支付利息,违约
	D:正在发生付款违约	

注:标准—普尔公司还在从AA级到B级后面加上"+"或"-",穆迪投资服务公司也在从Aa级到B级后面加上"1","2","3",表示略高于或略低于该级别,从而形成很多小级别。中国的债券评级与两家类似。

前面4个级别的债券由于质量较高,被称为"投资级债券",从第5级开始的债券由于质量低劣,投机因素大,被称为"投机级债券"。

(4)债券发行利率的确定

1)可比价格法

这种方法是根据二级市场期限相同的同种债券的平均到期收益率来确定发行利率。

2)利率的风险结构法

一般以国债收益率为基准,通过测算国债与拟发行债券的利率差,确定本期债券的发行利率。

3)利率的期限结构法

以拟发行债券收益率为基准,通过测算不同期限债券的期限差,确定本期债券的发行利率。

发行利率初步确定后,再根据当前市场条件变化确定定价区间。确定定价区间后,承销商可以向拟投资者进行市场询价,然后根据询价情况,最后确定定价区间和发行价格。

5.2　证券流通市场

5.2.1　证券流通市场的内涵

证券流通市场是买卖已经发行证券的市场,又称二级市场、次级市场。

证券流通市场为投资者提供了灵活方便的变现场所，同时它的变化是反映经济发展趋势的“晴雨表”，是政府宏观经济政策及金融政策调整的主要依据之一。证券流通市场与发行市场，既相互依存，又相互制约，是一个不可分割的整体。证券发行市场是交易市场的基础和前提，有了发行市场的证券供应，才有流通市场的证券交易，证券发行的种类、数量和发行方式决定着流通市场的规模和运行。流通市场是发行市场得以持续扩大的必要条件，有了交易市场为证券的转让提供保证，才使发行市场充满活力。此外，流通市场的交易价格制约和影响着证券的发行价格，是证券发行时需要考虑的重要因素。

证券流通市场由两个部分组成：一是证券交易所，它是高度组织化的市场，是证券市场的主体与核心；二是分散的、非组织化的场外交易市场，它是证券交易所的必要补充。

5.2.2 证券交易所

(1)证券交易所的定义和特征

证券交易所是有组织的市场，又称场内交易市场，是指在一定的场所、一定的时间，按一定的规则集中买卖已发行证券而形成的市场。在我国，根据《证券法》和《证券交易所管理办法》的规定，证券交易所是指依规定条件设立的，不以营利为目的的，为证券的集中和有组织的交易提供场所、设施，履行国家有关法律、法规、规章、政策规定的职责，实行自律性管理的法人。设立证券交易所，应由中国证监会审核，报国务院批准。

交易所是整个证券市场的核心，其本身不持有证券，也不进行证券买卖，更不决定证券交易的价格，而是创造公开、公平、公正的市场环境，保证证券市场的正常运行。

证券交易所作为高度组织化的有形市场，具有以下特征：

①有固定的交易场所和交易时间。

②参加交易者为具备一定资格的证券经营机构，交易采取经纪制，即一般投资者不能直接进入交易所买卖证券，只能委托会员作为经纪人间接进行交易。

③交易的对象限于合乎一定标准的上市证券。

④通过公开竞价的方式决定交易价格。

⑤集中了证券供求双方，具有较高成交速度和成交率。

⑥实行“公开、公平、公正”原则，并对证券交易加以严格管理。

(2)证券交易所的组织形式

证券交易所的组织形式有会员制和公司制两种。

公司制的证券交易所是以股份有限公司形式组织并以营利为目的的法人团体,一般由金融机构及各类民营公司组建。交易所章程中明确规定作为股东的证券经纪商和证券自营商的名额、资格和公司存续期限。它必须遵守本国公司法的规定,在政府证券主管机构的管理和监督下,吸收各类证券挂牌上市,但它本身的股票不得在本交易所上市交易。同时,任何成员公司的股东、高级职员、雇员都不能担任证券交易所的高级职员,以保证交易的公正性。

会员制的证券交易所是一个由会员自愿组成的、不以营利为目的的社会法人团体。交易所设会员大会、理事会和监察委员会。会员制的证券交易所规定,只有会员派出的入市代表才能进入交易所大厅进行证券交易,其他人要买卖在证券交易所上市的证券,必须通过会员进行。会员制证券交易所注重会员自律,对于违反法令及交易所规章制度的会员,由交易所给予惩罚。

我国目前有两家证券交易所——上海证券交易所和深圳证券交易所,分别于 1990 年 12 月和 1991 年 7 月成立。两家证券交易所均按会员制方式组建,是非营利性的事业法人,设有会员大会、理事会和专门委员会。会员大会为证券交易所的最高权力机构。理事会是证券交易所的决策机构,理事会下面可以设立其他专门委员会。证券交易所设总经理,负责日常事务。

(3)证券交易所的功能

证券交易所在社会经济生活中具有重要功能,主要体现在以下几个方面:

①为交易双方提供了一个完备、公开的证券交易场所,促使证券买卖迅速合理地成交。证券交易所具有成交量大、买卖频繁、报价差距小、交易完成迅速的特点。

②形成较为合理的价格。交易所内的证券交易价格是在充分竞争的条件下,由买卖双方公开竞价形成的,因此能反映供求关系,在一定程度上能体现证券的投资价值。

③引导社会资金的合理流动和资源的合理配置。证券交易价格的波动通常是资本市场供求关系的反映,反过来又会进一步促进资本向价格信号指引的方向流动和引导社会资源的流动。跨国证券目前被视为发达国家输出资本、发展中国家吸引外资的一种重要方式。

④及时、准确地传递上市公司的财务状况和经营业绩,以及随时公布行

情信息。由于证券价格变化一般先于经济循环，因而证券价格波动往往成为经济周期变化的先兆，成为社会经济活动的“晴雨表”。通过证券价格的变动，可以预测企业、行业和整个社会经济的发展动态，引导投资者的投资决策，指导上市公司调整经营战略，影响宏观经济运行中的结构调整和调控政策的取向。

⑤对整个证券市场进行一线监控。通过制订完备的交易规则，及时发现和处理不正常的交易，维护证券市场的公开、公平和公正。

(4)证券上市制度

证券上市是指已公开发行的证券经过证券交易所批准在交易所内公开挂牌买卖，又称上市交易。上市交易的证券必须是已发行的证券，但已公开发行的证券不一定都能上市交易。证券上市主要指股票上市。股份公司一般都希望自己的股票能够上市，因为证券上市有利于推动发行公司建立完善、规范的经营管理制度，提高发行公司的声誉和影响，有利于发行公司进入资本快速、连续扩张的通道。对于投资者来说，证券上市的好处也是显而易见的，譬如买卖证券便利，成交价格公平合理，行情公布迅速、规范，投资风险相对较小等。

申请上市的证券必须满足证券交易所规定的条件，方可批准挂牌上市。各国对证券上市的条件和标准有不同的规定。根据我国有关规定，股份有限公司申请上市必须符合下列条件：

①股票经国务院证券监督管理部门核准已向社会公开发行。

②公司股本总额不少于人民币 3 000 万元。

③公开发行的股份达公司股份总数的 25% 以上；公司股本总额超过人民币 4 亿元的，公开发行股份的比例为 10% 以上。

④公司在最近 3 年内无重大违法行为，财务会计报告无虚假记载。

公司的上市资格并不是永久的，当不能满足证券交易所关于证券上市的条件时，它的上市资格将被取消，交易所将停止该公司股票的交易，称为终止上市或摘牌。证券交易所一般在摘牌前先给予暂停上市处理，以示警告，对在规定期限内未能解决存在问题的，才做出终止上市决定。即使对已决定摘牌的股票，为了给股东以兑现的机会，证券交易所仍允许股东在一定期限内，在特别设定的条件下进行交易，最后使其退出证券交易所。终止上市制度是一项对上市公司的淘汰制度，是防范和化解证券市场风险、保护投资者利益的重要措施。

(5)证券交易所的运作系统

证券交易所的运作系统由必要的硬件设施和信息、管理等软件组成,它们是保证证券交易正常、有序运行的物质基础和管理条件。现代证券交易所的运作普遍实现了高度的计算机化和无形化,建立起安全、高效的电脑运行系统。该系统通常包括交易系统、结算系统、信息系统和监察系统4部分。

1)交易系统

电子化交易是世界各国证券交易的发展方向,现代证券交易所均不同程度地建立起高度自动化的电脑交易系统。交易系统通常由撮合主机、通信网络和柜台终端3部分组成。其中撮合主机是整个交易系统的核心。

2)结算系统

结算系统是指对证券交易进行结算、交收和过户的系统。世界各国的证券交易市场都有专门机构进行证券的存管和结算,在每个交易日结束后对证券和资金进行清算、交收、过户,使买入者得到证券,卖出者得到相应的资金。在我国,中国证券登记结算有限责任公司上海分公司和深圳分公司分别负责上海证券交易所和深圳证券交易所的结算。

3)信息系统

信息系统负责对每日证券交易的行情信息和市场信息进行实时发布。信息系统发布网络可由以下渠道组成:交易通信网、信息服务网、证券报刊和互联网等。

4)监察系统

监察系统负责证券交易所对市场进行实时监控的职责。观察证券价格、成交量、资金、买卖情况的变化,对异常交易进行跟踪调查,如果是由违规引起的,则对违规者进行处罚。日常监控包括行情监控、交易监控、证券监控和资金监控几个方面。

(6)交易原则和交易规则

证券交易所内的证券交易又称场内交易,为了保证场内交易的公开、公平、公正,使其高效、有序地进行,证券交易所制订了交易原则和交易规则。

1)交易原则

证券交易所通常都必须遵循价格优先原则和时间优先原则。

①价格优先原则。价格较高的买入申报优先于价格较低的买入申报,价格较低的卖出申报优先于价格较高的卖出申报。

②时间优先原则。同价位申报,依照申报时序决定优先顺序,即买卖方向、价格相同的,先申报者优先于后申报者。先后顺序按证券交易所交易主

机接受申报的时间确定。

2)交易规则

①交易时间。交易所有严格的交易时间,在规定的时间内开始和结束集中交易。我国的交易所每个交易日开前后两市,前市为9:30—11:30,后市为13:00—15:00。

②交易单位。即是交易所规定的每次申报和成交的最小数量单位,一个交易单位俗称“一手”,委托买卖的数量通常为一手或一手的整数倍,数量不足一手的称为零数委托。我国深沪交易所规定,股票以100股为一手,基金以100份基金单位为一手,债券以人民币1 000元面额为一手,债券回购以1 000元标准券或综合券为一手(其中上海证券交易所债券回购以100手或其整数倍申报)。目前,我国只在卖出证券时才有零数委托。

③价格。是指委托买卖证券的价格和报价的最小变动单位,它是委托能否成交和盈亏的关键。

委托一般分为市价委托和限价委托。市价委托是指投资者向证券经纪商发出买卖某种证券的委托指令时,要求证券经纪商按证券交易所内当时的市场价格买进和卖出证券。限价委托是指投资者要求证券经纪商在执行委托指令时,必须按限定的价格或比限定价格更有利的价格买卖证券。我国上海、深圳两个交易所都规定,客户可以采用限价委托或市价委托的方式委托会员买卖证券。但市价申报也只适用于有价格涨跌幅限制证券连续竞价期间的交易,其他时间,主机不接受市价申报。

不同的证券交易采用不同的计价单位。股票报价为“每股价格”,基金报价为“每份基金价格”,债券现货报价为“每百元面值的价格”,债券回购报价为“每百元资金到期年收益率”(去除百分号)。

关于申报价格最小变动单位,我国《上海、深圳证券交易所交易规则》规定:A股和债券现货报价最小变动单位为0.01元人民币,基金和权证申报价格最小变动单位为0.001元人民币;B股申报价格最小变动单位,上海证券交易所为0.001美元,深圳证券交易所为0.01港元;债券回购申报价格最小变动单位,上海证券交易所为0.005元人民币,深圳证券交易所为0.01元人民币。

④报价方式。传统的证券交易所采用口头叫价方式并辅之以手势作为补充。现代证券交易所多采用电脑报价方式,即证券经纪商将委托指令输入计算机终端,再通过通信网络将指令传送到交易所撮合主机参与交易。

⑤价格决定。证券交易所按公开竞价方式形成价格,目前证券交易所一般采用两种竞价方式,即在每日开盘时采用集合竞价方式,在日常交易中采用连续竞价方式。以我国深、沪证券交易所为例,所谓集合竞价,是在每个交

易日上午9:25,证券交易所电脑主机对9:15—9:25接受的全部有效委托进行一次集中撮合处理的过程。集合竞价中未能成交的委托,自动进入连续竞价。集合竞价结束、交易时间开始时,即进入连续竞价,我国规定,每个交易日9:30—11:30,13:00—15:00为连续竞价时间。即撮合主机对申报委托按时间优先、价格优先的原则进行逐笔撮合处理,直至收市。竞价的结果有3种可能:全部成交、部分成交和不成交。按照我国目前规定,在无撤单的情况下,委托当日有效。

⑥涨跌幅限制。为保护投资者利益,防止证券价格暴涨暴跌和投机盛行,交易所可根据需要对每日证券价格的涨跌幅予以限制,若当日价格上升或下降至规定的上限或下限时,委托无效。当日市价的最高上限为涨停板,最低下限为跌停板。根据我国现行规定,无论买入或卖出,股票(含A,B股)、基金在一个交易日内的交易价格相对上一交易日收市价格的涨跌幅不得超过10%,其中ST股票和*ST股票价格涨跌幅为5%。涨跌幅价格的计算公式为(计算结果四舍五入至价格最小变动单位):

$$涨跌幅价格 = 前收盘价 \times (1 \pm 涨跌幅比例)$$

⑦大宗交易。在场内进行的证券单笔买卖达到交易所规定的最低限额,可以采用大宗交易方式。大宗交易由买卖双方采用议价协商方式确定成交价,并经证券交易所确认后成交。大宗交易的成交价不作为该证券当日的收盘价,也不纳入指数计算,不记入当日行情,成交量在收盘后记入该证券的成交总量。

交易规则保证了证券交易的高效、有序进行,尤其是公开集中竞价规则,不仅反映了市场供求关系,形成公平价格,而且表达了市场对上市公司的客观评价以及显示了投资者对宏观经济运行前景的预测。正因为如此,证券交易所克服了个别交易、局部市场的缺陷,成为资本市场的核心。

(7)中小企业板块

2004年5月,深圳证券交易所在主板市场内设立中小企业板块,其总体设计可以概括为“两个不变”和“四个独立”。“两个不变”是指中小企业板块运行所遵循的法律、法规和部门规章与主板市场相同;中小企业板块的上市公司符合主板市场的发行上市条件和信息披露要求。“四个独立”是指中小企业板块是主板市场的组成部分,同时实行运行独立、监察独立、代码独立、指数独立。运行独立是指中小企业板块的交易由独立于主板市场交易系统的第二交易系统承担;监察独立是指深圳交易所将建立独立的监察系统实施对中小企业板块的实时监控,该系统将针对中小企业板块的交易特点和风险特征设置独立的监控指标和报警阈值;代码独立是指将中小企业板块股票作为一个整体，使用与主板市场不同的股票代码；指数独立是指中小企业板块将在上市股票达到一定数量后，发布该板块独立的指数。

5.2.3　场外交易市场

场外交易是相对于证券交易所的场内交易而言的，凡是在证券交易所之外的交易活动均可划入场外交易范畴。

（1）场外交易市场的定义和特征

场外交易市场是在证券交易所以外的证券交易市场的总称。最初的有价证券买卖，由于证券交易所尚未建立或完善，因此大多是在银行进行，投资者都直接在银行柜台前进行交易。随着银行业和证券业的分离，这种交易转由证券公司承担，在证券公司的柜台前交易，所以称之为柜台市场（OTC 市场，over-the-counter market），又称店头市场。随着通讯技术的发展，目前许多场外交易不直接在证券公司的柜台前进行，而是由客户与证券公司通过电话、传真、计算机网络进行交易，故又称为电话市场。由于证券交易所可以容纳的上市证券十分有限，其规定的上市条件比较严格，而且随着科技的发展，场外交易市场的交易方式、程序和设备都有了很大改进，提高了交易的效率，所以场外交易市场是证券交易市场不可缺少的重要组成部分。

场外交易市场具有以下特征：

①场外交易市场是一个分散的无形市场。它没有固定的、集中的交易场所，也没有统一的交易时间和交易规则，而是由许多各自独立经营的证券经营机构分别交易的，并主要依靠电话、电报、传真和计算机网络联系成交的。

②场外交易市场的组织方式采取做市商制。它与证券交易所的区别在于不采取经纪制，证券交易通常在证券商之间或是证券商与投资者之间直接进行，不需要中介人。在场外证券交易中，证券商先自垫资金买进若干证券作为库存，然后挂牌对外交易。他们以较低的价格买进，再以略高的价格卖出，从中赚取差价，但其加价幅度一般受到限制。证券商既是交易的直接参与者，又是市场的组织者，他们制造出证券交易的机会并组织市场活动，因此被称为“做市商”（market maker）。

③场外交易市场是一个拥有众多证券种类和证券经营机构的市场，以未能在证券交易所上市的股票、债券和开放型基金的受益凭证为主。由于证券种类繁多，每家证券经营机构只固定经营几种证券。

④场外交易市场一个以议价方式进行证券交易的市场。在场外交易市场上，证券买卖采取一对一交易方式，对同一种证券的买卖不可能同时出现

众多的买方和卖方，也就不存在公开的竞价机制。场外交易市场的价格决定机制不是公开竞价，而是买卖双方协商议价。证券商可以根据市场情况随时调整所挂的牌价。

⑤场外交易市场的管理比证券交易所宽松。场外交易市场分散，缺乏统一的组织和章程，不易管理和监督，其交易效率也不及证券交易所。但是，美国的纳斯达克（NASDAQ）市场借助计算机将分散于全国的场外交易市场联网，在管理和效率上都有很大提高。

(2)场外交易市场的功能

作为场内交易市场的补充，场外交易市场的功能体现在以下方面：

1)场外交易市场是证券发行的主要场所

新证券的发行时间集中，数量大，需要众多的销售网点和灵活的交易时间，场外交易市场是一个广泛的无形市场，能满足证券发行的要求。例如，美国的证券发行主要通过场外市场进行，我国的凭证式国债也在场外市场发行。

2)场外交易市场为已发行又未上市的证券提供流通转让的机会

场外交易市场是中央政府债券、地方政府债券、公司债券交易的主要场所；为具有发展潜力而目前尚不具备上市条件的新兴企业、小企业的股票提供了交易的渠道；为那些经营困难、被终止交易的股票提供表现的机会；为开放型基金提供认购和赎回的途径。场外交易市场为这些证券提供了流动性，为投资者提供了兑现及投资的机会。

3)场外交易市场是证券交易所的必要补充

场外交易市场是一个开放的市场，投资者可以与证券商直接交易，不仅交易时间灵活分散，而且交易手续简单方便，价格又可以协商。因此场外交易市场在交易证券的种类、数量、交易方式、交易时间等方面弥补了证券交易所的不足，与证券交易所共同组成了证券流通市场。

(3)几种典型的场外交易市场

1)二板市场

二板市场（second market）是相对于在证券交易所交易上市公司的证券而形成的主板市场而言的。二板市场，即第二市场，又称创业板市场，是指通过经纪人在证券交易所以外的电子交易系统中，买卖发行最初无法满足在证券交易所上市的高成长性股票的市场。这个市场采取的也是类似于证券交易所的有管理的市场机制。美国的纳斯达克市场、中国香港的创业板市场、欧洲的艾斯达克（EASDAQ）市场，都属于二板市场，其中尤以美国的纳斯达克市场运行最为成功。中国于1992年7月建立的全国证券交易商自动报价系统(STAQ)和1993年4月建立的全国电子交易系统(NET)也有类似的性质。

2)第三市场

第三市场是指已在证券交易所上市却在证券交易所之外进行交易的证券买卖市场。此市场的参与者主要为各类投资机构,如养老基金会、互助基金、保险公司、投资公司等。

第三市场最早出现在美国的20世纪60年代,一度大受欢迎。因为证券交易所不允许随意降低佣金,这样当每笔交易成交量很大时,经纪人收取的佣金就会很高,加大了交易成本。由于上市证券信誉较好,所以很多投资机构和非证券交易所会员的证券商在证券交易所之外买卖上市股票。一般第三市场的经纪人收取的佣金低于交易所的标准,这就使得投资者的交易成本降低,而且投资者和证券商彼此了解,可以节约其他费用,如市场分析、信息传递等费用。但1975年美国取消固定佣金制,佣金立即下浮,大宗交易还可更优惠,使第三市场的吸引力有所下降。

3)第四市场

第四市场是指证券交易不通过经纪人进行,而是通过计算机网络直接进行大宗证券交易的场外交易市场。这种形式最早出现在美国。第四市场充分利用了先进的电脑技术,把分散在各个地区的交易行情通过一个全国性或地区性的证券交易自动报价系统集中起来,使客户能够及时、迅速地进行交易。第四市场绕开了经纪人,多为双方直接交易,所以交易成本较低,即使通过第三方安排,佣金也较为便宜。而且此市场进行的都是大宗交易,如果在证券交易所进行,必然会对股价造成一定冲击,而在第四市场因为是不公开交易,避免了这种情况。这种电脑网上交易对证券市场的管理提出了挑战,也对交易所和其他场外交易市场形成很大的竞争压力,促使它们加强服务、提高质量、降低佣金。近年来,我国定向募集公司法人股的转让,与第四市场有相似之处。

5.3 证券投资的收益与风险

5.3.1 证券投资收益

人们投资于证券,是为了获得投资收益。投资收益是未来的,而且一般情况下事先难以确定。未来收益的不确定性就是证券投资的风险。投资者总是既希望回避风险,又希望获得较高的收益。但是,收益和风险是并存的,通常收益越高,风险越大。投资者只能在收益和风险之间加以权衡,即在风险相同的证券中选择收益较高的,或在收益相同的证券中选择风险较小的进行投资。

(1)股票收益

股票收益是指投资者从购入股票开始到出售股票为止整个持有期间的收入,它由股息收入、资本利得和公积金转增收益组成。

1)股利

股利指股票持有者依据所持股票从发行公司分取的赢利。股利分为股息和红利两个部分。优先股股东获得的报酬是股息,普通股股东获得的报酬是红利。股息、红利、股利3个词在使用时并不严加区分。

股利分配的前提条件是存在可行分配的公司利润。我国现行法律规定股份公司税后净利润的分配顺序是:

①弥补亏损。

②提取法定盈余公积金。

③提取公益金。

④支付优先股股息。

⑤提取任意盈余公积金。

⑥支付普通股股利。

可见,税后净利润是公司分配股息的基础和最高限额,但因要做必要的公积金和公益金的扣除,公司实际分配的股息总是少于税后净利润。

股息的具体形式可以有以下几种:

①现金股息——发放现金,是最普通、最基本的股息形式。

②股票股息——以股票的方式派发的股息,又称为送(红)股。

③财产股息——公司用现金以外的其他财产向股东分派股息。最常见的是公司持有的其他公司或子公司的股票、债券,也可以是实物。

④负债股息——公司通过建立一种负债,用债券或应付票据作为股息分派给股东。

⑤建业股息——又称建设股息,是指经营铁路、港口、水电、机场等业务的股份公司,由于其建设周期长,不可能在短期内开展业务并获得赢利,为了筹集到所需资金,在公司章程中明确规定并获得批准后,公司可以将一部分股本作为股息派发给股东。建业股息不同于其他股息,它不是来自于公司的赢利,而是对公司未来赢利的预分,实质上是一种负债分配,也是无赢利无股

息原则的一个例外。建业股息的发放有严格的法律限制,在公司开业后,应在分配盈余前扣抵或逐年扣抵冲销,以补足资本金。

我国现行法律规定,股份公司分配股利采取发放现金和股票两种形式。

2)资本利得

股票买入价与卖出价之间的差额就是资本利得,或称资本损益。资本利得可正可负,当股票卖出价大于买入价时,资本利得为正,此时可称为资本收益;当卖出价小于买入价时,资本利得为负,此时可称为资本损失。由于上市公司的经营业绩是决定股票价格的重要因素,因此资本损益的取得主要取决于股份公司的经营业绩和股票市场的价格变化,同时与投资者的投资心态、投资经验及投资技巧也有很大关系。一般长期投资者比较注重股利收益部分,短期投资者比较注重价差收益。

3)公积金转增股本

我国《公司法》规定,公司分配当年税后利润时,应当提取利润的10%列入公司法定公积金。公司法定公积金累计额为公司注册资本的50%以上的,可以不再提取。股东大会决议将公积金转为资本时,按股东原有股份比例派送红股或增加每股面值。但法定公积金转为资本时,所留成的该项公积金不得少于转增前注册资本的25%。与派发股票股利不同的是,后者来源于公司税后盈余。

4)股票收益率的计算

衡量股票投资收益水平的指标主要有股利收益率、持有期收益率和股份变动后持有期收益率等。

①股利收益率,又称获利率,指股份公司以现金形式派发股息与股票市场价格的比率。这种已得到股利收益率对长期持有股票的股东特别有意义。如果投资者打算投资某种股票,可用该股票上期实际派发的现金股息或预计的本期现金股息与当前股票市场价格相比,可得出预计的股利收益率。该指标对做出投资决策有一定帮助,其计算公式如下:

$$\text{股利收益率} = \frac{D}{P_0} \times 100\% \qquad (5.1)$$

式中 D——现金利息;

P_0——股票买入价。

例5.1 某投资者以20元一股的价格买入某公司股票,持有1年分得现金股息1.80元,则

$$\text{股利收益率} = 1.80\text{元} \div 20\text{元} \times 100\% = 9\%$$

②持有期收益率。持有期收益率指投资者持有股票期间的股息收入与买卖价差之和占股票买入价格的比率。持有期收益率是投资者最关心的指

标，但如果要将它与债券收益率、银行利率等其他金融资产的收益率比较，须注意时间的可比性，可将持有期收益率转化为年利率。其计算公式如下：

$$持有期收益率 = \frac{D + (P_1 - P_0)}{P_0} \times 100\% \tag{5.2}$$

式中　D——现金利息；

P_0——股票买入价；

P_1——股票卖出价。

例 5.2　例5.1中，投资者在分得现金股息两个月后，将股票以23.20元的市价出售，则

$$持有期收益率 = \frac{1.8\text{元} + (23.2 - 20)\text{元}}{20\text{元}} \times 100\% = 25\%$$

③股份变动后持有期收益率。投资者在买入股票后，有时会发生该股份公司进行股票分割（即拆股）、送股、配股、增发等导致股份变动的情况。股份变动会影响股票的市场价格和投资者持股数量，因此，有必要在股份变动后做相应调整，以计算股份变动后的持有期收益率。其计算公式为：

$$\begin{matrix}股份变动后\\持有期收益率\end{matrix} = \frac{调整后的资本利得或损失 + 调整后的现金利息}{调整后的购买价格} \times 100\% \tag{5.3}$$

例 5.3　例5.1中投资者买入股票并分得现金红利后，该公司以1∶2的比例拆股后的市价为11元/股。若投资者此时以市价出售，则应对持有期收益率进行调整。

$$股份变动后持有期收益率 = \frac{(11 - 10)\text{元} + 0.9\text{元}}{10\text{元}} \times 100\% = 19\%$$

(2)债券收益

债券收益来自3个方面：一是债券的利息收益，这是债券发行时就决定的（保值贴补债券和浮动利率债券除外）；二是资本利得；三是再投资收益。

与股票相比，债券收益的特点有两个：

第一，稳定性。债券收益因其到期还本付息，利率固定而具有较好的稳定性；股票收益却随公司的经营状况和市场价格的波动而变化，具有不稳定性。

第二，固定性。债券收益因其利率固定而固定；普通股因其收益上不封顶、下不保底，因而不固定。

1）债息

债券的利息收益取决于债券的票面利率和付息方式。债券的票面利率

是指1年的利息占票面金额的比率。票面利率的高低直接影响着债券发行人的筹资成本和投资者的投资收益。债券的付息方式是指发行人在债券的有效期间内，何时或分几次向债券持有者支付利息的方式。一般把债券利息的支付分为一次性付息和分期付息两大类。一次性付息的计息方式有3种：单利计息、复利计息和贴现计息。分期付息债券又称附息债券或息票债券，是在债券到期以前按约定的日期分次按票面利率支付利息，到期再偿还债券本金。分次付息一般分按年付息、半年付息和按季付息3种方式。对投资者来说，分次付息方式可使投资者把获取利息再进行投资收益，或使投资者享有每年获得现金利息便于支配的流动性好处。

2）资本利得

债券投资的资本利得是指债券买入价与卖出价或买入价与到期偿还额之间的差额。同股票的资本利得一样，债券的资本利得可正可负，当卖出价或偿还额大于买入价时，资本利得为正，此时可称为资本收益；当卖出价或偿还额小于买入价时，资本利得为负，此时可称为资本损失。投资者可以在债券到期时将持有的债券兑现或是利用债券市场价格的变动低买高卖从中取得资本收益，当然，也有可能遭受资本损失。

3）再投资收益

再投资收益是投资债券所获现金流量再投资的利息收入。对于附息债券而言，投资期间的现金流是定期支付的利息，再投资收益是将定期获得的利息进行再投资而得到的利息收入。但对于无息票债券，由于投资期间并无利息收入，因而也不存在再投资问题。

4）债券收益率的计算

债券收益率反映投资者在不同买卖价格和持有年限下的实际收益水平。决定债券收益率的因素有3个：利率、期限（剩余期限）、认购价格（投资本金）。

①票面收益率。票面收益率又称名义收益率，是债券票面上的固定利率，即年利息收入与债券面额之比率。投资者如果将按面额发行的债券持至期满，则获得的投资收益率与票面收益率是一致的。其计算公式为：

$$Y_n = \frac{C}{V} \times 100\% \tag{5.4}$$

式中 Y_n——票面收益率或名义收益率；

C——债券年利息；

V——债券面额。

票面收益率只适用于投资者按票面金额买入债券直至期满并按票面金额偿还本金这种情况，它没有反映债券发行价格与票面金额不一致的可能，也没有考虑投资者有中途卖出债券的可能。

②直接收益率。直接收益率又称本期收益率、当前收益率，指债券的年利息收入与买入债券的实际价格之比率。其计算公式为：

$$Y_d = \frac{C}{P_0} \times 100\% \tag{5.5}$$

式中　Y_d——直接收益率或本期收益率、当前收益率；

P_0——债券买入价格；

C——债券年利息。

例5.4　某债券面额为1 000元，5年期，票面利率为10%，现以950元的发行价向全社会公开发行，则投资者在认购债券后到持至期满时可获得的直接收益率为：

$$Y_d = \frac{1\,000\text{元} \times 10\%}{950\text{元}} \times 100\% = 10.53\%$$

直接收益率反映了投资者的投资成本所带来的收益。在例5.4中，投资者购买债券的价格低于债券面额，所以收益率高于票面利率。直接收益率也有不足之处，它既没有计算投资者买入价格与持有债券到期满按面额偿还本金之间的差额，也没有反映买入价格与到期前出售或赎回价格之间的差额。

③持有期收益率。指买入债券后持有一段时间，又在债券到期前将其出售而得到的收益率。它包括持有债券期间的利息收入和资本损益。计算方法有以下几种：

A. 息票债券持有期收益率常用的计算公式：

$$Y_h = \frac{C + (P_1 - P_0)/n}{P_0} \times 100\% \tag{5.6}$$

式中　Y_h——持有期收益率；

P_0——债券买入价；

P_1——债券卖出价；

n——持有年限。

例5.5　承例5.4，若投资者认购后持至第3年末，以995元市价出售，则：

$$Y_h = \frac{1\,000\text{元} \times 10\% + (995 - 950)\text{元} \div 3}{950\text{元}} \times 100\% = 12.11\%$$

B. 一次还本付息债券的计算公式。我国发行的中期债券多为到期一次还本付息债券，在中途出售的卖价中包含了持有期的利息收入，所以实际使用的计算公式为：

$$Y_h = \frac{(P_1 - P_0)/n}{P_0} \times 100\% \tag{5.7}$$

④到期收益率。到期收益率又称最终收益率,一般的债券到期都按面值偿还本金,所以,随着到期日的临近,债券的市场价格会越来越接近面值。其计算方法有以下几种:

A. 息票债券到期收益率的计算公式:

$$Y_m = \frac{C + (V - P_0)/n}{P_0} \times 100\% \tag{5.8}$$

式中 Y_m——到期收益率;

C——债券年利息;

V——债券面额;

P_0——债券买入价;

n——自买入至到期的年限。

例 5.6 承例 5.4,投资者认购后持有至期满收回本金,则到期收益率为:

$$Y_m = \frac{1\ 000\text{ 元} \times 10\% + (1\ 000 - 950)\text{ 元} \div 5}{950\text{ 元}} \times 100\% = 11.58\%$$

B. 一次还本付息债券到期收益率的计算公式:

$$Y_m = \frac{[V(1 + in_1) - P_0]/n_2}{P_0} \times 100\% \tag{5.9}$$

式中 Y_m——到期收益率;

V——债券面额;

P_0——债券买入价;

n_1——债券的有效年限(自发行至期满的年限);

n_2——债券的持有年限;

i——债券票面利率。

例 5.7 某债券面值 100 元,期限 3 年,票面利率 6%。投资者在债券发行 1 年后以 107 元的价格从二级市场买入并持有至期满,则到期收益率为:

$$Y_m = \frac{[100 \times (1 + 6\% \times 3) - 107]\text{ 元} \div 2}{107\text{ 元}} \times 100\% = 5.14\%$$

⑤贴现债券收益率。贴现债券又称贴水债券,是指以低于面值发行,发行价与票面金额之差额相当于预先支付的利息,债券期满时按面值偿付的债券。贴现债券一般用于短期债券的发行,如美国政府国库券。

A. 到期收益率。贴现债券的收益是贴现额,即债券面额与发行价格之间的差额。贴现债券发行时只公布面额和贴现率,并不公布发行价格,所以,要计算贴现债券到期收益率必须先计算其发行价格。由于贴现率通常以年率表示,为计算方便起见,习惯上贴现年率以 360 天计,在计算发行价格时还要将年贴现率换算成债券实际期限的贴现率。贴现债券发行价格的计算公式为：

$$P_0 = V(1 - d \cdot n) \tag{5.10}$$

式中 P_0——发行价格；

V——债券面值；

d——年贴现率(360 天计)；

n——债券有限期限。

计算出发行价格后，方可计算其到期收益率。贴现债券的期限一般不足1年，而债券收益率又都以年率表示，所以要将按不足1年的收益计算出的收益率换算成年收益率。重要的是，为了便于与其他债券比较，年收益率要按365天计算。贴现债券到期收益率的计算公式为：

$$Y_m = \frac{V - P_0}{P_0} \cdot \frac{365}{n} \times 100\% \tag{5.11}$$

式中 Y_m——到期收益率；

V——债券面额；

P_0——发行价格；

n——债券期限。

例5.8 某贴现债券面值1 000元，期限180天，以10.5%的贴现率公开发行。则发行价格为：

$$P_0 = 1\,000\text{元} \times (1 - 10.5\% \times \frac{180}{360}) = 947.5\text{元}$$

到期收益率为：

$$Y_m = \frac{1\,000\text{元} - 947.5\text{元}}{947.5\text{元}} \times \frac{365\text{天}}{180\text{天}} \times 100\% = 11.24\%$$

到期收益率高于贴现率，是因为贴现额预先扣除，使投资者实际成本小于债券面额。

B. 持有期收益率。贴现债券也可以不等到期满而中途出售，证券行情表每天公布各种未到期贴现债券二级市场的折扣率。持有期收益率的计算公式为：

$$Y_h = \frac{P_1 - P_0}{P_0} \times \frac{365}{n} \times 100\% \tag{5.12}$$

式中 Y_h——持有期收益率；

P_0——债券买入价；

P_1——债券卖出价；

n——持有期限。

例 5.9 若例 5.8 中的贴现债券在发行 60 天后，以面额 9% 的折扣在市场出售，则该债券的卖出价和持有期收益率分别为：

$$P_1 = 1\,000\text{ 元} \times (1 - 9\% \times \frac{120\text{ 天}}{360\text{ 天}}) = 970\text{ 元}$$

$$Y_h = \frac{970\text{ 元} - 947.5\text{ 元}}{947.5\text{ 元}} \times \frac{365\text{ 天}}{60\text{ 天}} \times 100\% = 14.45\%$$

例 5.9 说明，贴现债券因有贴现因素，其实际收益率比票面贴现率高。投资者购入贴现债券后不一定要持至期满，如果持有期收益率高于到期收益率，则中途出售债券更为有利。

(3)组合收益率

投资组合收益率的计算公式为：

$$\overline{Y}_p = \sum_{i=1}^{n} X_i Y_i \qquad (5.13)$$

式中 $\overline{Y}_p$——资产组合的收益率；

n——资产组合中证券种类数；

X_i——各种证券占资产组合总价值的比重；

Y_i——资产组合中各种证券的收益率。

5.3.2 证券投资风险

证券投资是一种风险性投资。一般而言，风险是指对投资者预期收益的背离，或者说是证券收益的不确定性。从时间上看，投入本金是当前的行为，其数额是确定的，而取得收益是在未来的时间。在持有证券这段时间内，有很多因素可能使预期收益减少甚至使本金遭受损失，因此，证券投资的风险是普遍存在的。与证券投资相关的所有风险称为总风险，总风险可分为系统风险和非系统风险两大类。

(1)系统风险

系统风险是指由于某种全局性的共同因素引起的投资收益的可能变动，这种因素以同样的方式对所有证券的收益产生影响。在现实生活中所有企业都受全局性因素的影响，这些因素包括社会、政治、经济等各个方面。由于这些因素来自企业外部，是单一证券无法抗拒和回避的，因此又叫不可回避风险。这些共同的因素会对所有企业产生不同程度的影响，不能通过多样化投资而分散，因此又称为不可分散风险。系统风险包括政策风险、经济周期波动风险、利率风险和购买力风险等。

1)政策风险

政策风险是指政府有关证券市场的政策发生重大变化或是有重要的法规、举措出台,引起证券市场的波动,从而给投资者带来的风险。

政府对本国证券市场的发展通常有一定的规划和政策,借以指导市场的发展和加强对市场的管理。政府关于证券市场发展的规划和政策应该是长期稳定的,但是在某些特殊的情况下,政府也可能会改变发展证券市场的战略部署,出台一些扶持或抑制市场发展的政策,制定出新的法规或交易规则,从而改变市场原先的运行轨迹。特别是在证券市场发展的初期,对证券市场发展的规律认识不足,法规体系不健全,管理手段不充分,更容易较多地使用政策手段来干预市场。由于证券市场政策是政府指导、管理整个证券市场的手段,一旦出现政策风险,几乎所有的证券都会受到影响,因此属于系统风险。

2)经济周期波动风险

经济周期波动风险是指证券市场行情周期性变动而引起的风险。这种行情变动不是指证券价格的日常波动和中级波动,而是指证券行情长期趋势的改变。

经济周期是指社会经济阶段性的循环和波动,是经济发展的客观规律。经济周期的变化决定了企业的景气和效益,从而从根本上决定了证券行情,特别是股票行情的变动趋势。证券行情随经济周期的循环而起伏变化,总的趋势可分为看涨市场(或称多头市场、牛市)和看跌市场(或称空头市场、熊市)两大类型。在看涨市场,随着经济回升,股票价格从低谷逐渐回升,随着交易量的扩大,交易日渐活跃,股票价格持续上升并可维持较长一段时间;待股票价格升至很高水平,资金大量涌入并进一步推动股价上升,但成交量不能进一步放大时,股票价格开始盘旋并逐渐下降,标志着看涨市场的结束。看跌市场是从经济繁荣的后期开始,伴随着经济衰退,股票价格也从高点开始一直呈下跌趋势并在达到某个低点时结束。看涨市场和看跌市场是指股票行情变动的大趋势。实际上,在看涨市场中,股份并非直线上升,而是大涨小跌,不断出现盘整和回档行情;在看跌市场中,股价也并非直线下降,而是小涨大跌,不断出现盘整和反弹行情。但在这两个变动趋势中,一个重要的特征是:在整个看涨行市中,几乎所有的股票价格都会上涨;在整个看跌行市中,几乎所有的股票价格都不可避免地有所下跌,只是涨跌的程度不同而已。

3)利率风险

利率风险是指市场利率变动引起证券投资收益变动的可能性。市场利率的变化会引起证券价格变动,并进一步影响证券收益的确定性。利率与证券价格呈反方向变化。即利率提高，证券价格水平下跌；利率下降，证券价格水平上涨。利率从两方面影响证券价格：

一是改变资金流向。当市场利率提高时，会吸引一部分资金流向银行储蓄、商业票据等其他金融资产，减少对证券的需求，使证券价格下降；当市场利率下降时，一部分资金流回证券市场，增加对证券的需求，刺激证券价格上涨。

二是影响公司的赢利。利率提高，公司融资成本提高，在其他条件不变的情况下净赢利下降，派发股息减少，引起股票价格下降；利率下降，融资成本下降，净赢利和股息相应增加，股票价格上涨。

利率风险对不同证券的影响是不相同的，具体表现在以下方面：

①利率风险是固定收益证券的主要风险，如优先股和债券，其中主要是债券。债券面临的利率风险由价格变动风险和息票利率风险两方面组成。当市场利率提高时，以往发行又尚未到期的债券利率相对偏低，此时投资者若继续持有债券，在利息上要受损失；若将债券出售，又必须在价格上做出让步，也要受损失。可见，此时投资者无法回避利率变动对债券价格和收益的影响，而且这种影响与债券本身的质量无关。

②利率风险是政府债券的主要风险。因为政府债券没有信用问题和偿债的财务困难，它面临的主要风险是利率风险和购买力风险。

③利率风险对长期债券的影响大于短期债券。在利率水平变动幅度相同的情况下，长期债券价格变动幅度大于短期债券，因此长期债券的利率风险大于短期债券。

④普通股票也会受利率风险的影响。股票价格对利率变动是极其敏感的，当利率变动时，股票价格会迅速发生反向变动。对普通股来说，其股息和价格主要由公司经营状况和财务状况决定，而利率变动仅是影响公司经营和财务状况的部分因素，所以利率风险对普通股的影响不像债券和优先股那样没有回旋的余地，从长期看，取决于上市公司对利率变动的化解能力。

4）购买力风险

购买力风险又称通货膨胀风险，是由于通货膨胀、货币贬值给投资者带来实际收益水平下降的风险。在通货膨胀情况下，物价普遍上涨，社会经济运行秩序混乱，企业生产经营的外部条件恶化，证券市场也难免深受其害，所以购买力风险是难以回避的。在通货膨胀条件下，随着商品价格的上涨，证券价格也会上涨，投资者的货币收入有所增加，会使他们忽视购买力风险的存在并产生一种货币幻觉。其实，由于货币贬值，货币购买力水平下降，投资者的实际收益不仅没有增加，反而有所减少。一般来讲，可通过计算实际收益率来分析购买力风险。

实际收益率 = 名义收益率 - 通货膨胀率

这里的名义收益率是指债券的票面利息率或股票的股息率。例如，某投资者买了一张年利率为10%的债券，其名义收益率为10%。若1年中通货膨胀率为5%，投资者的实际收益率为5%。可见，只有当名义收益率大于通货膨胀率时，投资者才有实际收益。

购买力风险对不同证券的影响是不相同的，最容易受其损害的是固定收益证券，如优先股、债券。因为它们的名义收益率是固定的，当通货膨胀率升高时，其实际收益率就会明显下降，所以固定利息率和股息率的证券购买力风险较大；同样是债券，长期债券的购买力风险又要比短期债券大。相比之下，浮动利率债券或保值贴补债券的购买力风险较小。

普通股股票的购买力风险相对较小。当发生通货膨胀时，由于公司产品价格上涨，股份公司的名义收益会增加，特别是当公司产品价格上涨幅度大于生产费用的涨幅时，公司净赢利增加，此时股息会增加，股票价格也会随之提高，普通股股东可得到较高收益，可部分减轻通货膨胀带来的损失。

需要指出的是，购买力风险对不同股票的影响是不同的；在通货膨胀不同阶段，对股票的影响也是不同的。一般说来，率先涨价的商品、上游商品、热销或供不应求商品的股票购买力风险较小，国家进行价格控制的公用事业、基础产业和下游商品等股票的购买力风险较大。在通货膨胀之初，企业消化生产费用上涨的能力较强，又能利用人们的货币幻觉提高产品价格，股票的购买力风险相对小些。当出现严重通货膨胀时，各种商品价格轮番上涨，社会经济秩序紊乱，企业承受能力下降，赢利和股息难以增加，股价即使上涨也很难赶上物价上涨，此时普通股也很难抵偿购买力下降的风险了。

(2)非系统风险

非系统风险是指只对个别行业或个别公司证券产生影响的风险，它通常由某一个特殊因素引起，与整个证券市场的价格不存在系统、全面的联系，而只对个别或少数证券的收益产生影响。这种风险可以通过分散投资来抵消。若投资者持有多样化的不同证券，当某些证券价格下跌、收益减少时，另一些证券可能价格正好上升、收益增加，这样就使风险相互抵消。因此非系统风险又称为可分散风险或可回避风险。非系统风险包括信用风险、经营风险、财务风险等。

1)信用风险

信用风险又称违约风险，指证券发行人在证券到期时无法还本付息而使投资者遭受损失的风险。

债券、优先股、普通股都可能有信用风险，但程度有所不同。债券的信用风险就是债券不能到期还本付息的风险。信用风险是债券的主要风险,因为债券是需要按时还本付息的要约证券。政府债券的信用风险最小,一般认为中央政府债券几乎没有信用风险,其他债券的信用风险依次从低到高排列为地方政府债券、金融债券、公司债券,但大金融机构或跨国公司债券的信用风险有时会低于某些政局不稳的国家的政府债券。投资于公司债券首先要考虑的就是信用风险,产品市场需求的改变、成本变动、融资条件变化等都可能引起公司偿债能力的削弱,特别是公司资不抵债、面临破产时,债券的利息和本金都可能会化为泡影。股票没有还本要求,普通股股息也不固定,但仍有信用风险,不仅优先股股息有缓付、少付甚至不付的可能,而且如公司不能按期偿还债务,立即会影响股票的市场价格,更不用说当公司破产时,该公司股票价格会接近于零,无信用可言。在债券和优先股发行时,要进行信用评级,投资者回避信用风险的最好办法是参考证券信用评级的结果。

2)经营风险

经营风险是指公司的决策人员与管理人员一旦在经营管理过程中出现失误而导致公司赢利水平变化,从而使投资者预期收益下降的可能。

经营风险来自内部因素和外部因素两个方面。企业内部的因素主要有:决策失误,技术老化,新产品开发滞后,销售不力,管理者因循守旧、不思进取,机构臃肿、人浮于事等。外部因素是公司以外的客观因素,如政府产业政策的调整,以及竞争对手的实力变化使公司处于相对劣势地位等,从而引起公司赢利水平的相对下降。经营风险主要是来自于公司内部的决策失误或管理不善。

公司的经营状况最终表现于赢利水平的变化和资产价值的变化,经营风险主要通过赢利变化产生影响,对不同证券的影响程度也有所不同。经营风险是普通股股票的主要风险,公司赢利变化既会影响股息收入,又会影响股票价格。当公司赢利增加时,股息增加,股票价格上涨;当公司赢利减少时,股息减少,股价下降。经营风险对优先股股票的影响要小些,因为优先股的股息率是固定的,赢利水平的变化对优先股价格的影响有限。公司债券的还本付息受法律保障,除非公司破产清理,一般情况下不受企业经营状况的影响,但公司赢利的变化同样可能使公司债券的价格呈同方向变动,因为赢利增加使公司的债券偿还更有保障,信用提高,债券价格也会相应上升。

3)财务风险

财务风险是指公司财务结构不合理、融资不当而导致投资者预期收益下降的风险。负债经营是现代企业应有的经营策略,通过负债经营可以弥补自有资本的不足,还可以用借贷资金来实现赢利。股份公司在营运中所需要的资金来源于自有资金和负债资金两个方面,其中债务的利息负担是一定的。

公司融资产生的财务杠杆作用犹如一把双刃剑，当融资产生的利润增长时，给股东带来的是收益增长的效应；反之，就是收益减少的财务风险。对股票投资来讲，财务风险中最大的风险当属公司亏损风险。公司亏损风险虽然发生的概率不是很高，但这却是投资者常常面临的最大风险。而一旦公司发生亏损，投资者将在两个方面产生风险：一是投资者将失去股息收入；二是投资者将损失资本利得。因为在公司亏损时，股票的价格必然下跌；更有甚者，如果公司亏损严重以致资不抵债，投资者可能血本无归，股票将成为一张废纸。

5.3.3　风险与收益的关系

投资者投资的目的是为了得到收益，与此同时，又不可避免地面临着风险，证券投资的理论和实战技巧都围绕着如何处理这两者的关系而展开。

收益与风险的基本关系是：收益与风险相对应。也就是说，风险较大的证券，其要求的收益率相对较高；反之，收益率较低的投资对象，风险相对较小。但是，绝不能因为风险与收益有着这样的基本关系，就盲目地认为风险越大，收益就一定越高。风险与收益相对应的原理只是揭示风险与收益的这种内在本质关系：风险与收益共生共存。承担风险是获取收益的前提；收益是风险的成本和报酬。风险和收益的上述本质联系可以表述为下面的公式：

$$预期收益率 = 无风险利率 + 风险补偿$$

预期收益率是投资者承受各种风险应得的补偿。无风险收益率是指把资金投资于某一没有任何风险的投资对象而能得到的收益率，这是一种理想的投资收益，我们把这种收益率作为一种基本收益，再考虑各种可能出现的风险，使投资者得到应有的补偿。现实生活中不可能存在没有任何风险的理想证券，但可以找到某种收益变动小的证券来代替。美国一般将联邦政府发行的短期国库券视为无风险证券，把短期国库券利率视为无风险利率。这是因为美国短期国库券由联邦政府发行，联邦政府有征税权和货币发行权，债券的还本付息有可靠保障，因此没有信用风险。政府债券没有财务风险和经营风险，同时，短期国库券以 91 天期为代表，只要在这期间没有严重通货膨胀，联邦储备银行没有调整利率，也几乎没有购买力风险和利率风险。短期国库券的利率很低，其利息可以视为投资者牺牲目前消费，让渡货币使用权的补偿。

在短期国库券无风险利率的基础上，可以发现：

①同一种类型的债券，长期债券利率比短期债券高。这是对利率风险的补偿。如同是政府债券，都没有信用风险和财务风险，但长期债券的利率要高于短期债券，这是因为短期债券没有利率风险，而长期债券却可能受到利

率变动的影响,两者之间利率的差额就是对利率风险的补偿。

②不同债券的利率不同,这是对信用风险的补偿。通常,在期限相同的情况下,政府债券的利率最低,地方政府债券的利率稍高,其他依次是金融债券和企业债券。在企业债券中,信用级别高的债券利率较低,信用级别低的债券利率较高,这是因为它们的信用风险不同。

③在通货膨胀严重的情况下,债券的票面利率会提高或会发行浮动利率债券。我国政府曾对 3 年以上国债进行保值贴补,就是对购买力风险的补偿。

④股票的收益率一般高于债券。这是因为股票面临的经营风险、财务风险和经济周期波动风险比债券大得多,必须给投资者相应的补偿。在同一市场上,许多面值相同的股票也有迥然不同的价格,这是因为不同股票的经营风险、财务风险相差甚远,经济周期波动风险也有差别。投资者以出价和要价来评价不同股票的风险,调节不同股票的实际收益,使风险大的股票市场价格相对较低,风险小的股票市场价格相对较高。

当然,风险与收益的关系并非如此简单。证券投资除以上几种主要风险以外,还有其他次要风险,引起风险的因素以及风险的大小程度也在不断变化之中;影响证券投资收益的因素也很多。所以这种收益率对风险的替代只能粗略地、近似地反映两者之间的关系,更进一步说,只有加上证券价格的变化才能更好地反映两者的动态替代关系。

5.4 股票价格指数

5.4.1 股票价格指数的定义和作用

股票价格指数(简称"股价指数")是用来表示多种股票平均价格水平及其变动和股市行情的指标。股价指数可以比较正确地反映股票市场的行情变化和发展趋势,从而有利于投资者进行投资选择。同时股票市场的变化趋势往往能从一个侧面反映国家整体宏观经济运行情况及发展趋势,为政府管理部门提供信息。

衡量股票价格水平的股票价格指数有两类:一是直接使用股票的平均价格,反映股市价格总水平的高低,如美国的道—琼斯股价平均数、日本的日经股价平均数等;二是根据股票平均价格折算成的指数,是反映不同时期的股价变动情况的相对指标,如美国的标准—普尔股价指数、英国的伦敦《金融时报》股价指数、日本的东证股价指数、中国香港的恒生股价指数等。股价平均数是计算股价指数的基础，股价指数是股价平均数的指数化表现形式，这两类指标习惯上统称为股票价格指数，简称股价指数。

5.4.2　股价指数的计算方法

编制股价指数要考虑以下 4 点：

①样本股票必须具有典型性、普通性。为此，选择样本股时应综合考虑其行业分布、市场影响力、适当数量等因素。

②计算方法应具有高度的适应性，能对不断变化的股市行情做出相应的调整或修正，使股价指数有较好的敏感性。

③计算依据的口径必须统一，一般均以交易所的收盘价为计算依据，但随着计算频率的增加，有的以每小时价格甚至更短的时间价格计算。

④基期应有较好的均衡性和代表性。基期定得合理才具有可比性，才能使股价指数如实反映股市的变动情况。

股价指数的计算方法有以下几种：

(1)简单算术平均法

简单算术股价平均数是以样本股每日收盘价之和除以样本数。其公式为：

$$\overline{P} = \frac{\sum P_i}{n} \tag{5.14}$$

式中　$\overline{P}$——平均股价；

P_i——各样本股收盘价；

n——样本股票种数。

例 5.10　从股票市场上选择 4 只股票组成股价指数，在报告期每股价格分别为 15 元、20 元、25 元、30 元，则股价的平均数为：

$$\overline{P} = \frac{15+20+25+30}{4}\text{元} = 22.5\text{ 元}$$

股价平均数只是报告期的股票价格平均数，将各个时期的价格水平相对比可以得到简单算术平均数的股价指数。简单算术股价指数的计算方式又有相对法和综合法之分。

1)相对法计算公式

$$P' = \frac{1}{n}\sum_{i=1}^{n}\frac{P_{1i}}{P_{0i}} \times \text{固定乘数} \tag{5.15}$$

式中 P'——股价指数；

P_{0i}——第 i 种股票的基期价格；

P_{1i}——第 i 种股票的报告期价格；

n——样本数；

固定乘数——基期值，通常定义为100，1 000，50 或 10。

例 5.11 在例 5.10 中，若 4 只股票基期的价格分别为 5 元、10 元、20 元、40 元，基期值定为 100 元，则可得股价指数：

$$P' = \left[\frac{1}{4} \times \left(\frac{15}{5} + \frac{20}{10} + \frac{25}{20} + \frac{30}{40}\right) \times 100\right]\text{元} = 175\ \text{元}$$

这个计算结果表明，报告期的股价是基期股价的 1.75 倍，即股价相对于基期上升了 75%。

2）综合法的计算公式

$$P' = \frac{\sum_{i=1}^{n} P_{1i}}{\sum_{i=1}^{n} P_{0i}} \times \text{固定乘数} \tag{5.16}$$

简单算术股价平均数的优点是计算简便，但也存在两个缺点：第一，发生样本股配送、拆股和更换时会使股价平均数失去真实性、连续性和时间数列上的可比性；第二，在计算时没有考虑权数，即忽略了发行量或成交量不同的股票对股票市场有不同影响这一重要因素。简单算术股价平均数的这两点不足，可以通过加权股价平均数和修正股价平均数来弥补。

（2）加权算术平均法

加权算术平均法按照样本股票在市场上的不同地位给予其不同的权数，对股市影响大的股票的权数较大，影响小的股票的权数小。权数可以是股票的成交量、发行量或其他可以反映股票地位的数字。

1）加权平均股价的计算公式

$$\overline{P} = \frac{\sum_{i=1}^{n} P_i W_i}{\sum_{i=1}^{n} W_i} \tag{5.17}$$

式中 $\overline{P}$——股票的平均价格；

W_i——样本股的发行量或成交量；

P_i——第 i 种股票的价格。

例 5.12 选择两只样本股票 X 和 Y，具体数据如表 5.2 所示。

表 5.2

股票种类	基期价格/元	报告期价格/元	发行量/万股
X	25	30	200
Y	100	90	50

按发行量加权平均来看：

$$基期平均股价 = \frac{25 \times 200 + 100 \times 50}{200 + 50} 元 = 40 元$$

$$报告期平均股价 = \frac{30 \times 200 + 90 \times 50}{200 + 50} 元 = 42 元$$

2）加权股价指数的计算公式

加权股价指数是以样本股票发行量或成交量为权数加以计算，主要分为基期加权、计算期加权两种。

①基期加权股价指数，又称拉斯贝尔加权指数（Laspeyre index），采用基期发行量或成交量作为权数。其计算公式为：

$$P' = \frac{\sum_{i=1}^{n} P_{1i} Q_{0i}}{\sum_{i=1}^{n} P_{0i} Q_{0i}} \tag{5.18}$$

式中　P'——股价指数；

P_{0i}——第 i 种股票的基期价格；

P_{1i}——第 i 种股票的报告期价格；

Q_{0i}——第 i 种股票的基期发行量或成交量。

②计算期加权股价指数，又称派氏加权指数（Paasche index），采用计算期发行量或成交量作为权数。其适用性较强，使用较广泛，很多著名股价指数，如标准—普尔指数等，都使用这一方法。其计算公式为：

$$P' = \frac{\sum_{i=1}^{n} P_{1i} Q_{1i}}{\sum_{i=1}^{n} P_{0i} Q_{1i}} \tag{5.19}$$

式中　Q_{1i}——第 i 种股票的报告期发行量或成交量；

其他同前。

（3）修正算术平均法

股票市场上，上市公司经常会有增资配股和股票分割的行为，使股票的数量增加,股票价格通常也会降低。如果用简单算术平均法计算股价指数,则导致后者发生很大变化,不能真实反映股价的变动情况。为了解决这一问题,需要对简单算术平均数做必要的调整,一般使用除数修正法。

修正除数的计算公式如下:

$$\text{新除数} = \frac{\text{股份变动后的总价格}}{\text{股份变动前的股价平均数}} \tag{5.20}$$

$$\text{修正股价平均数} = \frac{\text{股份变动后的总价格}}{\text{新除数}} \tag{5.21}$$

例 5.13 市场上有 4 个样本股票 A,B,C,D,报告期每股价格分别为 15 元、20 元、25 元、30 元,则股价平均数为:

$$\overline{P} = \frac{15 + 20 + 25 + 30}{4}\text{元} = 22.5\text{ 元}$$

如果 B 股票发生了一股拆分成两股的分割行为,则股价下降为 10 元,按简单算术平均法计算股价平均数:

$$\overline{P} = (15 + 10 + 25 + 30)\text{ 元} \div 4 = 20\text{ 元}$$

这种股价指数的变化并不是股市的真实情况。如果采用除数修正法,则

$$\text{新除数} = (15 + 10 + 25 + 30)\text{元} \div 22.5\text{ 元} = 3.56$$

$$\text{修正股价平均数} = (15 + 10 + 25 + 30)\text{元} \div 3.56 = 22.5\text{ 元}$$

计算结果表明,不受拆股的影响。

目前在国际上影响最大、历史最悠久的道—琼斯股价平均数就采用修正平均股价法来计算股价平均数。每当股票分割、发放股票股息或增资配股数超过原股份的 10%,就对除数做相应的修正。

5.4.3 国际主要股票市场的股价指数

(1)道—琼斯工业股价平均数

道—琼斯工业股价平均数,是世界上最早、最享盛誉和最有影响的股票价格平均数,由美国道—琼斯公司编制并在《华尔街日报》上公布。早在 1884 年 7 月 3 日,道—琼斯公司的创始人查尔斯·亨利·道和爱德华·琼斯根据当时美国有代表性的 11 种股票编制股票价格平均数,并发表于该公司编辑出版的《每日通讯》上。以后,道—琼斯股价平均数的样本股逐渐扩大至 65 种,编制方法也有所改进,《每日通讯》也于 1889 年改为《华尔街日报》。

现在人们所说的道—琼斯指数实际是一组股价平均数,包括 4 组指标:

①工业股价平均数。以美国埃克森石油公司、美国通用汽车公司和美国钢铁公司等30家著名大工商业公司股票为编制对象,能灵敏反映经济发展水平和变化趋势。平时所说的道—琼斯指数就是指道—琼斯工业股平均数。

②运输业股价平均数。以美国泛美航空公司、环球公司、国际联运公司等20家具有代表性的运输业公司股票为编制对象的运输业股价平均数。

③公用事业股价平均数。以美国电力公司、煤气公司等15种具有代表性的公用事业大公司股票为编制对象的公用事业股价平均数。

④股价综合平均数。以上述65家公司股票为编制对象的股价综合平均数。

道—琼斯股价平均数以1928年10月1日为基期,基期指数为100。道—琼斯指数的编制方法原为简单算术平均法,由于这一方法的不足,从1928年起采用除数修正的简单平均法,使平均数能连续、真实地反映股价变动情况。

(2)标准普尔指数

标准普尔指数是由美国最大的证券研究机构——标准普尔公司编制。在1923年标准普尔开始编制股价指数时,最初选择了233种上市的工业、铁路和公用事业等公司的股票,后来编制两种股票价格指数:第一种包括90种股票,每天计算和发表一次;第二种包括480种股票,每周计算和发表一次。到1957年,前者扩大为100种;后者扩大到500种,就是现在的标准普尔500指数。

标准普尔指数采用以样本股发行量为权数的计算期加权综合指数法,它以1941—1943年抽样股票的平均市价为基期,基期值设为10。

(3)NASDAQ市场及其指数

NASDAQ市场设立了13种指数,分别为:NASDAQ综合指数、NASDAQ—100指数、NASDAQ金融—100指数、NASDAQ银行指数、NASDAQ生物指数、NASDAQ计算机指数、NASDAQ工业指数、NASDAQ保险指数、NASDAQ其他金融指数、NASDAQ通讯指数、NASDAQ运输指数、NASDAQ全国市场综合指数和NASDAQ全国市场工业指数。

NASDAQ综合指数是以在NASDAQ市场上市的、所有本国和外国的上市公司的普通股为基础计算的。该指数按每个公司的市场价值来设权重,这意味着每个公司对指数的影响是由其市场价值所决定的。市场总价是所有已公开发行的股票在每个交易日的卖出价总和。现在NASDAQ综合指数包括了5 000多家公司,远远超过其他市场指数。正因为有如此大的计算范围,使得该指数成为 NASDAQ 的主要市场指数。该指数是在 1971 年 2 月 5 日启用的,基准点为 100 点。

(4)金融时报指数(FTSE100 指数)

金融时报指数是英国最具权威性的股价指数,由《金融时报》编制和公布。这一指数包括 3 种:

一是金融时报工业股票指数,又称 30 种股票指数。该指数包括 30 种最优良的工业股票价格,其中有烟草、食油、电子、化学药品、金属机械、原油等。由于这 30 家公司股票的市值在整个股市中所占的比重大,具有一定的代表性,因此该指数是反映伦敦证券市场股票行情变化的重要尺度。它以 1935 年 7 月 1 日为基期,基期指数为 100。

二是 100 种股票交易指数,又称“FT—100 指数”,该指数自 1984 年 1 月 3 日起编制并公布。这一指数挑选了 100 家有代表性的大公司股票,又因它通过伦敦股票市场自动报价电脑系统,可随时得出股票市价并每分钟计算一次,因此能迅速地反映股市行情的每一变动,自公布以来受到广泛重视。为了便于期货交易,该指数基值定为 1 000。

三是综合精算股票指数。该指数从伦敦股市上精选 700 多种股票作为样本股加以计算,它自 1962 年 4 月 10 日起编制和公布,并以这一天为基期,令基数为 100。这一指数的特点是统计面宽、范围广,能较全面地反映整个股市状况。

(5)日经 225 股价指数

日经 225 股价指数是《日本经济新闻社》编制和公布的以反映日本股票市场价格变动的股价指数。该指数从 1950 年 9 月开始编制,最初根据东京证券交易所第一市场上市的 225 家公司的股票算出修正平均股价,故称为“东证修正平均股价”。1975 年 5 月 1 日《日本经济新闻社》向道—琼斯公司买进商标,采用道—琼斯修正指数法计算,指数也改称为“日经道式平均股价指标”。1985 年 5 月合同期满,经协商,又将名称改为“日经股价指数”。

现在日经股价指数分成两组:

一是日经 225 种股价指数。这一指数以在东京证券交易所第一市场上市的 225 种股票为样本股,包括 150 家制造业、15 家金融业、14 家运输业和 46 家其他行业。样本股原则上固定不变,以 1950 年算出的平均股价 176.21 元为基数。由于该指数从 1950 年起连续编制,具有较好的可比性,成为反映和分析日本股票市场价格长期变动趋势最常用和最可靠的指标。

二是日经 500 种股价指数。该指数从 1982 年 1 月 4 日起开始编制,样本股扩大到500种，约占东京证券交易所第一市场上市股票的一半，因而更具代表性。该指数的特点是采样不固定，每年根据各公司前3个结算年度的经营状况、股票成交量、成交金额、市价总额等情况对样本股票进行更换。正因为如此，该指数不仅能较全面地反映日本股市的行情变化，还能如实反映日本产业结构变化和市场变化情况。

5.4.4　我国主要的股价指数

(1)中证指数

中证指数有限公司由上海证券交易所和深圳证券交易所共同发起设立，于2005年9月23日在上海成立。中证指数有限公司依托沪、深证券交易所的市场、信息、技术、服务等资源优势，实行市场化运作，本着科学、客观、公正、透明的原则，为股指期货等金融衍生工具提供标的指数，为投资者提供标尺指数和投资基准。为反映中国证券市场股票价格变动的概貌和运行状况，并能够作为投资业绩的评价标准，为指数化投资及指数衍生产品创新提供基础条件，沪、深证券交易所目前编制并发布了沪、深300指数、中证流通指数和中证100指数。

(2)上证指数

上证指数系列包括上证综合指数、上证样本指数、上证分类指数等，均采用派氏加权综合价格指数公式计算。上证指数系列均为“实时逐笔”计算。

1)上证综合指数

A.上证综合指数。上证综合指数以1990年12月19日为基期，基期值为100。以全部上市股票为样本，以报告期股票发行量为权数，按加权平均法计算，其中新上市的股票在挂牌的第二天纳入股票指数的计算范围。其计算公式为：

$$\text{本日股价指数} = \frac{\text{本日股票市价总值}}{\text{基期股票市价总值}} \times 100 \qquad (5.22)$$

其中

$$\text{本日股票市价总值} = \sum_{i=1}^{n} \text{本日收盘价} \times \text{发行股数}$$

$$\text{基期股票市价总值} = \sum_{i=1}^{n} \text{基期收盘价} \times \text{发行股数}$$

遇新股上市、退市或上市公司增资扩股时，须做相应修正。

B.新上证综指。新上证综指，简称为“新综指”，指数代码为000017，于

2006 年 1 月 4 日首次发布。新上证综指选择已完成股权分置改革的沪市上市公司组成样本，实施股权分置改革的股票在方案实施后的第二个交易日纳入指数。新上证综指是一个全市场指数，它不仅包括 A 股市值，对于含 B 股的公司，其 B 股市值同样计算在内。新上证综指以 2005 年 12 月 30 日为基日，以该日所有样本股票的总市值为基期，基点为 1 000 点。新上证综指采用派许加权方法，以样本股的发行股本数为权数进行加权计算。

2）上证样本指数

A. 上证成分股指数。上证成分股指数，简称上证 180 指数，从 2002 年 7 月 1 日起正式发布，基点为 2002 年 6 月 28 日上证 30 指数的收盘点数。它是对原上证 30 指数进行调整和更名产生的指数。上证成分股指数的样本股共有 180 只股票，选择样本股的标准是遵循规模（总市值、流通市值）、流动性（成交金额、换手率）、行业代表性 3 项指标，即选取规模较大、流动性较好且具有行业代表性的股票作为样本。该指数每年调整一次成分股，每次调整比例一般不超过 10%，特殊情况下也可能对样本股进行临时调整。

上证成分股指数采用派氏加权综合价格指数公式计算，以样本股的调整股本数为权数，并采用流通股本占总股本比例分档靠级加权计算方法。当样本股名单发生变化、或样本股的股本结构发生变化、或股价出现非交易因素的变动时，采用“除数修正法”修正原固定除数，以维护指数的连续性。

B. 上证 50 指数。上证 50 指数于 2004 年 1 月 2 日正式对外发布，基点为 1 000 点。上证 50 指数是根据流通市值、成交金额对股票进行综合排名，从上证 180 指数样本中挑选出规模大、流动性好的 50 只股票组成样本股，综合反映上海证券市场最具市场影响力的一批优质大盘股的整体状况。原则上挑选排名前 50 位的股票组成样本，但市场表现异常并经专家委员会认定不宜作为样本的股票除外。上证 50 指数采用派氏加权方法，按照样本股的调整股本数为权数进行加权计算。

C. 上证红利指数。上证红利指数，简称“红利指数”，由上海证券交易所编制。上证红利指数由在上海证券交易所上市的现金股息率高、分红比较稳定的 50 只样本股组成，以反映上海证券市场高红利股票的整体状况和走势。在满足规模和流动性条件的基础上，按照过去两年平均税后股息率排名，挑选排名最前的 50 只股票组成样本股。上证红利指数以 2004 年 12 月 31 日为基日，基点 1 000 点，于 2005 年首个交易日发布。上证红利指数采用派许加权方法。

3）上证分类指数

上证分类指数有 A 股指数、B 股指数及工业类、商业类、地产类、公用事业类、综合类，共 7 类。

上证 A 股指数以 1990 年 12 月 19 日为基期，设基期指数为 100 点，以全部上市的 A 股为样本，以市价总值加权平均法编制。上证 B 股指数以 1992 年 2 月 21 日为基期，设基期指数为 100 点，以美元为计价单位，以全部上市的 B 股为样本，以市价总值加权平均法编制。

上海证券交易所按全部上市公司的主营范围、投资方向及产出分为工业类、商业类、地产类、公用事业类和综合类分类指数。指数均以 1993 年 4 月 30 日为基期，基期指数设为 1 358.78 点，于 1993 年 5 月 3 日正式对外公布。以在上海证券交易所上市的全部工业类股票、商业类股票、地产类股票、公用事业类股票、综合类股票为样本，以全部发行股数为权数进行计算。

(3)深证指数

深圳证券交易所指数简称“深证指数”，包括：深证综合指数、成分股指数等。综合指数类和成分股指数类均为派氏加权价格指数，即以指数股的计算日股份数作为权数进行加权计算。

1)深证综合指数

A. 深证综合指数。深圳证券交易所综合指数包括：深证综合指数、深证 A 股指数和深证 B 股指数。它们分别以在深圳证券交易所上市的全部股票、全部 A 股、全部 B 股为样本股，以 1991 年 4 月 3 日为综合指数和 A 股指数的基期，以 1992 年 2 月 28 日为 B 股指数的基期，基期指数定位 100，以指数股计算日股份数为权数进行加权平均计算。当有新股票上市时，在其上市后当天纳入指数计算。当某一股票暂停买卖时，将其暂时删除于指数的计算之外。若有某一股票在交易中突然停牌，将取其最后成交价计算即时指数，直至收市。

深证综合指数的基本公式为：

$$本日指数 = \frac{本日指数股总市值}{基日指数股总市值} \times 100 \tag{5.23}$$

每日连续计算的环比公式如下：

$$本日即时指数 = 上日收市指数 \times \frac{本日即时指数股总市值}{上日指数股收市总市值} \tag{5.24}$$

式中　　本日即时指数股总市值 = 各样本股市价 × 已发行股数

上日指数股收市总市值是根据上日样本股的股本或样本股变动而做调整后的总值。

当指数股的股本结构或股份名单发生改变时，改用变动前营业日为基准日，并用“连锁”方法对指数计算进行调整，以维护指数的连续性。

B. 深证新指数。深圳证券交易所于 2006 年 2 月 16 日正式编排和发布深证新指数(简称“新指数”,代码 399100)。该指数的样本股由在深圳证券交易所上市的、完成股权分置改革的、正常交易的各类行业的股票组成。样本剔除了 ST 股票以及被监管层认定为经营有重大异常的公司。深证新指数采取自由流通股数为加权权重,以 2005 年 12 月 30 日为基日,基点为 1107.23点。这是以深市巨潮系列指数的统一起点 2002 年 12 月 31 日为参考点,以 2005 年 12 月 30 日当日所有符合选股条件的 G 股股票集合为样本的收市点位。新指数将成为深市新的市场基准指数。

C. 中小企业板指数。中小企业板指数简称“中小板指数”,代码为 399101,由深圳证券交易所编制。中小企业板指数以全部在中小企业板上市后并正常交易的股票为样本,新股于上市次日起纳入指数计算。中小板指数以最新自由流通股本数为权重,即扣除流通受限制的股份后的股本数量为权重,以计算期加权法计算,并以逐日连锁计算的方法得出实时指数的综合指数。中小板指数以第 50 只中小企业板股票上市交易的日期 2005 年 6 月 7 日为基日,设定基点为 1 000 点,以 2005 年 11 月 30 日收市价计算确定发布点位,于 2005 年 12 月 1 日起正式对外发布。

2)深证成分股指数

A. 深证成分股指数。深证成分股指数由深圳证券交易所编制,通过所有在深圳证券交易所上市的公司股票进行考察,按一定标准选出 40 家有代表性的上市公司作为成分股,以成分股的可流通股数为权数,采用加权平均法编制而成的。深证成分股指数以 1994 年 7 月 20 日为基日,基日指数为 1 000点。

B. 深证 100 指数。深证证券信息有限公司于 2003 年初发布深证 100 指数。深证 100 指数的成分股选取主要考察 A 股上市公司流通市值和成交金额两项指标,从在深交所上市的股票中选取 100 只 A 股作为成分股,以成分股的可流通 A 股指数为权数,采用派氏综合法编制。根据市场动态跟踪和成分股稳定性原则,深证 100 指数将每半年调整一次成分股。深证 100 指数以 2002 年 12 月 31 日为基准日,基准指数定为 1 000 点,从 2003 年第一个交易日开始编制和发布。

3)深证分类指数

深证分类指数包括农林牧渔指数、采掘业指数、制造业指数、水电煤气指数、建筑业指数、运输仓储指数、信息技术指数、批发零售指数、金融保险指数、房地产指数、社会服务指数、传播文化指数、综企类指数共 13 类。其中,制造业指数又分为食品饮料指数、纺织服装指数、木材家具指数、造纸印刷指数、石化塑胶指数、电子指数、金属非金属指数、机械设备指数、医药生物指数等 9 类。深证分类指数以 1991 年 4 月 3 日为基期,基期指数设为 1 000 点,起始计算日为2001年7月2日。

(4)恒生指数

恒生指数是由香港恒生银行于1969年11月24日起编制公布,系统反映香港股票市场行情变动最有代表性和影响最大的指数。它挑选了33种有代表性的上市股票为成分股,用加权平均法计算。这33种成分股中包括金融业4种、公用事业6种、地产业9种、其他工商业14种。这些股票分布在香港主要行业,都是最具代表性和实力雄厚的大公司,它们的市价总值要占香港所有上市股票市价总值的70%左右。恒生指数的成分股并不固定,自1969年以来,已做了10多次调整,从而使成分股更具有代表性,使恒生指数更能准确反映市场变动状况。恒生指数最初以股市交易较正常的1964年7月31日为基期,令基值为100,后来因为恒生指数按行业增设了4个分类指数,将基期改为1984年1月13日,并将该日收市指数的975.47点定为新基期指数。由于恒生指数具有基期选择恰当、成分股代表性强、计算频率高、指数连续性好等特点,因此一直是反映和衡量香港股市变动趋势的主要指标。

5.5　证券市场监管

证券市场是金融市场的核心,能否保持其高效、健康的运行,对于整个金融体系乃至整个国民经济的发展是至关重要的。证券市场的特殊性决定了这是一个高风险的市场,因为在市场交易中存在信息不对称和市场主体的非理性行为等因素。因此,为了保护投资者的利益,维护证券市场的正常秩序,提高证券市场的效率,从而发展和完善证券市场体系,一国的证券监管主体必须对证券市场进行监管,致力于营造公开、公平、公正的市场环境并保护投资者的利益。

5.5.1　证券市场监管的一般原则

所谓证券市场监管,是指证券管理机关运用法律的、经济的以及必要的行政手段,对证券的募集、发行、交易等行为以及证券投资中介机构的行为进行监督与管理。

证券市场的监管应当坚持以下几项原则:

(1)依法管理原则

即证券市场监管必须有充分的法律依据和法律保障,监管部门必须依靠法制建设,明确划分有关各方面的权利与义务,严禁欺诈、蒙蔽,禁止一切非法的证券市场交易活动,保护市场参与者的合法权益。

(2)保护投资者利益原则

由于投资者是自己出资买卖证券,且多数投资者缺乏投资的专业知识和技巧,只有在证券市场管理中采取相应措施,使投资者得到公平对待,维护其合法权益,才能更有力地促使人们增加投资。

(3)"三公"原则

1)公开原则

公开原则,又称信息公开原则,其核心是要求市场信息公开化,市场具有充分的透明性。信息公开原则要求信息披露应及时、完整、真实、准确。根据公开原则,筹资者必须公开与证券及其价格有关的各种信息,供投资者参考。同时,监管者也应当公开有关监管程序、监管身份以及对证券市场的违规处罚,并努力建设一个投资信息系统,为投资者创造一个信息畅通的投资环境。

2)公平原则

公平原则要求参与市场的各方都具有平等的法律地位,证券市场的参与者具有均等的交易机会,具有接触和获取信息的平等机会,遵循相同的交易规则,各自合法权益都能得到公平的保障。监管机构有责任营造公平的市场气氛,禁止直接经手人员及有关人士利用职务之便从中牟利。

3)公正原则

公正原则要求监管部门在公开、公平原则的基础上,对一切被监管对象给予公正待遇。根据公正原则,立法机构应当制定体现公平精神的法律、法规和政策;金融市场监管部门应当根据法律授予的权限履行监管职责,要在法律的基础上,对一切证券市场参与者给予公正的待遇;对证券市场违法行为的处罚,对纠纷或争议事件的处理,都应当公正进行。

在"三公"原则中,公开是实现公平、公正的前提,公平是实现公开、公正的基础,公正是实现公开、公平的保障。

(4)监督与自律相结合的原则

这一原则是世界各国普遍奉行的原则,是指在加强政府证券主管机构对证券市场监管的同时,也要加强从业者的自我约束、自我教育和自我管理。

政府对证券市场的监管是管好证券市场的保证,而证券从业者的自我管理是管好证券市场的基础。

5.5.2　证券市场监管体制

各国由于其金融市场发育程度不同,管理理念不同,法律及文化传统不同,因此在证券市场监管实践中形成了不同的管理体制和模式。

(1)集中型监管体制

集中型监管体制是根据国家立法设立直接隶属于立法机关的国家证券监管机构,对证券市场进行集中统一监管,而各种自律性组织,如证券交易所、行业协会等只起到协助作用。这种模式以美国为典型代表。中国现行金融市场监管体制属于集中型监管体制。

实行集中型监管,具有监管体系更加集中,监管机构更加专业,监管方法更加有效等优势;能公平、公正、高效、严格地发挥监管作用,协调全国的金融市场;能统一执法尺度,提高金融市场监管的权威性;监管者的地位相对独立,能更好地保护投资者的利益。

实行集中型监管的不足之处是,由于监管者独立于证券市场,可能使监管脱离实际,缺乏效率,当市场发生意外时,可能反应较慢,处理不及时;另一方面,容易产生对证券市场的过多干预。

(2)自律型监管体制

这种模式是指政府除进行某些必要的国家立法外,很少干预市场,对证券市场的监管主要由交易所及行业协会等组织进行自律监管的监管体制。英国是自律性监管体制的典型代表。

自律型监管体制能充分发挥市场创新和竞争意识,有利于活跃市场;更贴近证券市场的实际运作,监管灵活,效率较高;自律性组织对违规行为能做出迅速而有效的反应。

自律型监管的缺点在于:偏重于维护市场的有效运作和保护会员利益,对投资者的利益往往不能提供充分保障;缺少强有力的立法作为后盾,监管手段较软弱;没有统一的监管机构,难以协调,容易造成市场混乱。

(3)中间型监管体制

这种体制是既强调立法监管,又强调自律管理的监管体制。中间型监管体制是集中型监管体制与自律型监管体制相互配合与协调的结果,又称为分级管理型监管体制。它包括二级监管和三级监管两种模式。二级监管是中央政府和自律机构相结合的监管；三级监管是中央、地方两级政府和自律机构相结合的监管。实行中间型监管体制的国家有德国、泰国等，很多以前实行集中型或自律型监管体制的国家也正逐渐向中间型监管体制过渡。

5.5.3 证券市场监管主体

从各国实践来看，实施监管主要由两类主体完成：第一类主体是有关政府机构，它们的权利由政府授予，负责制订证券市场监管方面的各种规章制度以及这些规章制度的实施，例如美国证券交易委员会（SEC）由总统任命的参议院批准的5名委员组成，对全美证券市场实施监督；第二类主体是各种非官方性质的民间机构或私人机构，它们的权力来自其成员对机构决策的普遍认可，其成员出现违规现象并不会造成法律后果，但可能会受到机构的纪律处罚，例如证券交易所对上市公司的监管。

中国证券市场的监督主体也有两类：

①政府机构，即中国证券监督管理委员会（简称中国证监会）及其派出机构。

②自律性管理机构。主要包括上海、深圳两家交易所和中国证券业协会。

5.5.4 证券市场监管的对象和内容

证券市场监管的对象及其内容是证券市场监管的核心。从各国证券市场监管的实践来看，证券市场监管的具体内容，因各国经济金融体制不同而各有差异，但总的来说，主要是对证券市场要素构成的监管。

(1)对证券市场主体的监管

即对证券市场交易者的监督和管理。对证券发行人，当前各国的证券市场普遍实行强制信息公开制度，要求证券发行人增加内部管理和财务状况的透明度，全面、真实、及时地披露可能影响投资者判断的有关资料，不得有任何隐瞒或重大遗漏，以便投资者对其投资风险和收益做出判断；同时也便于强化证券监管机构和社会公众对发行人的监督管理，有效地制止欺诈等违法、违规及不正当竞争行为。对于投资者的监管包括对投资者的资格审查及其交易行为的监管。如：对组织或个人以获取利益或者减少损失为目的，利用其资金、信息等优势，或者滥用职权，制造证券市场假象，诱导或者致使投资者不了解事实真相的情况下做出投资决策，扰乱证券市场秩序等操纵市场行为的监管；对知情者以获取利益或减少损失为目的，利用地位、职务等便利，获取发行人未公开的、可以影响金融产品价格的主要信息，进行证券交易，或泄漏该信息的内幕交易行为等的监管。

(2)对证券市场客体的监管

这是指对股票、债券等交易工具的发行与流通进行监管。例如实施证券发行的审核制度，证券交易所和证券主管部门制订有关证券上市和交易的规则；对证券价格波动进行监测，并采取有关制度如涨跌停板制度等避免证券市场过于频繁的大幅波动等。由于各国、各地区金融工具的种类不同，因此具体的监管内容也相应不同。

(3)对证券市场媒体的监管

这是指对证券经营机构以及为参与者提供服务的律师事务所、会计师事务所以及资产评估机构、投资咨询机构、信用评级机构等的监管。监管内容主要是划分不同媒体之间的交易方式和交易范围，规范经营行为，使之在特定的领域充分发挥作用。证券市场媒体一方面具有满足市场多种需求，分散和减弱风险的功能；另一方面，由于其所具有的信息优势和在交易中的特殊地位，有可能在金融市场上实行垄断经营或为追逐私利扰乱金融秩序，因此有必要对其进行监管。

【本章小结】

证券市场是证券买卖交易的场所，也是资金供求的中心。根据市场的功能划分，证券市场可分为证券发行市场和证券交易市场。证券市场的两个组成部分既有联系，又有区别，是一个不可分割的整体。

证券发行市场是一个无形市场，由发行人、投资者和中介机构组成。证券发行方式有直接发行与间接发行、公募发行与私募发行之分。发行人必须满足一定的条件才能发行证券募集资金。中国的股票发行市场基本采取公募间接发行方式。

首次公开发行股票的发行价格可以等于票面金额，也可以超过票面金额，但不得低于票面金额。债券发行人在发行时必须考虑发行金额、票面金额、期限、偿还方式、票面利率、付息方式、发行费用及有无担保等内容。如果发行人对这些因素考虑不周，就会影响发行结果，降低发行收入，增大筹资成本。此外发行人还必须要求信誉卓著的信用评级公司为拟发行债券做信用评级。

证券流通市场可分为证券交易所和场外交易市场，证券交易所是证券市场的核心。证券交易所的运行系统是保证证券交易公平高效运行的硬件，而上市制度、交易规则则是相应的软件保证。场外交易市场在交易主体、交易对象、价格形成机制、市场功能等方面与证券交易所有所不同，是证券交易所的重要补充。场外交易市场包括二板市场、第三市场和第四市场。

收益和风险是证券投资的核心问题。证券投资的收益由债券利息收入、股息收入和资本利得组成。衡量证券投资收益的指标是收益率，不同的收益率反映投资者持有不同种类的证券以及在不同买卖价格和持有年限下的不同收益水平。证券投资的风险是指证券预期收益的不确定性。它分为系统风险和非系统风险两类。系统风险包括政策风险、经济周期波动风险、利率风险和购买力风险；非系统风险包括信用风险、经营风险和财务风险等。证券投资的收益和风险存在对应关系，收益以风险为代价，风险以收益为补偿。

股票价格指数是用来表示多种股票平均价格水平及其变动和股市行情的指标。股价指数可以比较正确地反映股票市场的行情变化和发展趋势，从而有利于投资者进行投资选择。同时股票市场的变化趋势往往能从一个侧面反映国家整体宏观经济运行情况及发展趋势，为政府管理部门提供信息。衡量股票价格水平的股票价格指数有两类：一是直接使用股票的平均价格；二是根据股票平均价格折算成的指数。

证券市场监管，是指证券管理机关运用法律的、经济的以及必要的行政手段，对证券的募集、发行、交易等行为以及证券投资中介机构的行为进行监督与管理。证券市场的监管应当坚持依法管理原则、保护投资者利益原则、“三公原则”、监督与自律相结合的原则。在证券市场监管实践中形成了不同的管理体制和模式，主要有集中型、自律型和中间型监管体制，中国目前实行集中型监管模式。证券市场监管的对象及其内容是证券市场监管的核心。从各国证券市场监管的实践来看，主要是对证券市场要素构成的监管，即监管机构对证券投资主体、客体和媒体实施的监督和管理。

【思考与练习】

一、基本概念

发行市场	公募发行	私募发行
直接发行	间接发行	承购包销
代销	信用评级	流通市场
证券交易所	会员制证券交易所	公司制证券交易所

证券上市	场外交易市场	二板市场
第三市场	第四市场	现金股利
股票股利	资本利得	系统风险
非系统风险	股票价格指数	综合指数
成分指数	证券市场监管	“三公”原则

二、计算分析题

1. 证券发行市场的作用主要表现在哪些方面？

2. 股票发行的目的有哪些？

3. 我国股票发行的具体条件是什么？

4. 债券的信用评级有何意义？

5. 承购包销和代销的区别是什么？

6. 证券发行市场与证券流通市场的关系如何？

7. 证券交易所的特征和功能是什么？

8. 根据我国相关法律规定，股份有限公司申请股票上市必须符合哪些条件？

9. 什么是价格优先原则？什么是时间优先原则？

10. 什么是市价委托？什么是限价委托？

11. 什么是场外交易市场？同证券交易所相比，它具有哪些特征和功能？

12. 根据我国现行法律规定，股份公司税后净利润的分配顺序是什么？

13. 试述送红股与公积金转增股本的异同。

14. 证券投资的系统风险是什么？它包括哪些内容？

15. 证券投资的非系统风险是什么？它包括哪些内容？

16. 试述证券投资的收益与风险的关系。

17. 某企业债券为息票债券，一年付息一次，票面金额为1 000元，5年期，票面利率为8%。某投资者在债券发行2年后以990元的价格买入，持有至期满，其到期收益率为多少？

18. 某投资者以每股14元的价格买入X公司股票若干股，年终分得现金股利0.90元。

(1)计算该投资者的股利收益率。

(2)若该投资者在分得现金股利3个月后将股票以15.20元的市价出售，其持有期收益率为多少？

(3)若该投资者在分得现金股利后X公司决定以1∶2的比例拆股。拆股信息公布后，X公司股票价格上涨至每股16元，拆股后的市价为每股8元。该投资者以此时的市价出售股票，其持有期收益率是多少？

19. 某债券为一次还本付息债券，票面金额为1 000元，票面利率为8%，期限为3年。当市场利率为7%时,该债券的发行价格是多少?

20. 某股价指数按基期加权法编制,并以样本股的流通股数为权数。选择A,B,C 3种股票为样本股,样本股的基期价格分别为5.00元、8.00元和4.00元,流通股数分别为7 000万股、9 000万股和6 000万股。某月的第一个交易日,这3种股票的收盘价分别为9.50元、19.00元和8.20元。设基期指数为1 000点,计算该日的基期加权股价指数。

21. 根据证券市场的构成要素,试论述证券市场监管的主要对象和内容。

第 6 章
证券投资基本分析

【学习目标】

目前进行证券投资分析所采用的分析方法主要有两大类:基本分析和技术分析。基本分析是指对影响证券价格的社会、政治、经济因素进行分析,通过分析影响证券价格的基础条件和决定因素,判定和预测未来的发展趋势。因此,通过本章学习要求着重掌握基本分析的概念、原理,并能理论与实践结合,从中把握基本分析的知识与技巧。

6.1 证券投资的宏观分析

证券市场是国民经济的重要组成部分，国民经济的宏观走势对证券市场有着非常重要的影响，所以，人们常将证券市场形容为国民经济运行的"晴雨表"。在证券投资分析时，首先要将其置于宏观经济运行的大背景之中，在确定证券投资基本面的影响之后，才能展开有关的技术分析。

证券投资的基本分析又称基本面分析，是指对影响证券价格的社会政治、经济因素进行分析，其理论依据是证券价格是由证券的价值决定，通过分析影响证券价格的基础条件和决定因素，判定和预测今后的发展趋势。这种方法主要通过对证券投资价值及价格的基本要素如宏观经济指标、经济政策走势、行业发展状况、产品市场状况、公司销售和财务状况等的分析来评估证券的投资价值，判断证券的合理价位，从而做出相应的投资决策。证券投资的基本分析包括质因分析和量因分析两个方面。质因分析主要包括宏观因素分析、行业因素分析和公司因素分析；量因分析主要是对公司的资产负债表、损益表与现金流量表进行指标分析。

6.1.1 宏观经济因素变动与证券投资的关系

宏观经济分析是以宏观经济因素及经济政策对证券市场的影响为分析对象，其涉及的经济指标主要有国内生产总值（GDP）、经济增长与经济周期、利率、就业状况、货币供给量、汇率、通货膨胀率、国际收支状况等，都与证券市场存在着关联互动的关系。

(1) GDP 变动对证券市场的影响分析

GDP 是指一定时期内（一般按年统计）在一国国内新创造的产品和劳务的价值总额，是一国经济成就的根本反映。证券市场作为"经济的晴雨表"，它对 GDP 的变动如何做出反映呢？我们必须将 GDP 与经济形势结合起来进行考察，看 GDP 的变动是否将导致各种经济因素（或经济条件）的变化。下面分析几种基本情况：

1）持续、稳定、高速 GDP 的增长

在这种情况下，社会总需求与社会总供给协调增长，经济结构逐步合理趋于平衡，经济发展的势头良好，证券市场呈现上升走势，因为：

①伴随总体经济增长，上市公司利润持续上升，股息和红利不断增长，企

业经营环境不断改善，投资风险也越来越小，从而公司的股票和债券得到全面的升值，促使证券价格上扬。

②人们对经济形势形成了良好的预期，投资积极性得以提高，从而增加了对证券的需求，促使证券价格上涨。

③随着GDP的持续增长，国民收入和个人收入都不断地得到提高，收入增加也将增加证券投资的需求，从而证券价格上涨。

2）失衡状态下的GDP增长（即经济失衡增长）

所谓经济失衡增长，是指为了片面追求高增长，采取了一系列过激的投资手段，扩大产业和忽略质量和效益。当经济处于严重失衡下的高速增长时，总需求往往超过总供给，逐渐表现为较高的通货膨胀（即，高通货膨胀下的GDP增长），这是经济形势恶化的征兆，如不采取有效的调控措施，经济难免会陷入"滞胀"之中，经济中的各种矛盾一定会充分地暴露出来。随着时间的推延，企业经营难免面临困境，居民实际收入也会降低，失衡的经济增长必将导致证券市场的下跌。

3）宏观调控下的GDP减速增长

当GDP呈现失衡的高速增长时政府必然采用宏观调控措施以维持经济的稳定增长，这样必然减缓GDP的增长速度。如果调控目标得以顺利实现，而GDP仍以适当的速度增长，而没有导致GDP的负增长或低增长，说明宏观调控措施十分有效，经济矛盾逐步得以缓解，为进一步增长创造了有利条件，这时证券市场亦将反映这种好的形势而呈现平稳渐升的态势。

4）转折性的GDP变动

如果GDP一定时期以来呈现负增长，当负增长速度逐渐减缓并呈现向正增长转变的趋势时，表现恶化的经济环境逐步得到改善，证券市场趋势也将由下跌转为上升；当GDP由低速增长转向高速增长时，表明低速增长中，经济结构得到调整，经济的"瓶颈"制约得以改善，新一轮经济高速增长已经来临，证券市场亦将伴之以快速上涨之势。

5）经济运行与证券市场的不一致性

GDP与证券市场有着同方向变动的倾向，但有时受投资者心态的影响，当然也会受其他因素的影响，而会出现相反方向变动的倾向。也就是有时经济运行明明良好，因为投资者心态不稳，证券市场仍有可能继续下滑；反过来，经济运行明明问题不少，投资者却盲目乐观，证券市场仍有可能节节攀升。经济运行与证券市场走势的不一致性还表现为，反映投资者对未来经济形势预期的证券市场必定领先于经济的实际变化。因为经济的运行呈现着规律性的循环，即，繁荣、衰退、萧条、复苏的交替，投资者并不与之完全同步。

当经济萧条将要结束时，百业不振，许多投资者远离市场，成交量萎缩至极,而那些有远见的、在不停搜集和分析有关经济形势并做出合理判断的投资者,却已经在悄悄吸纳,证券价格也慢慢开始缓步回升。当各种媒体开始传播萧条已去、经济复苏之时,证券价格实际已经升到一定水平。随着人们的普遍认同以及投资者自身的境遇在不断改善,市场日益活跃、需求不断扩大、价格不断攀升;加之有些投机者借机“哄抬”、“炒作”,普通投资者在利欲和乐观以及从众心理的驱动下竭力“捧场”,证券价格屡创新高。这时有些有远见的投资者在综合分析形势的基础上,认为经济繁荣已到尽头,悄然离场,此时证券的交易价格还在上升,但速率明显放慢,供需力量逐渐发生了变化。当经济形势逐渐被更多的投资者认同时,供需逐渐趋于平衡,甚至供大于求,证券价格开始下跌。当经济形势发展按照人的预期开始走向衰退时,与上述相反的情况便会出现。

因此,投资者必须充分地认识到宏观经济走势及经济周期与证券价格的相互关联关系,科学地把握好投资的机会。

(2)就业状况变动对证券市场的影响分析

证券市场的投资主体主要分为两大块:一块是机构投资者;另一块是个体投资者。由于机构投资者包括各种投资基金,而投资基金的基金又有一大部分来源于个体投资者,所以个体投资者构成了证券投资最大的一个群体,其投资偏好在一定程度上影响了证券市场的走势。分析就业状况对证券市场的影响,主要是联系个体投资者的收入对证券市场交易的贡献来展开的,而就业状况又与经济发展状况有着紧密的联系。

1)稳定增长经济下就业状况的影响

经济增长与就业状况似乎不发生矛盾冲突。一般情况下,经济持续、稳定、高速增长,企业产出水平相应提高,能够提供更多的就业机会,就业人员的工资收入也会有相应的增长。在增长初期,就业人员一般不会把注意力集中投向证券市场,而主要偏向于扩大个人或家庭的消费。经过一段时间以后,消费欲望增长速度趋缓,个人手中多余的货币逐渐形成社会的游资,它们进入证券市场必将成为证券市场兴旺的基础。

2)失衡经济下就业状况的影响

失衡的经济增长主要是由过度投资所造成的,此时市场表现繁荣,就业水平较高,工资收入也不低,证券市场也相当的繁荣,但是因为前一段时间的过度投资以后,通货膨胀的压力已经大为增加。因为就业和收入的增加,以及证券市场高涨的刺激,公众的投资愿望和冲动大大增强,大量资金进入证券市场,推动证券指数一再攀升,在获利者增多的同时,也造就了一大批因追捧而深套者。此时一批获利者和一批“识时务”者逐步退出市场,致使证券指数下跌；套牢者由于就业和收入的保障而加码补仓，而使证券指数回升。失衡状态的经济增长使得就业达到暂时性的顶峰，丰厚的回报和稳定的收入也使证券市场的交易达到极点，在获利回吐的促使下，证券交易指数处于一种高位震荡的状态，交易量也可能反复创新高。但是，这很可能是证券指数掉头下行的预兆。当然随着投资者，包括企业在证券市场中的损失增加，消费投资减少，就业机会也相应下降。例如东南亚金融危机前后，东南亚各国失衡经济带动就业情况的变化，对证券市场的影响就是个有力的佐证。

3）减速调整经济下就业状况的影响

经济增长的减速可能造成就业的下降。如果这种减速和调整比较温和，则就业的下降就比较缓慢，对收入的影响也不大，加上对调整后的经济预期也比较看好，所以个体投资者虽不至于盲目增加筹码，但也不会断然“割肉弃仓”，这就只造成证券交易指数小幅回落，成交量相应减少。急剧的经济下挫肯定会造成短期内失业人数快速的增长，从而造成收入的减少和总需求的大幅度下降，证券指数难免急剧下挫，甚至有可能造成投资者的恐慌。因为失业和收入的减少，投资者不敢再轻易入市，同时，为了减少损失而忍痛“割肉”，这就会造成证券市场指数一跌再跌，而成交量反而有所扩大的情况。总的说来，经济的不景气造成失业人数的增加和社会游资的减少，致使投资交易趋淡，是一种带有规律性的现象。但也有相反的情况发生，这是因为其他因素的作用，抵消了失业增加的影响。

（3）通货膨胀与通货紧缩对证券市场的影响

一般来说，通货膨胀与通货紧缩都会对经济的长期发展带来不良影响。因而，在分析通货膨胀与通货紧缩对证券市场的影响时，一定要具体情况具体分析，比较该时期通货膨胀与通货紧缩的原因、程度、经济背景及政府可能采取的干预措施等，实事求是地得出一个切合实际的结论。

1）通货膨胀对证券市场的影响

①表现在不同阶段的通货膨胀的影响。通货膨胀的发展有早期、中期、晚期之分。早期的通货膨胀还处于经济较为繁荣时期，物价虽有上涨，但仍处于市场可以接受的范围，这种涨幅还不至于影响市场的各种交易。在这个阶段，企业订单不断，购销两旺，就业状况也令人满意，收入也呈上升趋势。所以，证券市场的投资交易势头十分旺盛，各种证券的价格处于“头部状态”，投资者还寄希望证券能给予丰厚的回报，但这种回报的增幅已有递减。

在通货膨胀的中期，随着供需比例的严重失调，各种价格已经明显超过均衡价格的水平，绝大部分企业的商品库存也明显增加，其中相当部分产出和利润因销售受阻大幅度下降，企业也开始减员和调整工资。由于企业效益的减少和人们收入的降低，处于头部的证券价格立即呈下跌形态，有些证券甚至下跌破位，投资者再也没有信心去涉足证券市场，而逐步将资金撤离。

在通货膨胀的晚期，随着大量企业的倒闭，证券市场经过急剧下挫，市场交易十分清淡，其价格也一蹶不振，整个市场的经济恢复需要经过一个较长时期的休整，投资者对经济前景不持乐观态度，证券价格因此也十分的低迷。

②表现为不同程度的通货膨胀的影响。

A. 温和、稳定的通货膨胀对证券价格上扬有推动作用。这种类型的通货膨胀，通常被理解为一种积极的经济政策结果，旨在调整某些商品的价格并以此推动经济的增长。在这种情况下，某些行业、产业和上市公司因受到政策的支持，其商品价格有明显的上调，销售收入也随之上升，这些上市公司的业绩也随之提高，促使其证券价格上涨；但与此同时，也有一部分上市公司失去保护，而使其业绩承受向下调整的压力，其证券价格也有较大幅度的下降。所以温和、稳定的通货膨胀刺激经济，初始阶段将会导致证券市场各品种之间的结构性调整。

B. 如果通货膨胀在一定的可容忍范围内增长，而经济处于景气（扩张）阶段，产量和就业量都持续增长，那么证券价格也将持续上升。

C. 严重的通货膨胀则是非常危险的。因为此时的经济被严重扭曲，货币不断大幅度贬值，人们为了货币资金保值而囤积商品，购买房产，货币资金相应地流出资本市场，证券价格随之下跌；同时，扭曲的经济失去效率，企业不仅筹集不到必要的生产资金，而且原材料、劳动力的价格飞涨，使企业经营严重受挫，赢利水平下降，甚至倒闭。

③政府宏观调控政策的影响。政府不能长期容忍通货膨胀的存在，必然会运用宏观经济政策抑制通胀，其结果是将企业置于紧缩的宏观形势中，这又势必在短期中导致企业利润的下降，资金进一步离开资本市场，证券市场价格又会形成新一轮的下跌。

④通货膨胀不仅会产生经济影响，还可能产生社会影响，并影响社会公众的心理和预期，从而对证券市场的行市产生影响。

显然，在适度通胀的刺激下，人们为了避免损失，将资金投入证券市场，同时通胀的初期物价上涨，也刺激了企业利润增加，证券价格相应看涨；但持续通胀的存在，提高了企业成本，遏制了商品需求，企业收支状况恶化，证券价格下跌。此时政府再采取严厉的紧缩政策，这必然使企业雪上加霜，再加之社会公众的心理预期作用，证券价格难免在恐慌中狂跌。

2）通货紧缩对证券市场的影响

通货紧缩主要是指物价水平普遍持续下降的经济现象。尽管从表面上看，物价水平的下跌可以提高货币的购买力，增强公众的消费能力，但是物价的下跌导致商品利润的减少和企业收入的下降，企业只能缩小生产规模，就业相应减少。所以在通货紧缩的初期，因为货币购买力的增强，公众消费和投资增加，带动证券市场的兴旺。但是随着就业机会的减少，公众对未来的收入预期趋于悲观，他们将相应地减少支出，企业商品积压明显增加，就业形势进一步恶化。此时房地产和商业的经营状况首先不佳，累及这些行业的股票价格下跌，这些领域的投资者受到损失。随着通货紧缩的加剧，需求不足可能遍及所有的生产领域，企业经营状况恶化，证券市场进入长期低迷，大部分投资者都可能损失惨重。

造成通货紧缩的原因很多，可能是国外金融危机导致对出口商品需求的减少，也可能是国内居民消费和投资的不振，也可能是政府治理通货膨胀政策的时期过长，也有可能是上述因素综合作用所致。而通货紧缩的直接原因是货币供给增长速度的下降，同时还有总需求不足而导致商业银行的“惜贷”，中央银行宽松的货币政策难以作用到位等原因。在我国自1997年10月开始，物价总水平连续21个月呈负增长，这正是货币供给增长速度的下降所致。因此，投资者要防范通货紧缩的风险，不仅要关注总需求的变动趋势，更要了解我国货币供给的形势。

(4)利率对证券投资活动的直接影响

利率的升降从两个方面直接传递其对证券价格的影响力。如利率提高时，投资者投资于证券的比较利益下降，便会将投资转向储蓄，证券的价格便因供求关系改变而下降；利率提高还会使企业成本开支增加，利润下降，企业发行的证券（尤其是股票）价格便会因业绩欠佳而下跌。负债比例高的企业尤其明显。

(5)汇率对证券投资活动的影响

一国的经济越开放，证券市场的国际化程度越高，证券市场受汇率的影响就越大。在外币汇率上升、本币贬值时，证券的价格或是因为企业出口的增加而上涨，或是因为资本的流出而下跌；在外币汇率下降、本币升值时，则产生相反的效果。

(6)财政收支对证券市场的影响

它主要体现在财政收支总额的平衡状况上。如果财政收支基本平衡，略有节余或赤字，则不会对证券投资有直接的影响；如果财政收支出现大量赤字，则要么增发货币，引发通货膨胀，导致证券市场价格下跌，要么增加证券市场的品种和数量，也会引起证券行市的下跌。

(7)国际收支对证券市场的影响

它主要体现在国际收支总额的平衡状况上。如果国际收支出现巨大的逆差,这对一国的证券投资极为不利。从逆差的弥补方式来看,要么增加国际借贷,要么提高需求总量,增加本币供给,引发通货膨胀,导致证券行市的下跌;要么在国内采取紧缩的金融政策,通过总供求一致来恢复平衡。但是金融紧缩中的提高利率等做法,也会导致证券市场的徘徊低迷。

如果国际收支长期而且大幅度顺差,就会造成外汇储备过多,政府为收购这些外汇而抛出本币,致使国内通货膨胀压力增大。同时,长期顺差也会使本国经济受到国际投机资本的攻击,因为大规模的顺差难免会有投机资本混杂在其中,一旦发生逆向流动,难免会使经济形势变得混乱复杂,发生金融危机。而国际收支正常与否肯定会通过货币数量效应和企业收益效应来影响证券市场。

(8)固定资产投资对证券市场的影响

固定资产投资规模失控,直接的后果是增加了需求总规模,而投资规模的增加还能带动其他方面社会需求的增加,致使社会总供求失衡,通货膨胀加剧,给证券市场带来的后果也就必然是下跌或低迷。

6.1.2 宏观经济政策与证券投资的关系

(1)财政政策对证券市场的影响

财政政策是政府依据客观经济规律制定的指导财政工作和处理财政关系的一系列方针、准则和措施的总称。财政政策手段主要包括国家预算、税收、国债、财政补贴、财政管理体制和转移支付制度等。这些手段可以单独使用,也可以配合使用。

1)财政政策的种类与经济效应及其对证券市场的影响

财政政策分为松的财政政策、紧的财政政策和中性财政政策。总的来讲,紧的财政政策将使得过热的经济受到控制,证券市场也将走弱;而松的财政政策刺激经济发展,证券市场走强。

2)实现短期财政政策目标的运作及其对证券市场的影响

为了实现短期财政政策目标,财政政策的运作主要是发挥“相机抉择”作用,即政府根据宏观经济运行状况来选择相应的政策,调解和控制社会总供求的均衡。这些运作大致有以下几种情况:

①当社会总需求不足时，单纯使用松的财政政策，通过扩大支出、增加赤字，以扩大社会总需求，也可以采取扩大税收减免、增加财政补贴等政策刺激微观经济主体的投资需求，这样证券市场的价格会上涨。

②当社会总供给不足时，单纯使用紧缩性财政政策，通过减少赤字、增加公开市场上出售的国债数量，以及减少财政补贴等政策，压制社会总需求，证券价格下跌。

③当社会总供给大于社会总需求时，可以搭配运用松、紧政策。一方面通过增加赤字、扩大支出等政策刺激总需求增长；另一方面采取扩大税收、调高税率等措施抑制微观经济主体的供给。如果支出总量效应大于税收效应，对证券价格的上扬将会起到一种推动作用。

④当社会总供给小于社会总需求时，也可以搭配运用松、紧政策。一方面通过压缩支出、减少赤字等政策缩小社会总需求；另一方面采取扩大税收减免、减少税收等措施刺激微观经济主体增加供给。如果支出的压缩效应大于税收的紧缩效应证券价格将会下跌。

3）实现中长期财政政策目标的运作及其对证券市场的影响

为了达到中长期财政政策目标，财政政策的运作主要是调整财政支出结构和调整税制。其做法有：

①按照国家产业政策和产业结构调整的要求，在预算支出中，优先安排国家鼓励发展的产业的投资。

②运用财政贴息、财政信用支出以及国家政策性金融机构提供的投资和担保，支持高新技术产业和农业的发展。

③通过合理确定国债规模，吸纳部分社会资金，列入中央预算，转作政府的集中性投资，用于能源、交通等重点建设。

④调整和改革整个税制体系，或者调整部分主要税制，实现对收入分配的调节。

国家产业政策主要通过财政政策和货币政策来实现。优先发展的产业将得到一系列的政策优惠与扶持，因而将获得较高的利润和具有良好的发展前景，这势必会受到投资者的普遍青睐，股价必然会上扬。债券价格也会因为这些产业具有较低的经营风险，从而具有较低的还本付息风险而上涨。即使在从紧的财政货币政策下，这些产业也会受到特殊照顾，因而产业政策对证券市场的影响是长期而深远的。例如，我国在“十五”期间重点发展了机械、电子、石化、汽车等支柱产业，加大农业、能源、交通、通讯等基础产业的发展力度，着重扶持高科技股份公司的发展。使得这些产业直接受惠于产业政策，而获得良好的发展前景，也带动相关企业的股票有良好的市场表现。

(2)货币政策对证券市场的影响

货币政策是指中央银行在一定时期内利用货币政策工具作用于经济变量,从而实现特定经济目标的制度规定的总和。货币政策由三大要素构成:货币政策工具、货币政策中介目标、货币政策最终目标。它们之间的关系是:货币政策工具作用于货币政策中介目标,通过货币政策中介目标去实现货币政策最终目标。货币政策是实现中央银行金融宏观调控目标的核心所在,与财政政策一起构成国家宏观经济政策十分重要的组成部分。货币政策是通过调控货币总量保持社会总供给与总需求的平衡,通过利率和货币总量控制通货膨胀,保持物价总水平的稳定,调节国民收入中居民消费与储蓄的比例,引导储蓄向投资的转化并实现资源的合理配置。

1)货币政策运作

货币政策运作主要是指中央银行根据宏观经济形势采取适当的政策措施调控货币供给量和信用规模,使之达到预定货币政策目标,并以此影响经济运行。根据运作方向可以将货币政策分为紧的货币政策和松的货币政策。

①紧的货币政策,即减少货币供给量,提高利率,加强信贷控制。如果市场物价上涨,需求过度,经济过度繁荣,秩序混乱,这种状况被认为总需求大于总供给,这时中央银行就会采取紧缩的货币政策以减少需求。

②松的货币政策,即增加货币供给量,降低利率,放松信贷控制。如果市场产品销售不畅,经济运转困难,资金短缺,设备闲置,这种状况被认为是社会总需求小于社会总供给,中央银行则会采取扩大货币供给的办法增加总需求。

总的来说,在经济衰退时,总需求不足,政府采取松的货币政策;在经济扩张时,总需求过大,政府采取紧的货币政策。

2)货币政策对证券市场的影响

从总体上来说,货币政策的松紧直接关系到证券市场资金量的多少。即使在短期中,实际产出部门还来不及做出调整之前,这种货币供给量的多少都会引起证券行市的波动;在长期中更是会引起实际产出部门的相应变化。所以,证券投资分析要特别关注货币政策的变化与趋势。

①松的货币政策将使证券市场价格上扬,具体影响表现在:

A.为企业生产发展提供充足资金,利润上升,从而证券价格上升。

B.社会总需求增大,刺激生产发展;同时居民收入得到提高,因而对证券投资的需求增加,证券价格上扬。

C.银行利率随着货币供给量增加而下降,部分资金从银行转移出来流向证券市场,也将扩大证券市场的需求;同时利率下降还提高了证券价值的评估，二者均使价格上升。

D.货币供给量的过度增加将引发通货膨胀，适度的通货膨胀（或在通货膨胀初期）使市场表现出繁荣，企业利润上升，加上受保值意识驱使，资金转向证券市场，使对证券价值和对证券的需求均增加，从而证券价格上升。但通货膨胀上升到一定程度，可能恶化经济环境，将对证券市场起反作用，而且政府采取措施，实施紧缩政策（包括紧缩财政和紧缩货币）将为时不远，当市场对此做出预测时，证券价格将会下跌。

②紧的货币政策对证券市场价格的影响则相反，具体的政策工具对证券市场还会有其特殊的影响。

A.利率对证券市场的影响。当利率上升时，公司借款成本增加，利润率下降；同时还会吸引部分资金从证券市场转向储蓄，证券价格自然下跌；当利率上升时，其利率效应正好相反。

B.公开市场业务对证券市场的影响。政府如果通过公开市场购回债券来达到增大货币供应量的目的，则一方面减少了国债的供给，从而减少了证券市场总供给，促使证券价格上扬，特别是政府购买的国债品种首先上扬；另一方面，政府回购国债相当于向证券市场提供了一笔资金，这笔资金直接的效应是提高了对证券的需求，从而使整个证券市场价格上扬，然后增加的货币供应量将对经济产生影响。政府如果通过公开市场发行债券，其效应则相反。可见，公开市场业务的调控工具最直接地对证券市场产生影响。

C.汇率对证券市场的影响。汇率对证券市场的影响是多方面的。一般来讲，一国的经济越开放，证券市场的国际化程度越高，证券市场受汇率的影响越大。以直接标价法为例，汇率上升时，本币贬值，外币升值，本国产品竞争力强，出口型企业将受益，因而企业的证券价格将上涨；相反，依赖进口的企业成本增加，利润受损，证券的价格将下跌。汇率的上升将导致资本流出本国，将使得本国证券市场需求减少，从而证券市场价格下跌；同时汇率上升会带动国内物价水平上涨，引起通货膨胀。另外，汇率上升时，政府可能利用债券市场与汇率市场联动操作达到既控制汇率的升势又不减少货币供应量，既抛售外汇，同时又回购国债，这将使得国债市场价格上扬。

(3)收入政策对证券市场的影响

收入政策是国家为实现宏观调控总目标和总任务在分配方面制定的原则和方针。与财政政策、货币政策相比，收入政策具有更高层次的调节功能，它规定着财政政策与货币政策的作用方向与作用力度，而且收入政策最终也要通过财政政策与货币政策来实现。

收入总量调控政策主要通过财政、货币机制来进行，还可以通过行政干预和法律调整等机制来进行。其中财政机制对收入政策的贯彻主要采取预算调控、税收调控、补贴调控和国债调控等手段。货币机制对收入政策的贯彻,主要有调控货币发行量、调控货币流通量、调控信贷方向和数量、调控利息率。

着眼于短期供求总量均衡的收入总量调控通过财政、货币政策来进行,因而收入总量调控通过财政政策和货币政策的传导对证券市场产生影响(这种影响在前面已经做了分析)。

6.1.3 其他宏观因素的分析

除了以上宏观经济指标和宏观经济政策方面的影响之外,还有一些宏观因素也会引起证券市场的强烈震荡,有时甚至会引起证券市场的价格暴涨或暴跌。主要有以下几个宏观因素:

(1)政治因素的影响

政治是经济的集中反映,它的变化会反作用于经济的发展,从而使证券市场发生波动。政治因素对证券市场的影响分为直接影响与间接影响两个方面。

1)直接影响

国际国内的政局稳定与否,会直接影响证券市场的价格波动和资金数量的变化,而且还会直接涉及发行单位(例如发行政府公债的政府、股票或债券发行公司)的继续存在,会使得证券发行单位面临某种困境。这都将对证券市场的交易价格产生直接的影响。这些因素主要有:政府换届或政权更迭引起的国家政策变化;国家受到外敌入侵或战时状态;政府将私营企业收归国有或将国有企业私营化;政府因参加某种国际公约而鼓励或禁止企业生产某种产品等。这些因素带来的不利影响就构成了证券市场价格变动的风险,它的特点是带有一定的偶然性和突发性。

政治因素虽然具有偶然性和突发性,但一般还是有某种事先的预兆足以引起人们的注意。例如国家政府的声明、政治领导人的讲话、新闻媒介的分析和推测等。当出现某种重要政治事件的先兆时,国外主要证券市场的证券价格立即会出现波动,尤其是在证券行市持续上升时,人们一方面会全力投资,获取投机利润,一方面会更加密切地留意政治舞台上的风吹草动,随时准备抽身退出,逃避可能出现的风险损失。

2)间接影响

各种政治因素虽然有时并不影响其他企业的存在或经营活动,但由于有些企业与受到政治因素直接影响的企业在原材料供应、债权债务、地域方面等存在关联，从而使其生产经营活动也会受到影响，并对这些企业的证券价格变动带来不利的后果。政治因素间接影响的另一表现，是指政治因素虽然没有对企业目前的生产经营及证券价格产生直接影响，但从长远看，可能会影响企业的发展和企业证券持有人的远期收益，于是也会造成现实证券交易价格的波动。例如，一国政府将私营企业收归国有时，企业的生产经营条件并未改变，但是该企业的股票与债券行情必然受到影响。

(2)战争因素对证券市场的影响

无论是小规模的局部战争或是大规模的世界大战，都会使投资者感到恐慌，从而导致证券市场价格的大幅度下跌，尤其是敏感地区和发达地区的战争。尽管，也有些国家的经济乃至股市也会因为别的国家战争的刺激而兴旺高涨起来，但随着经济全球化的发展，人为引起国际政局的不稳定和人类财富破坏的战争，都会被证券市场视为重大的“利空”。诸如发生在中东地区的两伊战争、以色列和阿拉伯国家之间的战争、英阿的马岛战争以及近来发生在科索沃和伊拉克的战争，都引起了相关国家和地区的股市下跌。因为战争会引起物资商品的短缺，物价上涨，货币贬值，上市公司业绩受挫，投资者相继抛售股票，换取货币和实物，从而导致股市下跌。

(3)自然灾害对证券市场的影响

自然灾害与战争一样，都会造成巨大的经济损失，破坏正常的经济秩序，导致证券发行单位收益的大幅度下滑和证券市场的价格下跌。同时为降低和弥补灾害的损失，国家和企业都难免超预算支出，以便能减少灾害的损失。证券市场价格的下挫往往与灾害的严重程度和持续时间同步，不过，灾害引发证券市场动荡一般只影响受灾国和地区的证券市场，而不会波及全部。同时，受灾国和地区也会因为进入灾后重建与经济复兴阶段，与生产生活恢复密切相关的建筑材料、药品与日用品等行业的相关企业，其证券(尤其是股票)会率先受到投资者的追捧，证券价格会有明显的上升。

(4)投资人的心理因素对证券市场的影响

投资人的心理因素也是引起证券市场行市变化的一个不可忽视的因素。这些因素主要表现在：

1)盲目跟风

投资者容易受证券市场买卖风潮的左右，特别是受到大户投资者行动的影响。看到别人纷纷买进或卖出证券时，唯恐落后，盲目跟风。例如，一旦有大宗证券抛售，证券价格有所下跌时，他们就会产生恐慌心理，急于抛出手头上的证券，以尽量减少损失，跟风盛行证券价格下跌就会越重，有时甚至引起整个世界股市的大暴跌风潮。1987 年世界股市暴跌风潮，其中一个原因，就是投资者的盲目跟风，使得跌风愈演愈烈。

2）缺乏主见

有些人缺乏独立判断，“耳朵比较软”，预先定下的计划，临场时常会因为别人的几点“意见”而改变。这种缺乏主见、举棋不定的心理，与盲目跟风一样，也会影响证券市场价格的变化。

3）嫌贵贪低

一些投资者专门想买便宜证券（特别是股票），他们永远不会去买价格大幅度上升的证券（即便是优势证券），以求保险。这样也会增加对低价证券的需求，减少对高价证券的需求，从而也会影响证券市场的行市变化。

在证券市场上，有各种各样的投资者，也就有多种多样的心理状态，时时都在影响证券市场的行市。

（5）投机因素对证券市场的影响

投机因素也是引起证券行市波动的重要因素。一些投机者为了在证券交易时牟取暴利，大进大出，搞短期买卖。投机者通常利用各种影响证券行市变化的因素，将证券价格“炒”高或“炒”低，低价吸进，高价抛出，牟取暴利。比如，在股市上，有些投机者为使股价朝有利于自己的方向变动，甚至从事一些违法的投机活动，人为地左右股票的价格。

这就需要政府必须加强证券市场的监管力度，以降低证券投资中的投机活动，保护广大投资者，特别是中小投资者的利益（需要强调的是，证券市场永远都会有投机活动存在，只是通过政府的监管，可以把它控制在社会与市场能够容忍的范围内），促进证券市场的健康有序发展。

6.2 证券投资的行业分析

对证券投资分析而言，行业和区域经济情况是介于宏观和微观之间的重要经济因素。行业的发展状况对于该行业的上市公司的影响是巨大的。从某种意义上讲，投资于某上市公司，实际上是以某行业为投资对象。所谓行业，是指这样的一个企业群体，这个企业群体的成员由于其产品在很大程度上的可替代性而处于一种彼此紧密联系的状态，并且由于产品可替代性的差异而与其他企业群体相区别。在国民经济中，各行业的发展并非都和经济增长总水平一致。一些行业的增长与国民生产总值的增长保持同步；另一些行业的增长率高于国民生产总值的增长率；还有一些行业的增长率则低于国民生产总值的增长率。因此，宏观因素分析为投资提供了背景条件，但要解决如何投资问题，还要对具体的投资对象加以选择，进行行业分析和公司分析。

6.2.1　行业的经济结构分析

行业的经济结构随着该产业中企业的数量、产品的性质、价格的制定和其他一些因素的变化而变化。由于经济结构的不同，行业基本上可分为4种市场类型：完全竞争型、垄断竞争型、寡头垄断型、完全垄断型。

(1)完全竞争的市场类型

完全竞争是指许多企业生产同质产品的市场情形。其特点是：

①生产者众多，各种生产资料可以完全流动。

②产品无论有形还是无形的，都是无差别的。

③没有一个企业能够影响产品的价格。

④企业永远是价格的接受者而不是价格的制定者。

⑤企业的赢利基本上由市场对产品的需求来决定。

⑥各种生产要素都可以自由地流动。

⑦市场信息畅通，生产者和消费者对市场情况非常了解，并可自由进入或退出这个市场。

显然，完全竞争市场是一个理论性很强、理想化的市场结构类型，其根本特点在于所有的企业都无法控制市场的价格和使产品差异化。由于受市场条件和其他宏观环境的影响较大，这类行业的企业经营业绩波动较大，利润往往不稳定，证券价格容易受影响，投资风险比较大。在现实经济中，完全竞争的市场类型是少见的，一些初级产品和某些农产品市场比较接近或相似于完全竞争市场。

(2)垄断竞争的市场类型

垄断竞争是指许多生产者生产同种但不同质产品的市场情形。其特点是：

①生产者众多，各种生产资料可以流动。

②生产的产品同种但不同质，即产品之间存在差异，这是垄断竞争与完全竞争的主要区别。

③由于产品的差异性存在，生产者可以树立自己产品的信誉，从而对其

产品的价格有一定的控制力。

在国民经济各行业中，制成品的市场一般属于这种类型。

(3)寡头垄断的市场类型

寡头垄断是指相对少数生产者在某种产品的生产中占据很大的市场份额的情形。在寡头垄断市场上，由于这些少数生产者的产量非常大，因此它们对市场的价格和交易具有一定的垄断能力；同时，由于只有少量的生产者生产同一种产品，因而每个生产者的价格政策和经营方式及其变化都会对其他生产者产生重要影响。

因此，在这个市场上，通常存在着一个起领导作用的企业，其他企业随着该企业定价与经营方式的变化而相应地进行某些调整。资本密集型、技术密集型，如钢铁、汽车等，以及少数储量集中的矿产品(如石油)等的市场多属这种类型，因为生产这些产品所必需的巨额资金、复杂的技术或产品储量的分布等因素，限制了新企业对该市场的进入。

(4)完全垄断的市场类型

完全垄断是指独家企业生产某种特质产品的情形。特质产品是指那些没有或缺少相近的替代品的产品。

完全垄断可分为两种类型：

①政府完全垄断，如铁路、邮电等公用事业部门。

②私人完全垄断，如根据政府授予的特许专营或根据专利生产的独家经营，以及由于资本雄厚、技术先进而建立的排他性的私人垄断经营。

完全垄断市场类型的特点是：

①由于市场被独家企业所控制，产品又没有或缺少合适的替代品，因此，垄断者能够根据市场的供需情况制定理想的价格和产量，在高价少销和低价多销之间进行选择，以获取最大的利润。

②垄断者在制定产品的价格与生产数量方面的自由性是有限度的，它要受到反垄断法和政府管制的约束。

在现实生活中，公用事业(如电力、燃气、自来水、邮电、通讯、铁路、民航等部门)和某些资本、技术高度密集或稀有金属矿藏的开采等行业都属于这种完全垄断的市场类型。

6.2.2 经济周期与行业分析

各行业变动时，往往呈现出明显的、可测的增长或衰退的格局。这些变动与国民经济总体的同期变动是有关系的，但关系密切的程度不一样。据此，可以将行业分为3类：

(1)增长型行业

增长型行业的运动状态与经济活动总水平的周期及其振幅无关。这种产业收入增长的速率相对于经济周期变动来说，并未同步影响，因为它主要依靠技术的进步、新产品的推出及更优的服务，从而这时期经常呈现增长状态。

(2)周期性行业

周期性行业的运动状态直接与经济周期相关。当经济处于上升时期，这些行业会随其扩张；当经济衰退时，这些行业也相应衰退。产生这种现象的原因是，当经济上升时，对这些行业相关产品的购买相应增加。例如珠宝行业、耐用品制造行业及其他需求的收入弹性较高的行业，就属于典型的周期性行业。

(3)防御性行业

防御性行业的产品需求相对稳定，并不受经济周期处于衰退阶段的影响。正是因为这个原因，对其投资便属于收入投资，而非资本利得投资。有时候，当经济衰退时，防御性行业或许会有实际增长。例如，食品行业和公用事业属于防御性行业，因为需求对其产品的收入弹性较小，所以这些公司的收入相对稳定。

6.2.3　行业生命周期分析

通常，每个行业都要经历一个由成长到衰退的发展演变过程，这个过程便成为行业的生命周期。一般来讲，行业生命的周期可分为4个阶段，即初创阶段(也叫幼稚期)、成长阶段、成熟阶段和衰退阶段。下面分别介绍行业的不同发展阶段的情况。

(1)初创阶段

在这一阶段，由于新行业刚刚诞生或初建不久，因而只有为数不多的创业公司投资于这个新型的产业。由于初创阶段行业的创利投资和产品的研究以及开发费用较高，而产品市场需求狭小(因为大众对其尚缺乏了解)，销售收入较低，因此这些创业公司可能财务上不但没有赢利，反而普遍亏损；同时,较高的产品成本和价格与较小的市场需求还使这些创业公司面临很大的风险。另外,在初创阶段,企业还可能因财务困难而引发破产的危险,因此,这类企业更适合投机者而非投资者。在初创阶段后期,随着行业生产技术的提高、生产成本的降低和市场需求的扩大,新行业便逐步由高风险、低收益转向高风险、高收益的成长期。

(2)成长阶段

在这一时期,拥有一定市场营销和财物力量的企业逐渐主导市场,这些企业往往是较大的企业,其资本结构比较稳定,开始定期支付股利并扩大经营。

在成长期,新行业的产品逐渐以自身的特点赢得了大众的欢迎或偏好,市场需求开始上升,新行业也随之繁荣起来。与市场需求变化相适应,供给方面也相应地出现了一系列的变化。由于市场前景良好,投资于新行业的厂家大量增加,产品也逐步从单一、低质、高价向多样、优质、低价方向发展,因而新行业出现了生产厂商和产品相互竞争的局面,这种状况会持续数年或数十年。由于这一原因,这一阶段有时被称为投机时期。这种状况的继续,将导致生产厂商随着市场竞争的不断发展和产品产量的不断增加而相应增加,市场的需求日益饱和。因而,这一时期企业的利润虽然增长很快,但所面临的竞争风险也非常大,破产率与合并率也相当高。在成长时期的后期,由于产业中生产厂商与产品竞争优胜劣汰规律的作用,市场生产厂商的数量在大幅度下降之后,便开始稳定下来。由于市场需求基本饱和,产品的销售率减慢,迅速赚取利润的机会减少,整个行业开始进入稳定期。

在成长期,虽然行业仍然在增长,但这时的增长具有可测性。由于受不稳定因素的影响较少,行业波动也较少。此时投资者蒙受经营失败而导致投资损失的可能性大大降低,分享行业增长带来的收益的可能性大大提高。

(3)成熟阶段

行业成熟阶段是一个相对较长的时期。在这一时期里,在竞争中生存下来的少数大厂商垄断了整个行业的市场,每个厂商都占有一定比例的市场份额。由于彼此势均力敌,市场份额比例发生变化的程度较小。厂商与产品之间的竞争手段逐渐从价格手段转向各种非价格手段,如提高质量、改善性能和加强售后服务等。行业的利润由于一定程度的垄断达到了很高的水平,而市场已被原有大企业按比例分割,市场比例已经比较稳定,产品价格也比较低,因而,新企业往往会由于创业投资无法很快得到补偿或产品销路不畅,资金周转困难而倒闭或转产。

在行业成熟阶段，行业增长速度降到一个更加适度的水平。在某些情况下，整个行业的增长可能会完全停止，其产出甚至会下降。由于丧失其资本增长，行业的发展很难较好地保持与国民生产总值的同步增长，当国民生产总值减少时，行业甚至蒙受更大的损失。但是由于技术创新的原因，某些行业或许会有新的增长。何时进入成熟时期在短期内很难识别，但总而言之，从这一阶段开始，投资者便有希望收回资金。

(4)衰退阶段

这一时期出现在较长的稳定阶段以后。由于新产品和大量替代品的出现，原行业的市场需求开始逐渐减少，产品的销售量也开始逐渐下降，某些厂商开始向其他更有利可图的行业转移资金，因而原行业出现了厂商数目减少、利润下降的萧条景象。至此，整个行业便进入生命周期的最后阶段。在衰退阶段里，厂商的数目持续减少，市场持续萎缩，利润停滞或不断下降。当正常利润无法维持或现有投资折旧完毕后，整个行业便逐渐解体。

在实际投资的决策过程中，因为投资资金的来源不同，可使用资金的时间长短不同及投资人愿意冒的风险大小不同，所以要仔细研究投资公司所处的行业生命周期及行业特征，以做出合乎自己情况的选择。

6.2.4　影响行业兴衰的主要因素

上述行业生命周期4个阶段的说明只是一个总的描述，并不适用于所有行业。行业的实际生命周期由于受技术进步、政府政策及社会习惯的改变等诸多因素的影响而要复杂得多。

(1)技术进步的影响

技术进步对行业的影响是巨大的。例如，电灯的出现取代了对煤气灯的需求，蒸汽动力行业则被电力行业逐渐取代。显而易见，投资于衰落的行业是一种错误的选择。投资者还必须不断地考察一个行业产品生产线的前途，分析其被优良产品或其他消费需求替代的趋势。目前人类社会所处的时代正是科学技术日新月异的时代，并且新学科不断涌现，速度大大加快。“二战”后工业发展的一个显著特点是，新技术在不断地推出新行业的同时，也不断地淘汰旧行业。

(2)政府的影响和干预

政府依据社会经济发展需要而制定的产业政策会影响行业的发展和衰

退。政府对短线或瓶颈行业、高科技行业采取鼓励政策，通过税收、信贷、津贴等措施，鼓励这些行业的发展。政府也可以对某些长线行业采取抑制政策，同样可借助税收、信贷、限价等措施来限制它们的发展。政府政策的变化对行业发展有重要的导向作用。政府通常对交通运输业、金融业、公用事业采取管制政策，允许它们在一定范围内垄断经营，既对它们的产品采取限价政策，又让它们得到合理的利润水平。政府对这些行业的管理，既保护又限制了这些行业的发展。

(3)社会习惯的改变

随着人们生活水平和受教育程度的提高，消费心理、消费习惯、文明程度和社会责任感会逐渐改变，这又会引起某些商品的需求变化并进一步影响行业的兴衰。例如，在基本温饱解决以后，人们更注意生活的质量，不受污染的天然食品和纺织品备受人们的青睐；对健康投资从注重营养保健品转向健身器材；在物质生活丰富后注重智力投资和丰富的精神生活，旅游、音像等成为人们新的消费热点；快节奏的现代生活促使人们更偏好于便捷的交通和通讯工具；高度的工业化和生活的现代化又使人们认识到保护生存环境免受污染的重要。所以这些社会观念、社会习惯、社会趋势的变化，都会促使一些不再适应社会需求的行业衰退同时又激发新兴行业的发展。

所有影响行业兴衰的因素最终都集中表现于对某一行业或某几个行业产品的供给和需求上，投资者通过分析行业的供需关系可以对行业发展前景有更深刻的了解。

6.2.5 投资行业的选择

通过对行业一般特征的了解和分析，投资者可以选择某一行业作为投资对象。一般来说，投资者应选择增长型的行业和在行业生命周期中处于成长阶段和稳定阶段的行业。

对于处于生命周期不同阶段的行业选择上，投资者应避免选择初创阶段的产业，因为这些行业的发展前景尚难预料，投资风险较大；同样也不应该选择已处于衰退阶段、缺乏竞争力的行业，因为这类行业投资收益较低，风险也较大。投资者应该选择正处于扩张阶段和稳定阶段的行业，这些行业有较大的发展潜力，基础逐渐稳定，赢利逐年增加，股息、红利相应提高，股票价值稳步提高，一般可以得到丰厚而稳定的收益。

投资者还可以选择一个在增长循环中处于成长阶段和稳定阶段的行业。可是，投资者如何在众多的行业中发现这类行业呢？通常可以用两种方法来衡量:一是将行业增长情况与国民经济的增长进行比较,从中发现增长速度快于国民经济增长速度的行业;二是利用行业历年的销售额、赢利额等历史资料分析过去的增长情况,并预测行业未来的发展趋势。

同时,还可以通过取得某行业历年的销售额或营业收入的可靠数据计算出年变动率,再与国民生产总值、国内生产总值增长率进行比较,并做出以下判断:

(1)确定该行业是否属于周期性行业

如果国民生产总值或国内生产总值连续几年逐年上升,说明国民经济正处于繁荣期,反之则说明国民经济处于衰退期。观察同一时期该行业销售额与国民生产总值或国内生产总值是否同方向变化,如果同方向说明这一行业很可能是周期性行业。

(2)比较该行业的年增长率与国民生产总值、国内生产总值的年增长率

如果在大多数年份中该行业的年增长率都高于国民经济综合指标的年增长率,说明这一行业是增长型行业;如果行业的年增长率与国民生产总值、国内生产总值的年增长率持平甚至相对较低,则说明这一行业与国民经济增长保持同步或是增长缓慢。

(3)计算和观察某年份该行业销售额在国民生产总值中所占的比重

如果这一比重逐年上升说明该行业增长比国民经济平均增长水平快;否则,则慢。通过以上分析,基本上可以发现和判断是否属增长型行业。但是,要注意观察次数不可过少,否则,可能会引起判断失误。

6.3 证券投资的公司分析

公司分析又称企业分析,实际上是确认某一上市公司在本行业中的相对地位。公司分析,主要是利用企业历年资料对它的资本结构、财务状况、经营管理水平、赢利能力、竞争实力等进行具体细致的分析,同时还要将该公司的状况与其他同类型的公司进行比较,才能得出比较客观的结论。

6.3.1 公司竞争地位的分析

公司竞争实力的强弱和公司的生存能力、赢利能力有密切关系,投资者一般都乐意投资于具有强大经济实力的公司。在市场经济的激烈竞争中，公司要始终立于不败之地，主要依靠雄厚的资本、规模经营的优势、先进的技术、优异的产品质量和服务、高效的经营管理等条件，而竞争实力的强弱又集中表现于公司产品的销售额及其增长情况上。公司的竞争能力主要用下列指标来衡量：

(1)年销售额或年营业额

公司年销售额的大小是衡量一个公司在同行业中相对竞争地位的重要指标。一般说来，年销售额越大，表明公司的竞争地位越强。年销售额在整个行业中占前几名的公司，通常被称为主导公司。主导公司的销售额往往在市场同类产品中占有很大份额，甚至长期居于支配地位，而小型公司则很有可能在竞争中消亡。主管部门和新闻媒介一般每年都要按公司销售额或营业额排名次，如全球500家大公司排名。我国也有类似的排名，如全国最大的500家工业企业、全国最大的500家商业企业等。投资者可以通过对公司排名的情况了解确定主导型公司。

(2)销售额或营业额的年增长率

判断一个公司的竞争地位仅仅分析其销售额并不够，还要通过分析公司销售额的年增长率来考察公司的发展趋势。只有那些具有相当规模又能长期保持销售额迅速增长的公司，才能长期保持在本行业中的主导地位、支配地位，才能真正具有竞争实力。销售额年增长率是一个相对指标，没有绝对统一的标准。投资者可以通过将某公司的销售额年增长率与同行业的其他公司相比，或是与整个行业的平均增长率相比，或是与国民生产总值、国内生产总值、国民收入、人均收入等国民经济指标的增长率相比。如果某一个公司的销售额或营业额的年增长率快于本行业的平均增长率，这一公司就是成长型公司，就是具有发展潜力的公司。

在分析公司销售额或营业额年增长率的时候，还要注意公司的产品结构。有的公司产品单一，有的公司是跨行业经营，对不同产品结构的公司要采用不同的方法计算比较。对于仅仅生产经营单一产品，或是同一行业不同种类的公司，可用公司的销售额增长率与行业的平均水平相比，从而判断是否属于成长型公司。对于跨行业经营的公司，如果主营业务地位很突出，可用主营业务年销售额增长率与行业平均增长率相比，也可以分别计算该公司不同行业的销售额年增长率，然后分别与这些不同产品所在不同行业的销售额年增长率进行比较，最后再以该公司不同产品销售额占公司销售总额的比重为权数加权平均。如果无法取得不同行业的数据，也可以将跨行业经营的公司的销售额年增长率与国民生产总值等综合经济指标的年增长率进行比较，从而判断该公司是否属于成长型公司。

投资者尽可能地选择成长型公司并作为长期投资的对象，可以得到公司业绩持续增长的回报，但在选择时要注意公司所处的行业发展前景和产品市场增长的可能性。

(3)销售额的稳定性

销售额及其增长是否能经常保持稳定，也是投资者在分析公司竞争能力时需要考虑的重要条件。在其他条件相同的情况下，公司若能保持稳定的销售额和销售额增长率，则公司的赢利水平也能稳定或稳定地增长，股息派发也相应稳定，投资者面临的投资风险将大为降低。相反，年销售额的大起大落必然给经营者带来困难，稳定的赢利和股息就无从谈起，投资风险也相应增大。

公司销售收入的稳定程度与公司所在行业的性质有很大关系。一般说来，提供生活必需品和基本服务的公司的销售额较为稳定，经营生产资料和高档耐用消费品的公司的销售额较为不稳定。投资者在分析销售额稳定性时应该考虑到公司所属的行业是周期性行业还是防御型行业。

(4)公司销售趋势预测

年销售额大小和销售额增长率只能说明过去，公司是否能继续保持雄厚的竞争实力和较快的增长速度，还需要对其销售趋势做出预测。预测公司未来销售趋势可以用以下方法：

①运用最小二乘法找出公司销售额的趋势线。

②可以算出公司销售额占全行业销售额的百分比，再用回归分析法预测未来的百分比。

总之，当投资者在分析公司竞争实力时，主要应该考虑以下原则：

①应选择在本行业中占主导地位的大公司。

②应选择年增长率高于行业平均增长率或高于主要竞争对手的成长型公司。

③应选择不仅在主营业务中，而且在它所生产的其他产品的不同行业中都具有强大竞争实力的公司。

6.3.2　公司赢利能力分析

公司的赢利能力，也称获利能力，是指企业赚取利润的能力。它是股东最为关心的分析指标之一。从一般意义上讲,绝大多数的财务指标都在某种程度上反映了企业的赢利能力。因此,全面分析企业的赢利能力,不仅要使用获利能力的几项指标,还要结合短期和长期偿债能力、资产管理效率等相关财务指标综合地进行考察、分析。

赢利能力的考察主要是利用损益表的数据来判断,表中的数据表明了各项业务收入及其各种费用、成本的开销,如果从效益的角度来讲,当然是各项业务收入越多越好,而各项费用支出越少越好。因此,收入与费用是决定赢利能力大小的最基本的因素。下面介绍几种主要的获利指标:

(1)主营业务利润率

该指标反映的是主营业务利润与营业收入的比率。通常投资者总是希望主营业务收入越多越好。一般情况下,这项比率反映的是企业产品利润幅度的大小,只有企业产品的技术含量越高,业务垄断性越强,主营业务利润率才会越高,企业的经营业绩也才会越好。这项指标主要受到产品的销售价格、销售数量、销售成本的影响。由于各行业的业务不同,导致行业利润率水平也不相同,所以这项指标应该与同行业指标进行对比,高于行业平均水平的企业应当是较好的。

(2)销售净利率

该指标反映的是净利与销售收入的百分比。“净利”一词,在我国会计制度中是指税后利润。该指标反映每一元销售收入带来净利润的多少,表示销售收入的收益水平。从销售净利率的指标来看,净利额与销售净利率成正比关系,而销售收入与销售净利率成反比关系。企业在增加销售收入的同时,必须相应地获得更多的净利润,才能使销售净利润保持不变或有所提高。通过分析销售净利率的升降变动,可以促使企业在扩大销售的同时,注意改进经营管理,提高赢利水平。

(3)资产收益率

该指标反映的是企业净利润与平均资产总额的百分比。把企业一定期间的净利与企业的资产相比较,表明企业资产利用的综合效果。该指标越高,表明资产利用率越高,说明企业在增加收入和节约资金使用方面取得了良好的效果;否则相反。企业的资产是由投资人投资或企业举债形成的,其收益的多少与企业的资产多少、资产的结构、经营管理水平有着密切的关系。资产收益率是一个综合指标,为了正确评价企业经济效益的高低,挖掘提高利润水平的潜力,可以用该指标与企业前期、计划期,或与本行业平均水平和本行业先进企业比较,分析形成差异的原因。影响资产收益率高低的因素主要有:产品的价格、单位成本的高低、产品的产量和销售数量、资金占用量的大小等。可以用资产收益率来分析经营中存在的问题,提高销售利润率,加快资金的周转。

(4)市盈率

市盈率被经常用来衡量企业的赢利能力,以及反映投资者对风险的估计,即投资者愿意支付多少价格换取公司每一元的收益。它是市场对公司的共同期望的指标。市盈率越高,表明市场对公司的未来越看好,所以,发展前景较好的企业,市盈率就越高;反之亦然。仅从市盈率高低的横向比较来看,高市盈率说明能够获得社会信任,具有良好的发展未来。在使用这项指标时应该注意:它不能用于不同行业公司的比较,因为,充满扩展机会的新兴行业市盈率普遍很高,而成熟工业企业的市盈率普遍较低,但这并不说明后者的股票没有投资价值;每股收益很小或亏损时,市价不会降为零,很高的市盈率往往不能说明任何问题;市盈率的高低还受到市价的影响,包括投机炒作等。因此,观察这项指标的长期趋势很重要。在上市公司并购问题上,企业往往在市盈率较低时,以收购股票的方式实现与其他企业的并购,然后进行改造,待市盈率较高时,再以出售股票的方式出售其股权,从中获利。

6.3.3　公司经营管理能力分析

公司的经营效率与管理能力对公司的存在与发展起着非常重要的作用。管理水平的高低,往往直接体现在公司的赢利水平成本与费用的控制能力,以及公司资产的有效运营方面。考察公司的经营效率与管理能力可以从以下几个方面着手:

(1)应着重考察公司的决策层和上层管理人员的素质和能力

公司的行政管理可将董事会、总经理及其助手、职能部门分为决策层、管理层和操作层3个层次。决策层主要是对公司经营方向、筹资方向等各项重大方针做出决策,如经营方向、集资方式、组织制度、管理原则等。投资者需要通过这些决策,来判断决策人员的思想是属于保守还是开放、作风稳健还是冒进、是否具有开拓精神等。管理层主要是贯彻决策层的意图,完成既定的目标和计划,协调各部门工作,进行日常的全局管理。管理层应有务实、高效的作风。投资者主要看他们对决策的贯彻情况、目标的完成情况、各项工作的效率高低、工作之间的协调情况、解决内外纠纷的情况等。各职能部门则应在管理层的指挥下各司其职，保证公司日常工作的顺利运行。一个高效、合理的管理结构组成的关键主要是决策者和管理者，当然还包括能胜任公司各项工作的所有员工的最优组合。

(2)应考察企业的经营效率

管理与经营，是企业的两条腿，一个主内，一个主外，管理练内功，经营出奇兵，之所谓“武艺不精难出头，经营无谋摔跟头”。由于产品的销售、原材料的供给、利润的获得都要靠精干的经济活动部门去实现，因此，应该分析、评价经营人员的整体观念、奉献精神、开拓能力、业务精通程度、效益意识、职业道德和进取精神等。

公司的经营效率具体表现在生产能力和经营能力利用程度是否充分，开工率是否达到额定标准，人均产量和人均销售额是否高于主要竞争对手，每一元钱用于设备投资的销售额或赢利额是否高于行业平均水平，资产周转率和毛利率是否高于主要竞争对手等方面。同时还可以分析公司是否利用经营杠杆的作用，经营水平能否维持在保本点之上。

(3)对企业多种经营和新产品开发能力的分析

公司生产经营的范围如果局限于单一产品或业务领域之内，容易受到经济周期变化的影响。如果公司能以主营业务为主的同时又开拓新的业务范围，进行多种经营，不仅能使公司事业有所发展，而且又能减轻经营风险。公司多种经营的途径可以有多种：

一是向公司目前生产经营对象的原材料和消费市场开拓发展，形成纵深型企业。纵向开拓和发展可以使企业控制原材料供应和销售市场，避免因原材料供应紧张、价格上涨和销售市场竞争激烈带来的威胁，但企业仍要受产品需求的约束。

二是向目前生产经营范围无关的领域开拓，发展横向联合企业。横向联合可以在很大程度上减轻经营风险。但经营范围过于复杂，最高管理层很难控制全局，面对陌生的领域又不容易取得竞争优势，很可能面临低利润或亏损的危险。

公司应经常进行产品市场的调查，分析市场供需情况及消费者的新需求，组织新产品的研制和开发，不断设计、试制、试销、推销新产品，保持公司产品的生命力，这对公司未来的发展前景非常重要。

(4)应对公司内部调控机构的效率加以分析

投资者应主要考察公司内部规章制度是否订立，是否切实可行，是否能得到员工的遵守;各部门是否都有自己的办事程序,是否明确分工,职责是否清楚;以及权利是否享受,义务是否履行等。

总之,投资者应选择行业中主导型公司、增长型公司和竞争实力强的公司作为投资对象。

6.3.4 公司资产的重组分析

公司重组是指各种涉及企业产权变更的一切活动,包括企业规模的扩张、收缩以及内部产权结构的调整。公司重组的形式很多,现在最主要通行的方式有:公司扩张、公司调整和公司所有权、控制权转移等。

(1)扩张型公司重组的类别

①购买资产。即购买房地产、债权、业务部门、生产线、商标等有形或无形资产。收购资产的特点在于收购方不必承担与该部分资产有关联的债务和义务。

②收购公司。收购公司通常是指获取目标公司全部股权,使其成为全资子公司;或者获取大部分股权处于绝对控股或相对控股地位的重组行为。

③收购股份。一般是指不获取目标公司控制权的股权收购行为,只处于参股地位。

④合资或联营组建子公司。对于那些缺少某些特定能力或者资源的公司来说,合资或联营可以作为合作战略的最基本手段。它可以将公司与其他具有优势互补的合作伙伴联系起来,获得共同的竞争优势。

⑤公司合并。这是指两家或两家以上的公司结合成一家公司,原有公司的资产、负债、权利义务由新设或存续的公司承担。我国《公司法》界定了两种形式的合并:吸收合并和新设合并。

(2)调整型公司重组的主要类别

①股权置换。其目的通常在于引入战略投资者或合作伙伴。其结果是:实现公司与合作伙伴之间的交叉持股,以建立利益关联。

②股权—资产置换。这种方式是由公司原有股东以出让部分股权的代价使公司获得其他公司或股东的优质资产。其最大的优点就在于公司不用支付现金便可获得优质资产,扩大企业规模。股权—资产置换的另一种形式是以增发新股的方式来获取其他公司或股东的优质资产。

③资产置换。这是指公司重组中为了使资产处于最佳配置状态,获取最大收益或出于其他目的而对其资产负债表的资产类进行交换。

④资产出售或剥离。这是指公司将其拥有的某些子公司、部门、产品生产线、固定资产等出售给其他的经济主体。

⑤资产配负债剥离。即将公司资产负债表中的资产配上等额的负债一并剥离母公司。

(3)控制权变更型公司重组的主要类别

①股权无偿划拨。国有股的无偿划拨是当前证券市场上公司重组的一种常见方式,通常发生在属同一级财政范围或同一级国有资产营运主体的国有企业和政府机构之间。

②股权的协议转让。即股权的出让与受让双方不通过交易所系统集合竞价的方式进行买卖,而是通过面对面的谈判方式,在交易所外进行交易。

③公司股权托管和公司托管。公司股东将其持有的股权以契约的形式,在一定条件和期限内委托给其他法人或自然人,由其代为行使对公司的表决权。

④表决权信托和委托书收购。表决权信托就是许多分散股东集合在一起设定信托,将自己拥有的表决权集中于受托人,受托人可以通过集中原本分散的股权来实现对公司的控制。委托书收购是一种中小股东影响和控制公司的方法,在股权结构相对分散的公司里,中小股东可以通过征集其他股东的委托书来召集临时股东大会并达到改组公司董事会控制公司的目的。

⑤股份回购。公司或是用现金,或是以债券换股权,或是以优先股换普通股的方式购回其流动在外的股票。

⑥交叉控股。交叉控股是母子公司之间可以相互持有绝对控股权或相对控股权,母子公司之间可以互相控制运作。

(4)资产重组对公司经营和业绩的影响

①对于扩张型资产重组而言,通过收购、兼并,对外进行股权投资,公司可以拓展产品市场份额,或进入其他经营领域。这种重组方式的特点之一,就是其效果受被兼并收购方生产及经营现状的影响较大,磨合期较长,因而见效可能较慢。

②着眼于改善上市公司经营业绩、调整股权结构和治理结构的调整型公司重组和控制权变更型重组,成为我国证券市场最常见的资产重组类型。

③对于调整型重组而言,分析资产重组对公司业绩和经营的影响,首先须鉴别"报表性重组"和"实质性重组"。区分"报表性重组"和"实质性重组"的关键是看有没有进行大规模的资产置换或合并。实质性重组一般要将被并购企业50%以上的资产与并购企业的资产进行置换,或双方资产合

并;而报表性重组一般都不进行大规模的资产置换或合并。

6.3.5　关联交易的影响分析

(1)关联交易与关联方的定义

所谓关联交易,是指公司与其关联方之间发生的交换资产、提供商品或劳务的交易行为。在企业财务和经营决策中,属于下列情况之一的就视为关联方:一是一方有能力直接或间接控制另一方或对另一方施加重大影响;二是两方或多方同受一方控制。所谓控制,是指有权决定一个企业的财务和经营政策,并能据以从该企业的经营活动中获得利益。控制包括直接控制和间接控制两种。

(2)关联交易的类型

按照交易的性质划分,关联交易可划分为经营往来中的关联交易和资产重组中的关联交易。

①经营往来中的关联交易,主要有:关联购销、费用负担的转嫁、资产租赁、资金占用和信用担保。

②资产重组中的关联交易,主要有:资产转让和置换,托管经营、承包经营,合作投资和相互持股。

(3)关联交易对公司业绩和经营的影响

①从理论上讲,关联交易属于中性交易,它既不属于单纯的市场行为,也不属于内幕交易的范畴。其主要作用是降低企业的交易成本,促进生产经营渠道的畅通,提供扩张所需的优质资产,有利于实现利润的最大化。

②在经营活动的关联交易中,如果交易价格不能按照市场价格来确定,就有可能成为利润调节的工具。

③资产重组中的关联交易对上市公司经营和业绩的影响需要结合重组目的、重组所处的阶段、重组方的实力、重组后的整合做具体的分析。因为,资产重组类股票的投资不确定性较高,而且带有关联交易性质的资产重组其透明度较低,更需要进行较长时期的仔细跟踪分析。

④在分析关联交易时尤其要注意关联交易可能给上市公司带来的隐患,如资金占用、信用担保、关联购销等。在分析时,应注意交易价格的公开性、关联交易占公司资产的比重、关联交易的利润占公司利润的比重,以及关联交易的披露是否规范等事项。

6.3.6 会计和税收政策的变化对公司经营的影响

(1)会计政策变动对公司的影响

1999年底,财政部要求各类股份公司均参照《股份有限公司会计制度》中对境外上市公司、H股、B股公司的提取坏账准备、短期投资跌价准备、存货跌价准备,以及长期投资减值准备的要求,计提相关资产的损失准备;同时将计提坏账准备的范围扩大到其他应收款,并要求对计提的4项准备采用追溯调整法来处理。这样对公司的影响有以下几个方面:

①增加了公司准备金提取数量和负担;但同时也增强了公司自身抵御和防范财务风险的能力。

②增加了公司会计报表披露的事项。至少包括:会计政策变更的内容和理由;会计政策变更的影响数(主要包括:采用追溯调整法时会计政策变更的累积影响数、会计政策变更对当期以及比较会计报表所列其他各期净损益的影响金额);累积影响数不能确定的理由(主要包括累积影响数不能合理确定的理由以及会计政策对当期经营成果的影响金额)。

③增加了公司会计处理的工作量和难度。

(2)税收政策的变动对公司的影响

税收政策的变更也将对上市公司的业绩产生一定的影响。税收政策的变更主要通过改变税负水平来影响企业的经营利润。如增值税的出口退税,对于出口比重比较大的上市公司来说,对其经营会产生明显有利的影响,使"现金流量表"中的"经营活动产生的现金流量净额"有一个正增加;另一方面,使"利润及利润分配表"中的"主营业务收入"增加。

6.4 证券投资的财务分析

财务分析是证券投资分析的重要内容,财务分析的主要对象是上市公司定期公布的财务报表。投资者通过阅读财务报表,就账面会计数据间的相互关系、在一定时期内的变动趋势和量值进行分析比较,以判断公司的财务状况和经营状况是否良好,并以此为依据预测公司的未来发展以及做出投资决策。

6.4.1　企业主要的财务报表

公司财务报表是根据会计记录，对公司财务状况和经营成果进行反映的一种书面文件。按照表反映的经营内容不同，公司的财务报表可分为资产负债表、利润表、现金流量表等。

(1)资产负债表

资产负债表是反映公司某一特定时点财务状况的静态会计报表，它综合反映了公司在某一时日（如月末、季末或年末）的资产总额及其构成、负债及其构成、股东权益总额及其构成状况。它可以帮助投资者了解公司的资产分布、资本结构、偿债能力等财务状况。

资产负债表由资产和权益两部分组成，每一部分各项目的排列一般以流动性的高低为序。资产部分表示公司所拥有或掌握的，以及其他公司所欠的各种资源或财产；权益部分包括负债和股东权益两项，负债表示公司应支付的所有债务，股东权益表示公司的净值，即在清偿各种债务以后，公司股东所拥有的资产价值。它们之间的关系用公式表示如下：

$$资产 = 负债 + 股东权益$$

(2)损益表

损益表是反映公司一定期间经营成果的动态会计报表，它综合反映了公司在一定时期（如月份、季度或年度）的营业收入、营业成本与费用、主营业务利润、营业利润、投资收益、营业外收支、利润总额、净利润等经营成果的形成。它可以帮助投资者了解公司经营业绩。

(3)现金流量表

现金流量表是反映公司一定期间现金流入、现金流出以及现金净流量的基本财务报表，它综合反映了公司在某一时期与经营活动、投资活动、筹资活动等有关的现金流转情况。它可以帮助投资者了解公司的资金流转、财务状况的变动。

按照我国的有关规定，股份有限公司的财务报表应当定期报送开户银行、当地财税机关和主管部门。公开募股的股份有限公司，还应定期公布中期报告和年度报告，向社会公众说明公司的财务状况和经营状况。

6.4.2 财务报表分析的功能与方法

(1)财务报表分析的功能

财务报表分析的功能主要有3点：

①通过分析公司资产负债表，可以了解公司的财务状况、偿债能力，对资本结构是否合理、流动资金充足性等做出判断。

②通过对损益表的分析，可以了解公司的赢利能力、赢利状况、经营效率，对公司在行业中的竞争地位、持续发展能力做出判断。

③通过分析现金流量表，可以判断公司的支付能力和偿债能力，以及公司对外部资金的需求情况，了解公司当前的财务状况，并据此预测企业未来的发展前景。

(2)财务报表分析的方法

财务报表分析的方法主要有3种：

①财务比率分析，是指对本公司一个财务年度内的财务报表各项目之间进行比较，计算比率，判断年度内的偿债能力、资本结构、经营效率、赢利能力等情况。

②不同时期的比较分析。可以对公司持续经营能力、财务状况变动趋势、赢利能力做出分析，从一个较长的时期来动态地分析公司状况。

③与同行业其他公司的比较分析。可以了解公司各种指标的优劣，在群体中判断个体。使用这种方法时常选用行业平均水平或行业标准水平，通过比较得出公司在行业中的地位，认识优势与不足，正确确定公司的价值。

6.4.3 财务比率分析

财务比率分析是指同一张财务报表的不同项目之间，不同类别之间，或在两张不同财务报表和资产负债表、损益表的有关项目之间，用比率来反映它们的相互关系，以求从中发现问题并据以评价企业的财务状况。主要分析指标有：

(1)变现能力分析

变现能力分析主要包括流动比率、速动比率、利息支付倍数、应付账款周转率和周转天数等指标的分析。

1）流动比率

流动比率指标分析反映短期变现能力，是流动资产与流动负债的比率。其公式表示为：

$$流动比率=\frac{流动资产}{流动负债}\times 100\%$$

一般认为，生产企业合理的最低流动比率是2。其中，营业周期、流动资产中的应收账款数额、存货周转速度是影响流动比率的主要因素。

2）速动比率

速动比率比流动比率更进一步反应了有关变现能力，也称为酸性测试比率指标。它是流动资产减去存货的差额与流动负债之比，其公式表示为：

$$速动比率=\frac{流动资产-存货}{流动负债}\times 100\%$$

在计算速动比率时把存货从流动资产中剔除的主要原因是：在流动资产中存货的变现能力最差。通常认为正常的速动比率是1，低于1的速动比率被认为变现能力偏低。影响速动比率可信度的重要因素是应收账款的变现能力。

3）利息支付倍数

该指标可以测试债权人投入资本的风险，是指税息前利润与利息费用之比，其公式表示为：

$$利息支付倍数=\frac{税息前利润}{利息费用}\times 100\%$$

合理评价企业的利息支付倍数，不仅需要与其他企业，特别是与本行业平均水平进行比较，而且要分析比较本企业连续几年的该项指标水平，并选择最低指标年度的数据作为标准。

4）应收账款周转率与周转天数

应收账款周转率和周转天数的计算需要使用资产负债表和损益表两张财务报表的数据。影响应收账款周转率正确计算的因素有：季节性经营、大量使用分期付款结算方式、大量销售使用现金结算方式、年末销售大幅度增加或下降。二者的计算公式分别如下：

$$应收账款周转率=\frac{销售收入}{平均应收账款}\times 100\%$$

$$应收账款周转天数=\frac{360\text{ 天}}{应收账款周转率}$$

应收账款周转率越高，平均收账期越短，说明应收账款的收回就越快。

(2)资产管理比率分析

资产管理比率分析主要包括存货周转率和存货周转天数、固定资产周转率、总资产周转率、股东权益周转率和主营业务收入增长率等指标的分析。

1)存货周转率和存货周转天数

二者是衡量和评价企业购入存货、投入生产、销售收回等各环节管理状况的综合性指标。其公式表示为:

$$存货周转率 = \frac{销货成本}{平均存货} \times 100\%$$

$$存货周转天数 = \frac{360\ 天}{存货周转率}$$

分析的目的是从不同的角度和环节上找出存货管理中的问题,使存货管理在保证生产经营连续性的同时,尽可能少占用经营资金,提高资金的使用效率,增强企业短期偿债能力,促进企业生产管理水平的提高。

2)固定资产周转率

它是衡量企业运用固定资产效率的指标。其公式表示为:

$$固定资产周转率 = \frac{销售收入}{平均固定资产} \times 100\%$$

该指标越高,表明企业的固定资产运用效率越高,利用固定资产的效果越好。

3)总资产周转率

它反映的是资产总额的周转速度,该指标越高,说明总资产周转就越快,销售能力就越强。其公式表示为:

$$总资产周转率 = \frac{销售收入}{平均资产总额} \times 100\%$$

4)股东权益周转率

该指标反映的是公司运用所有者资产的效率。该比率越高,表明所有者资产的运用效率就越高,营运能力就越强。其公式表示为:

$$股东权益周转率 = \frac{销售收入}{平均股东权益} \times 100\%$$

5)主营业务收入增长率

它可以用来衡量公司的产品生产周期,判断公司发展所处的阶段。其公式表示为:

$$主营业务收入增长率 = \frac{本期主营业务收入 - 上期主营业务收入}{上期主营业务收入} \times 100\%$$

一般来说,如果主营业务收入增长率超过10%,说明公司产品处于成长期，将继续保持较好的增长势头，尚未面临产品更新的风险，属于成长型公司。如果主营业务收入增长率在5%～10%之间，说明公司已进入稳定期，不久将进入衰退期，需要着手开发新产品。如果该比率低于5%，说明公司已进入衰退期，保持市场份额已经很困难，主营业务利润开始滑坡。

(3)负债比率分析

负债比率分析包括股东权益比率、资产负债比率、长期负债比率、股东权益与固定资产比率等指标的分析。

1)股东权益比率

它是反映所有者提供的资本在总资产中的比重，反映企业基本财务结构是否稳定的指标。其公式表示为：

$$股东权益比率=\frac{股东权益总额}{资产总额}\times 100\%$$

股东权益比率高，是低风险、低报酬的财务结构；股东权益比率低，是高风险、高报酬的财务结构。

2)资产负债比率

该指标反映总资产中有多大比例是通过借债来筹资的，也可以衡量企业在清算时保护债权人利益的程度。其公式表示为：

$$资产负债比率=\frac{负债总额}{资产总额}\times 100\%$$

3)长期负债比率

它是从总体上判断企业债务状况的一个指标。其公式表示为：

$$长期负债比率=\frac{长期负债}{资产总额}\times 100\%$$

长期负债比率分析要点如下：

①与流动负债相比，长期负债比较稳定，要在将来几个会计年度之后才偿还，所以公司不会面临很大的流动性不足风险，短期内债务压力不大。公司可以以长期负债筹得的资金用于增加固定资产，扩大经营规模。

②与所有者权益相比，长期负债又是有固定偿还期、固定利息支出的资金来源，其稳定性不如所有者权益。如果长期负债比率过高，必然意味着股东权益较低，公司的资本结构风险较大，稳定性较差，在经济衰退时期会给企业带来额外风险。

4)股东权益与固定资产比率

该指标反映购买固定资产所需要的资金有多大比例来自所有者投入的资本。其公式表示为：

$$股东权益与固定资产比率=\frac{股东权益总额}{固定资产总额}\times 100\%$$

股东权益与固定资产比率分析要点：由于该比率是用来反映购买固定资产所需的资金有多大比例是来自于所有者投入的资本，故并不要求该比率一定大于100%；但是如果该比率过低，说明公司资本结构不尽合理，财务风险较大。

(4)赢利能力比率分析

该项财务指标分析主要包括销售毛利率、销售净利率、资产收益率、股东权益收益率、主营业务利润率等的分析。

1)销售毛利率

它是企业销售净利率的基础，没有足够大的毛利率便不能赢利。该指标表示每1元销售收入扣除销售成本后，有多少钱可用于各项期间费用和形成赢利。其公式表示为：

$$销售毛利率=\frac{销售收入-销售成本}{销售收入}\times 100\%$$

2)销售净利率

该指标反映每1元销售收入带来的净利润的多少，表示销售收入的收益水平。其公式表示为：

$$销售净利率=\frac{净利润}{销售收入}\times 100\%$$

3)资产收益率

该指标表示企业资产利用的综合效果。该指标越高，说明资产利用效果越好。其公式表示为：

$$资产收益率=\frac{净利润}{平均资产总额}\times 100\%$$

影响资产收益率高低的因素主要有：

①产品的价格。

②单位成本的高低。

③产品的数量和销售数量。

④资金占用量的大小等。

4)股东权益收益率

该指标反映股东的收益水平。该指标越高，说明投资带来的收益越高。其公式表示为：

$$股东权益收益率=\frac{净利润}{平均股东权益}\times 100\%$$

该指标也是财务管理的核心指标，对该指标的分解分析被称为杜邦分析法。

5）主营业务利润率

该指标反映公司的主营业务获利水平。其公式表示为：

$$主营业务利润率=\frac{主营业务利润}{主营业务收入}\times 100\%$$

该指标表明只有当公司主营业务突出，即主营业务利润率较高的情况下，才能在竞争中占据优势地位。

（5）投资收益率分析

它主要包括普通股每股净收益、股息发放率、普通股获利率、市盈率和净资产倍率等财务指标的分析。

1）普通股每股净收益

该指标反映普通股的获利水平，指标值越高，每一股份可获利的利润越多，股东的投资效益就越好；反之就越差。其公式表示为：

$$普通股每股净收益=\frac{净利-优先股股息}{发行在外的加权平均普通股股数}$$

2）股息发放率

该指标反映普通股股东从每股的净收益中分得多少。其公式表示为：

$$股息发放率=\frac{每股股利}{每股净收益}\times 100\%$$

该指标就单独的普通股投资人来讲，比每股净收益更直接体现当前利益。股息发放率的高低取决于公司的股利支付方针，公司要考虑经营扩张资金需求、财务风险高低、最佳资本结构来决定支付股利的水平。

3）普通股获利率

它是衡量普通股股东当期股息收益率的指标。其公式表示为：

$$普通股获利率=\frac{每股股息}{每股市场价格}\times 100\%$$

这一指标在分析股东投资收益时，分母应采用投资者当初购买股票时支付的价格；在用于对准备投资的股票进行分析时，则分母使用当时市价。

4）市盈率

它是衡量股份制企业赢利能力的重要指标。其公式表示为：

$$市盈率=\frac{每股市场价格}{每股税后净利}\times 100\%$$

这一比率越高，意味着公司未来成长的潜力越大。一般说来，市盈率越高，说明公众对该股票的评价越高。但在市场过热投机气氛浓厚时，常有被扭曲的情况,投资者应特别小心。

5)净资产倍率

它是指每股的市场价格与每股净值的比率。其公式表示为:

$$净资产倍率=\frac{每股市场价格}{每股净值}$$

净资产倍率越小,说明股票的投资价值越高,股价支撑就越有保证;反之则投资价值越低。这一指标是投资者判断股票投资价值的重要指标。

(6)财务状况的综合分析

在具体分析上市公司财务状况时,应该综合考察上市公司一系列财务指标,进行综合分析,例如采用杜邦分析体系就是综合分析的方法。

【本章小结】

证券投资基本分析又称基本面分析,是指对影响证券价格的社会政治、经济因素进行分析。证券投资的基本分析包括质因分析和量因分析两个方面。质因分析主要包括宏观因素分析、行业因素分析和公司因素分析;量因分析主要是对公司的资产负债表、损益表与现金流量表进行指标分析。

宏观因素分析主要包括经济周期、通货膨胀、国家财政、货币政策,以及其他有关法规政策等因素的分析。其理论依据是证券价格是由证券价值决定的。通过分析影响证券价格的基本条件和决定因素,判断和预测今后的发展趋势。

行业的发展状况对于该行业的上市公司的影响是巨大的。任何一个行业一般都有其存在的生命周期,生命周期使行业内各公司的证券价格,尤其是股票价格深受其影响。

公司分析,主要是利用企业历年资料对它的资本结构、财务状况、经营管理水平、赢利能力、竞争实力等进行具体细致的分析。评价一个公司经营状况的好坏,应主要分析判断一个公司在同行业中的经营地位,分析公司的财务报表,了解公司经营获利能力、经营效率、经营业绩和成长能力等,同时将该公司的状况与其他同类型的公司进行比较,才能得出一个合适的结论。

财务分析是证券投资分析的重要内容,财务分析的主要对象是上市公司定期公布的财务报表。投资者通过阅读财务报表,就账面会计数据间的相互关系、在一定时期内的变动趋势和量值进行分析比较,以判断公司的财务状况和经营状况是否良好,并以此为依据预测公司的未来发展以及做出投资决策。分析内容主要包括:公司财务报表分析与财务比率分析。

总之，基本分析法是从宏观经济总体的运行态势到个别企业的经营状况，从整个证券市场的发展前景到个别证券的内在价值变化进行对比，从中找出证券价格变动的内在依据和规律。但是，宏观性分析只能对整个证券市场的中长期前景有帮助，能够比较全面地把握证券价格的基本走势，对近期股市的具体变化作用不大，这就需要由技术性分析来弥补了。

【思考与练习】

一、基本概念

证券投资基本分析	国内生产总值(GDP)	经济增长与经济周期
货币供给量	汇率	通货膨胀率
国际收支状况	财政政策	货币政策
收入分配政策	完全竞争型	垄断竞争型
寡头垄断型	完全垄断型	初创阶段(幼稚期)
成长阶段	成熟阶段	衰退阶段
公司分析	公司的竞争能力	公司的赢利能力
公司资产重组	关联交易	会计政策
财务报表	财务比率分析	

二、复习思考题

1. 基本分析的信息从何而来？在搜集有关信息过程中应注意什么？
2. 经济分析包括哪些方面的内容？宏观经济发展对证券投资有何影响？
3. 行业分析包括哪些内容？进行行业分析的目的是什么？
4. 如何把握行业分析与证券市场的关系？
5. 公司分析的主要内容有哪些？如何通过公司分析发现有投资价值的公司？
6. 财务分析的主要指标有哪些？怎样具体进行分析？
7. 哪些财务指标可以反映公司的偿债能力？它们各有什么意义？
8. 哪些财务指标可以反映公司的资本结构？它们各有什么意义？
9. 哪些财务指标可以反映公司的经营效率？它们各有什么意义？
10. 哪些财务指标可以反映公司的赢利能力？它们各有什么意义？
11. 哪些财务指标可以反映股东的投资收益？它们各有什么意义？
12. 讨论我国公司资产重组的现状与意义。

第 7 章
证券投资的技术分析

【学习目标】

技术分析是证券投资者普遍使用的分析方法。证券投资的技术分析是从证券的市场行为来分析和预测证券价格未来变化趋势的方法。通过本章学习要求掌握技术分析的基本原理与理论方法,并能在全面掌握基本面分析的前提下,结合证券市场(尤其是股票市场)的报价分析系统加以运用。

7.1　证券投资的技术分析概述

7.1.1　技术分析的涵义和分析目的

(1)证券投资技术分析的涵义

证券投资技术分析,是指利用图表和技术指标,根据证券过去的市场行为,来预测其未来的价格变化趋势的分析方法。证券的市场行为是指证券的市价、成交量的变化以及完成这些变化所经历的时间。它们是证券投资技术分析的依据,而证券投资分析的手段则是证券交易的图表和各种技术指标。

整个证券投资的技术分析是一个庞杂的系统,它由技术分析的工具、技术分析的理论、技术分析的图形形态以及技术分析指标构成,由许多种具体的理论流派和方法组成;而且随着实践的发展,还不断有新的流派和方法陆续产生。目前较为成熟和流行的主要有道氏理论、K 线理论、切线理论、形态理论、波浪理论和量价关系理论等。

(2)证券投资技术分析的目的

规避风险、确保收益是每个投资者所必须关注的基本问题。证券投资技术分析就是从微观上着眼,分析股票价格与成交量在时间上分布和变动的趋势,以期对市场走势做出比较准确的判断。

7.1.2　技术性分析的假设前提与要素

(1)技术性分析的假设前提

技术分析的理论基础是 3 项合理的市场假设:

①市场行为涵盖一切信息,这是进行技术性分析的基础。该假设认为:投资者在决定证券买卖时,已经仔细考虑过影响证券市价的各种因素,如国家政策、公司经营状况和市场信心等,从而产生特定的价格、成交量和相应的时间。因此,只要研究这些市场行为就可以预测证券未来的价格,而不需关心背后的影响因素。

②价格沿趋势移动,这是进行技术性分析最根本、最核心的因素。该假

设认为:根据物理学上的惯性法则,股价的趋势运行将会继续,直到有反转的现象发生为止。事实上价格走势虽呈上下波动,但终究是朝一定的方向(上升、下降或盘整)前进的。因此,技术分析者希望利用指标或图形分析,尽早确认目前的价格趋势及发现反转的信号(而不是去捕捉最高价或最低价),以掌握时机进行交易并获利。

③历史经常会重演,这是从人的心理素质方面考虑的。该假设认为:证券投资无非是一种追求利润的行为,无论昨天、今天或是明天,这个目的都不会改变。在这种心理状态下,人类的交易行为将趋于一定的模式,而导致历史重演。因此,过去的价格变动方式,在未来可能不断发生,值得投资者研究,并且利用统计分析方法,整理一套有效的操作原则。

(2)技术分析的要素

技术分析的要素有 4 个方面:

1)价格

这是技术分析的基本要素,也是起点与终点。人们或许可以不必关心市场中有哪些主力坐庄,他们手中有哪些筹码,打算何时买卖,但却不能忽略价格行情,因为这一进一出的价差就是赢或亏的根本。技术分析就是要将市场行情轨迹如实记录在案,据以推测分析未来价格走势。

2)交易量

交易量、市场价格是证券成交的依据和标准,没有交易就不会有价格,这两者是密不可分的。如果市场交易总量可视为市场均衡的供求关系,那么从供求决定价格的原理出发,价格就是交易量的函数。在对证券价格走势进行分析时,应密切关注交易量的变化,许多技术分析方法都须以交易量作为判断价格趋势的必要条件。

3)时间

市场交易总是须占用一定的时间,包括年、月、周、日、时和分的走势分析,人们力求寻找最佳买卖时机,希望能在峰顶抛出和低谷买入,一些技术分析方法均以分析市场趋势发生变化的时机而为人们所熟知。

4)空间

空间,即价格波动达到的界限。市场价格振幅是技术分析的空间要素,投资者渴望能预测价格涨跌的深度及空间,而这恰恰是人们在技术分析中苦苦追求却又难以如愿的目标,是技术分析家最不愿做的吃力不讨好的事情。

7.1.3　技术分析的主要理论

(1)道氏理论

道氏理论是美国《华尔街日报》创办人查尔斯·道发明的一种技术分析方法,它是证券投资分析理论中较早、也较为权威的一种理论。道氏理论经历100多年而不衰,具有较强的生命力和实践指导意义。

1)道氏理论的基本内容

道氏理论假设大部分股票永远都会跟随基本的市场走势,这个市场走势有可能是长期升势或者长期跌势,大部分股票的趋势都会差不多。市场长期升势时,大部分股票会一同上升;市场长期下跌时,大部分股票会一起下跌。道氏理论进一步认为股票价格运动呈趋势运动,这种趋势运动有3种情形:

①基本趋势。基本趋势即股价广泛、全面性上升或下降的变动情形,其持续时间在1年或1年以上,指数或股价总的升(跌)幅超过20%。

②次级趋势。次级趋势是与基本趋势相反的运动趋势,也叫修正趋势。它干扰了主要趋势,在多头市场里是中级的下跌或"调整"行情,在空头市场里是中级的上升或反弹行情。次级趋势的运行时间从3周至数月不等,股价升(跌)幅度为基本趋势的1/3~2/3。

③短期趋势。短期趋势是股价在几天之内的变动情况,它是短暂的变动,很少超过3个星期,通常少于6天。短期趋势的形成,大多数是由于突发的消息面引起的,诸如公司赢利的增加或减少、国际局势的动荡、国家高层人事变动等。短期趋势的随机性大,难以预测,而且受人为操纵。

3种趋势中,只有短期趋势可以人为操纵,而基本趋势和次级趋势是无法人为操纵的。

2)道氏理论的评价

道氏理论是股市理论中最早也是影响最大的一种理论,较为成熟,很有指导作用。作为一种股市行情理论,其主要价值在于能够预测股票市场变化的转折点,从而使投资者在一种趋势结束以前采取措施,以获得一定的利润。其主要缺陷在于:一是不能用于选择个股,主要是用于确定整个市场的趋势情况;二是不能测定趋势的具体运动程度,也就是说量化方面不足;三是偏重长期趋势的分析,对中期趋势的变动分析不够,对短期趋势没有分析,使投资的次数和机会减少,不利于指导中短期投资者。

(2)随机漫步理论

随机漫步理论指出,股票市场内有成千上万的精明人士,并非全部都是愚昧的人。每一个人都懂得分析,而且资料流入市场全部都是公开的,所有人都可以知道,并无秘密可言。既然你也知,我也知,股票现在的价格就已经反映了供求关系,或者距本身价值不会太远。所谓内在价值的衡量,就是看每股资产值、市盈率、派息率等基本因素来决定。这些因素亦非大秘密,每一个人打开报章或杂志都可以找到这些资料。如果一只股票资产值 10 元,断不会在市场变到值 100 元或者 1 元,市场不会有人出 100 元买入或以 1 元卖出这只股票。现时股票的市价已经根本代表了千万醒目人士的看法,构成了一个合理价位。市价会围绕着内在价值而上下波动,这些波动却是随意而没有任何轨迹可寻。造成波动的原因是:

①新的经济、政治新闻消息是随意的,并不固定地流入市场。

②这些消息使基本分析人士重新估计股票的价值,而做出买卖方针,致使股票发生新变化。

③因为这些消息无迹可寻,是突然而来,事前并无人能够预告估计,股票走势推测这回事并不可以成立,图表派所说的只是一派胡言。

④既然所有股价在市场上已经反映其基本价值,那么这个价值是公平的,由买卖双方决定,这个价值就不会再出现变动,除非突发消息如战争、收购、合并、加息减息、石油战等利好或利淡等消息出现才会再次波动。但下一次的消息是利好或利淡大家都不知道,所以股票现时是没有记忆性的。

⑤既然股价是没有记忆性的,企图用股价波动找出一个原理去战胜市场,赢得大市,全部肯定失败。因为股票价格完全没有方向,是随机漫步的。

此说法的真正涵义是,没有什么单个投资者能够战胜股市,股价早就反映一切了,而且股价不会有系统的变动。天真的选股方法,如对着股票版报纸投掷飞镖,也照样可以选出战胜市场的投资组合。

(3)黄金分割率理论

1)黄金分割率的由来

有一些奇异数字的组合,这些奇异数字的组合是 1,2,3,5,8,13,21,34,55,89,144,233,…,任何一个数字都是前面两数字的和,如 $3=2+1$,$5=3+2$,$8=5+3$,…,如此类推。上述神秘数字的任何两个连续的比率是相同的,譬如 $55\div89=0.618$,$89\div144=0.618$,$144\div233=0.618$。这组神秘数字推导出的 0.618,就叫做黄金分割率。

2）黄金分割率在证券投资中的运用

在股价预测中，根据该两组黄金比有两种黄金分割分析方法。

第1种方法：以股价近期走势中重要的峰位或底位，即重要的高点或低点为计算测量未来走势的基础，当股价上涨时，以底位股价为基数，跌幅在达到某一黄金比时较可能受到支撑。当行情接近尾声，股价发生急升或急跌后，其涨跌幅达到某一重要黄金比时，则可能发生转势。

第2种方法：行情发生转势后，无论是止跌转升的反转抑或止升转跌的反转，以近期走势中重要的峰位和底位之间的涨跌幅作为计量的基数，将原涨跌幅按0.191，0.382，0.5，0.618，0.809分割为5个黄金点。股价在转势后的走势将有可能在这些黄金点上遇到暂时的阻力或支撑。

黄金分割率没有理论作为依据，也一直难以做出合理解释。但自然界的确充满一些奇妙的巧合，黄金分割率为艾略特所创的波浪理论所套用，成为波浪理论的核心，为广大投资人士所采用。

（4）K线图理论

K线图这种图表源于日本，被当时日本米市的商人用来记录米市的行情与价格波动，后因其细腻独到的标画方式而被引入到股市及期货市场。目前，这种图表分析法在我国以至整个东南亚地区尤为流行。通过K线图，能够把每日或某一周期的市况表现完全记录下来，股价经过一段时间的盘档后，在图上即形成一种特殊区域或形态，不同的形态显示出不同意义。人们可以从这些形态的变化中摸索出一些有规律的东西出来。

①绘制方法。首先找到该日或某一周期的最高和最低价，垂直地连成一条直线；然后再找出当日或某一周期的开盘价和收盘价，把这2个价位连接成一条狭长的长方柱体。假如当日或某一周期的收盘价较开盘价高（即低开高收），便以红色来表示，或是在柱体上留白，这种柱体就称为“阳线”。如果当日或某一周期的收盘价较开盘价为低（即高开低收），则以蓝色表示，或是在柱体上涂黑色，这种柱体就是“阴线”了。如图7.1所示。

②分析意义。由于“阴阳线”变化繁多，“阴线”与“阳线”里包含着许多大小不同的变化，因此其分析的意义有特别提出一谈的必要。在讨论“阴阳线”的分析意义之前，有必要先知道阴阳线的每一个部分的名称。

在图7.2中，以阳线为例，最高价与收盘价之间的部分称为“上影”，开盘价与收盘价之间的部分称为“实体”，开盘价与最低价之间的部分称为“下影”。

A.光头光脚的大阳线（见图7.2（a））。此种图表示最高价与收盘价相同，最低价与开盘价一样，上下没有影线。从一开盘，买方就积极进攻，中间

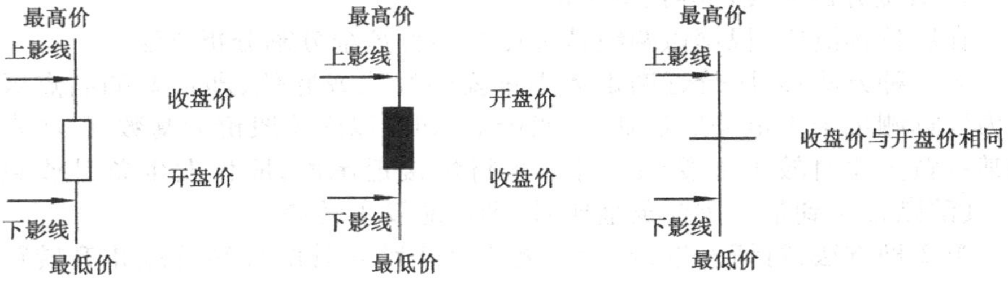

图 7.1　K 线图表示方法

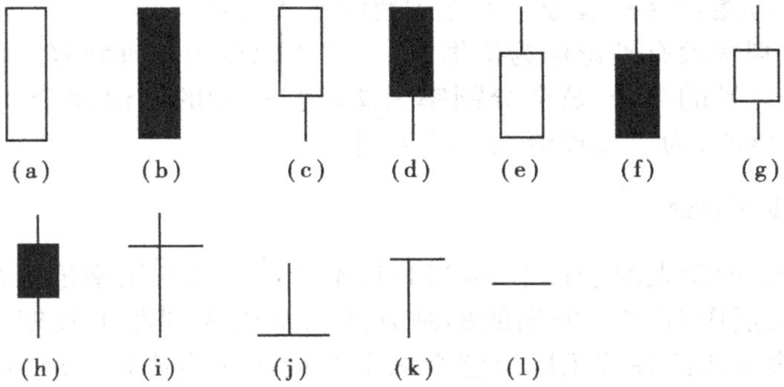

图 7.2　阴阳线每一部分的名称

也可能出现买方与卖方的斗争，但买方始终占优势，使价格一路上扬，直至收盘。此种图表示强烈的涨势，股市呈现高潮，买方疯狂涌进。握有股票者，因看到买气的旺盛，不愿抛售，出现供不应求的状况。

B. 光头光脚的大阴线（见图 7.2(b)）。此种图表示最高价与开盘价相同，最低价与收盘价一样，上下没有影线。从一开始，卖方就占优势，股市处于低潮。握有股票者不限价疯狂抛出，造成恐慌心理。市场呈一面倒，价格始终下跌，直到收盘。此种图表示强烈的跌势。

C. 带下影线的阳线（见图 7.2(c)）。这是一种带下影线的红实体。最高价与收盘价相同，开盘后，卖气较足，价格下跌。但在低价位上得到买方的支撑，卖方受挫，价格向上推过开盘价，一路上扬，直至收盘，收在最高价上。总体来讲，出现先跌后涨型，买方力量较大，但实体部分与下影线长短不同，买方与卖方力量对比不同。

D. 带下影线的光头阴线（见图 7.2(d)）。这是一种带下影线的黑实体，开盘价是最高价。一开盘卖方力量就特别大，价位一路下跌，但在低价位上遇到买方的支撑，后市可能会反弹。实体部分与下影线的长短不同。

E. 带上影线的阳线（见图7.2（e））。这是一种带上影线的红实体，开盘价即为最低价。一开盘买方强盛，价位一路上推，但在高价位遇卖方压力，使股价上升受阻。卖方与买方交战结果为买方略胜一筹。具体情况仍应观察实体与上影线的长短。

F. 带上影线的阴线（见图7.2（f））。这是一种带上影线的黑实体，收盘价即是最低价。一开盘，买方与卖方进行交战，买方占上风，价格一路上升。但在高价位遇卖方阻力，卖方组织力量反攻，买方节节败退，最后在最低价收盘；卖方占优势，并充分发挥力量，使买方陷入"套牢"的困境。

G. 带上下影线的阳线（见图7.2（g））。这是一种上下都带影线的红实体。开盘后价位下跌，遇买方支撑。双方争斗之后，买方增强，价格一路上推，临收盘前，部分买者获利回吐，在最高价之下收盘。这是一种反转信号。如在大涨之后出现，表示高档震荡，如成交量大增，后市可能会下跌。如在大跌后出现，后市可能会反弹。

H. 带上下影线的阴线（见图7.2（h））。这是一种上下都带影线的黑实体。在交易过程中，股价在开盘后，有时会力争上游，随着卖方力量的增加，买方不愿追逐高价，卖方渐居主动，股价逆转，在开盘价下交易，股价下跌。在低价位遇买方支撑，买气转强，不至于以最低价收盘。有时股价在上半场以低于开盘价成交，下半场买意增强，股价回至高于开盘价成交，临收盘前卖方又占优势，而以低于开盘价的价格收盘。这也是一种反转试探，如在大跌之后出现，表示低档承接，行情可能反弹；如大涨之后出现，后市可能下跌。

I. "十"字线型（见图7.2（i））。这是一种只有上下影线，没有实体的图形。开盘价即是收盘价，表示在交易中，股价出现高于或低于开盘价成交，但收盘价与开盘价相等，买方与卖方几乎势均力敌。其中：上影线越长，表示卖压越重；下影线越长，表示买方旺盛。上下影线看似等长的"十"字线，可称为转机线，在高价位或低价位意味着出现反转。

J. "⊥"图形（见图7.2（j））。又称空胜线，开盘价与收盘价相同。当日交易都在开盘价以上成交，并以当日最低价（即开盘价）收盘。表示买方虽强，但卖方更强，买方无力再挺升。总体看卖方稍占优势，如在高价区，行情可能会下跌。

K. "T"图形（见图7.2（k））。又称多胜线，开盘价与收盘价相同。当日交易以开盘价以下的价位成交，又以当日最高价（即开盘价）收盘。卖方虽强，但买方实力更大，局势对买方有利，如在低价区，行情将会回升。

L. "—"图形（见图7.2（l））。此图形不常见，即开盘价、收盘价、最高价、最低价在同一价位。只出现于交易非常冷清，全日交易只有一档价位成交的情况。对于冷门股此类情形较易发生。

7.2 图形分析

技术分析的图形形态丰富多彩,在实践中也较为实用,它具有简明直观的特点。本节介绍各种常用的主要图形。

7.2.1 反转形态

反转形态指股价趋势逆转所形成的图形,亦即股价由涨势转为跌势,或由跌势转为涨势的信号。常见的主要有:头肩顶、头肩底和复合头肩型等。

(1)头肩顶

头肩顶走势,可以划分为不同的部分,如图 7.3 所示。

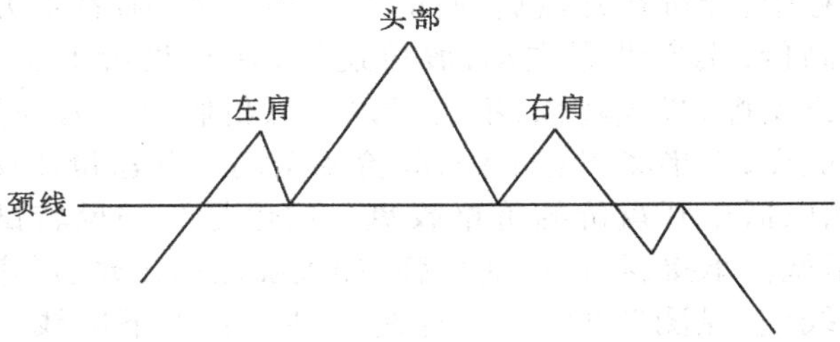

图 7.3 头肩顶走势图

①左肩部分——持续一段上升的时间,成交量很大,过去在任何时间买进的人都有利可图,于是开始获利沽出,令股价出现短期的回落,成交量较上升到其顶点时有显著的减少。

②头部——股价经过短暂的回落后,又有一次强有力的上升,成交量亦随之增加。不过,成交量的最高点较之于左肩部分,明显减退。股价升破上次的高点后再一次回落,成交量在这回落期间亦同样减少。

③右肩部分——股价下跌到接近上次的回落低点又再获得支持回升,可是,市场投资的情绪显著减弱,成交量较左肩和头部明显减少,股价没有抵达头部的高点便告回落,于是形成右肩部分。

④突破——从右肩顶下跌穿破由左肩底和头部底所连接的底部颈线,其突破颈线的幅度要超过市价的3%以上。

简单来说,头肩顶的形状呈现 3 个明显的高峰,其中位于中间的一个高峰较其他两个高峰的高点略高。至于成交量方面,则出现梯级型的下降。

(2)头肩底

头肩底和头肩顶的形状一样，只是头肩顶的整个形态倒转过来而已，又称“倒转头肩式”，如图7.4所示。

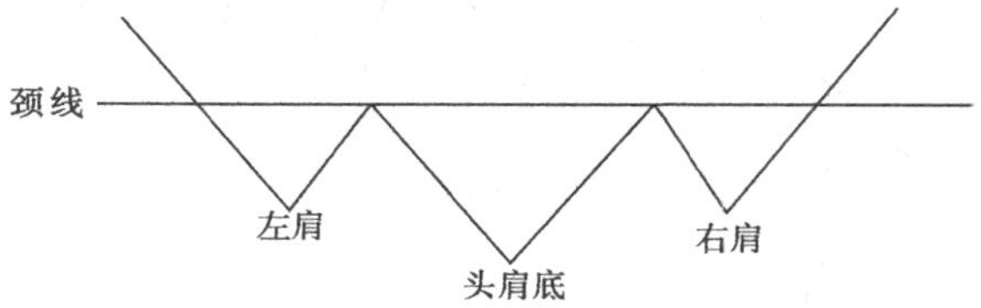

图7.4　头肩底走势图

头肩底的分析意义和头肩顶没有两样，它表明过去的长期性趋势已扭转过来，股价一次再一次地下跌，第二次的低点(头部)显然较先前的一个低点为低，但很快地掉头弹升，接下来的一次下跌股价末跌到上次的低点水平已获得支持而回升，反映出看好的力量正逐步改变市场过去走淡的形势。当两次反弹的高点阻力线(颈线)打破后，显示看好的一方已完全把空方击倒，买方代替卖方完全控制整个市场。

(3)复合头肩型

复合头肩型是头肩式(头肩顶或头肩底)的变形走势，其形状和头肩式十分相似，只是肩部、头部或两者同时出现不止一次。大致来说复合头肩型可划分为以下几大类(见图7.5)：

1)一头双肩式形态

一个头分别有2个大小相同的左肩和右肩，左右双肩大致平衡。比较多的是一头双右肩，在形成第一个右肩时，股价并不马上跌破颈线，反而掉头回升，不过回升却止于右肩高点之下，最后股价继续沿着原来的趋势向下。

2)一头多肩式形态

一般的头肩式都有对称的倾向，因此当2个左肩形成后，很有可能也会形成一个右肩。除了成交量之外，图形的左半部和右半部几乎完全相等。

3)多头多肩式形态

在形成头部期间，股价一再回升，而且回升至上次同样的高点水平才向下回落，形成明显的两个头部，也可称作两头两肩式走势。有一点必须留意：成交量在第二个头往往会较第一个头少。

(4)圆形顶

圆形顶股价呈弧形上升。即虽不断升高，但每一个高点升不了多少就回落，先是新高点较前点高，后是回升点略低于前点，这样把短期高点连接起来，就形成一圆形顶。在成交量方面也会有一个圆形状。如图 7.6 所示。

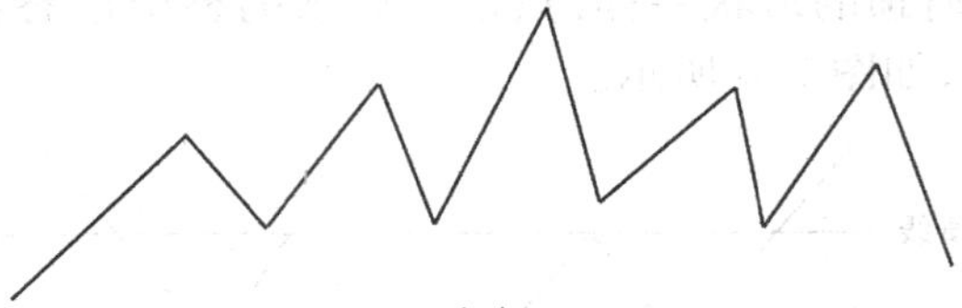

(a)

(b)

图 7.5　复合头肩型走势图
(a)复合头肩顶走势图；(b)复合头肩底走势图

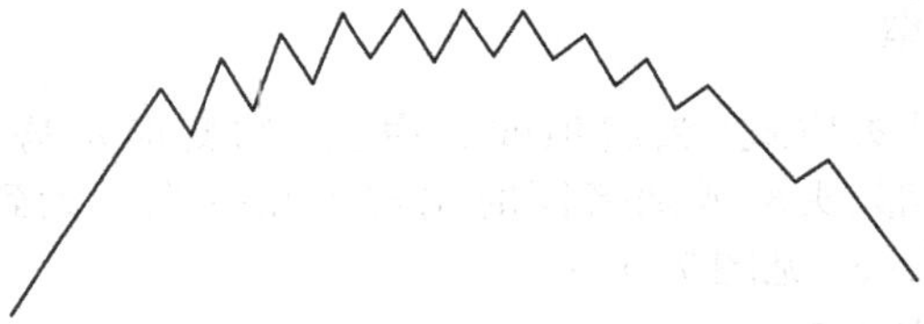

图 7.6　圆形顶走势图

(5)双重顶(底)

一只股票上升到某一价格水平时，出现大成交量，股价随之下跌，成交量也相应减少。接着股价又升至与前一个价格几乎相等之顶点，成交量再随之增加，却不能达到上一个高峰的成交量，再第二次下跌，股价的移动轨迹就像 M 形。这就是双重顶，又称 M 头走势，如图 7.7(a)所示。

一只股票持续下跌到某一水平后出现技术性反弹，但回升幅度不大，时间亦不长，股价再次下跌，当跌至上次低点时却获得支持，再一次回升，这次回升的成交量要大于前次反弹时的成交量。股价在这段时间的移动轨迹就像 W 形，这就是双重底，又称 W 走势，如图 7.7(b)所示。

双头或双底形态是一个转向形态。当出现双头时，即表示股价的升势已经终结；当出现双底时，即表示跌势告一段落。无论是“双重顶”还是“双重

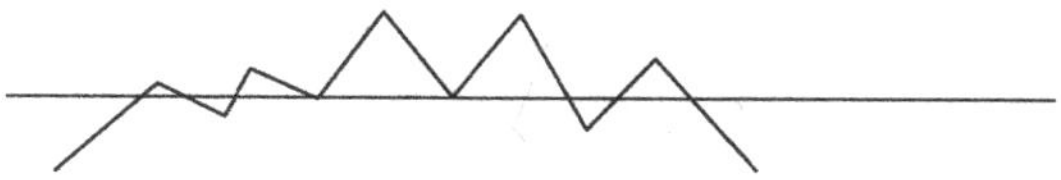

(a)

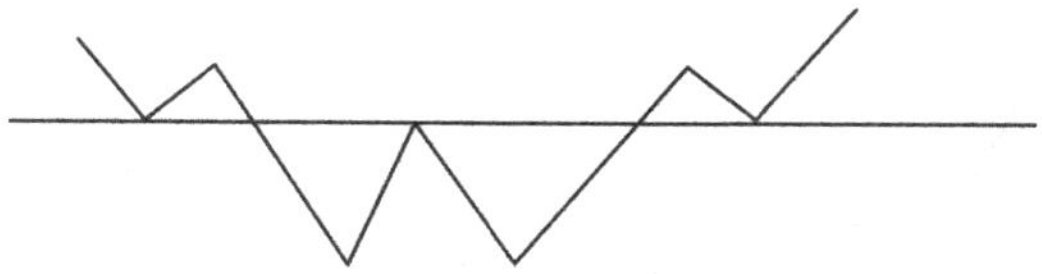

(b)

图7.7　双重顶/底走势图
(a)双重顶;(b)双重底

底”,都必须突破颈线(双头的颈线是第一次从高峰回落的最低点;双底之颈线就是第一次从低点反弹之最高点),形态才算完成。

通常这些形态出现在长期性趋势的顶部或底部,所以当双头形成时,可以肯定双头的最高点就是该股的顶点;而双底的最低点就是该股的底部了。当双头颈线跌破,就是一个可靠的出货信号;而双底的颈线冲破,则是一个入货的信号。

(6)三重顶(底)

任何头肩型,特别是头部超过肩部不够多时,可称为三重顶(底)型。三重顶形态也和双重顶十分相似,只是多一个顶,且各顶分得很开、很深,成交量在上升期间一次比一次少。三重底则是倒转的三重顶,分析含义一样。如图7.8所示。

(7)潜伏底

股价在一个极狭窄的范围内横向移动,每日股价的高低波幅极小,且成交量亦十分小。图表上形成一条横线般的形状,这种形态称之为潜伏底。经过一段长时间的潜伏静止后,价位和成交量同时摆脱了沉寂不动的闷局,股价大幅向上抢升,成交亦转趋畅旺。如图7.9所示。

(8)“V”形和伸延“V”形

“V”形走势(见图7.10(a)),可分为3个部分:

(a)

(b)

图 7.8　三重顶(底)走势图
(a)三重顶;(b)三重底

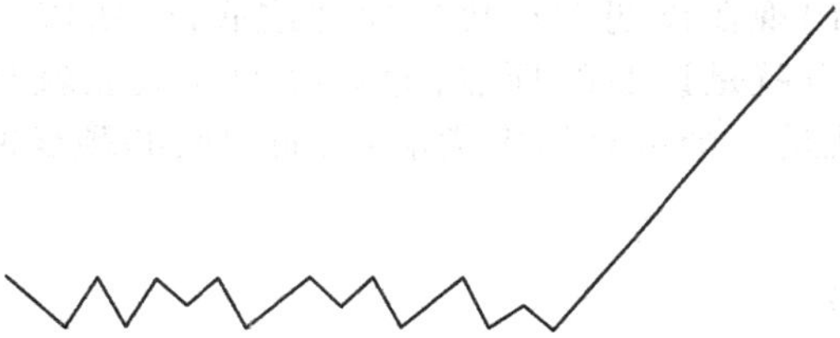

图 7.9　潜伏底走势图

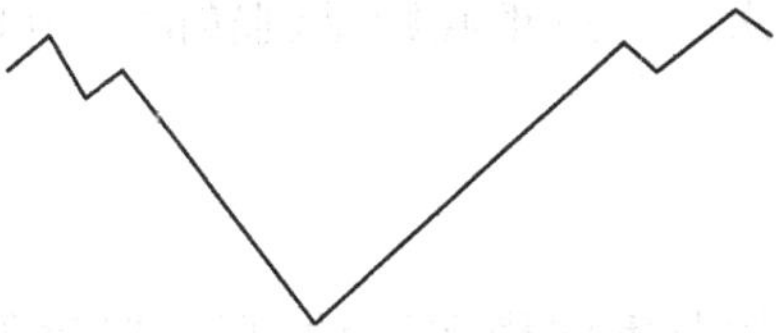

(a)

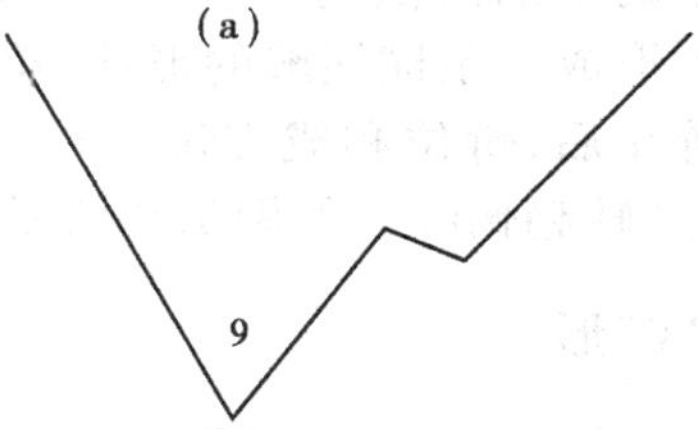

(b)

图 7.10　“V”形及延伸“V”形走势图
(a)“V”形走势;(b)延伸“V”形走势

①下跌阶段:通常"V"形的左方跌势十分陡峭,而且持续一段短时间。

②转势点:"V"形的底部十分尖锐,一般来说形成转势点的时间仅三两个交易日,而且成交在这转势点明显增多。有时候转势点就在恐慌交易日中出现。

③回升阶段:接着股价从低点回升,成交量亦随之增加。

伸延"V"形走势(见图7.10(b)),是"V"形走势的变形。在形成"V"形走势期间,其中上升(或是下跌)阶段呈现变异,股价有一部分出现向横向发展的成交区域,其后打破这徘徊区,继续完成整个形态。倒转"V"形和倒转伸延"V"形的形态特征,与"V"形和延伸"V"形的走势刚相反。

7.2.2　整理形态

整理是指股价经过一段时间的快速变动后,即不再前进而在一定区域内上下窄幅变动,等待时机成熟后再继续以往的走势。这种显示以往走势的形态称为整理形态,如图7.11所示。

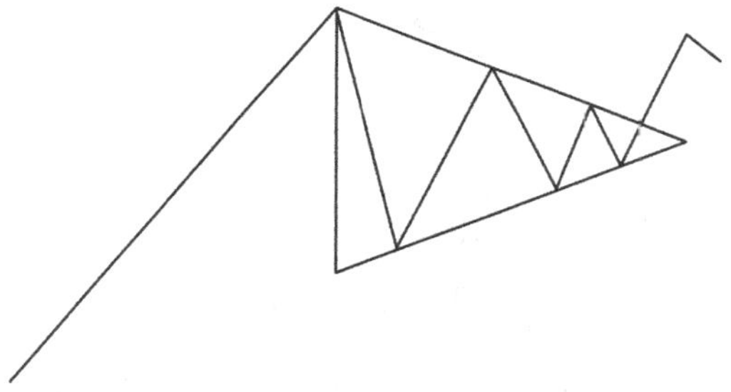

图7.11　整理形态图

常见的整理图形有以下几种:

(1)对称三角形

对称三角形由一系列的价格变动所组成,其变动幅度逐渐缩小,也就是说每次变动的最高价,低于前次的水准,而最低价比前次水准为高,呈一压缩图形。如从横的方向看股价变动领域,其上限为向下斜线,下限为向上倾线,把短期高点和低点,分别以直线连接起来,就可以形成一相当对称的三角形。对称三角形成交量,因愈来愈小幅度的股价变动而递减,然后当股价突然跳出三角形时,成交量随之变大。

(2)上升三角形和下降三角形

股价在某水平呈现出强大的卖压,价格从低点回升到一定水平便告回落,但市场的购买力十分强,股价未回至上次低点即告弹升,这种情形持续使股价随着一条阻力水平线波动并日渐收窄。若把每一个短期波动高点连接起来,可画出一条水平阻力线;而每一个短期波动低点则可相连出另一条向上倾斜的线,这就是上升三角形(见图7.12(a))。成交量在形态形成的过程中不断减少。

下降三角形的形状(见图7.12(b))与上升三角形恰好相反,股价在某特定的水平出现稳定的购买力,因此每回落至该水平便告回升,形成一条水平的需求线。

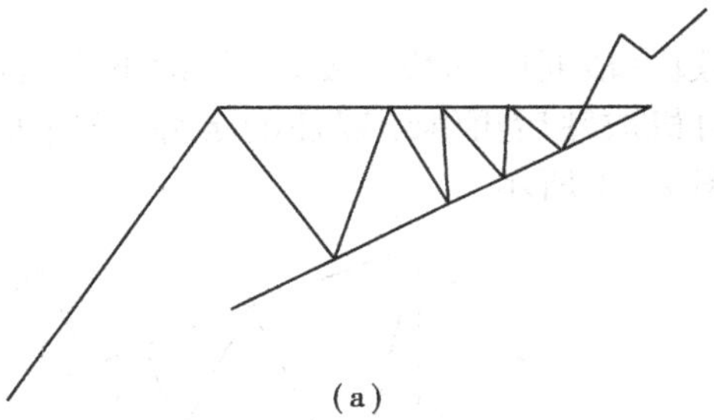
(a)

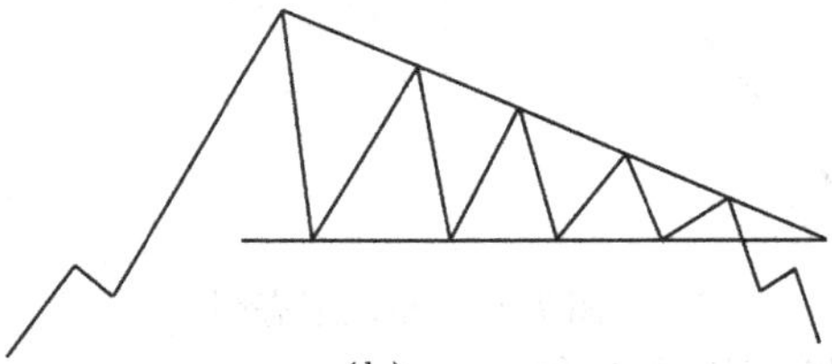
(b)

图7.12 上升与下降三角形走势图
(a)上升三角形;(b)下降三角形

(3)楔形

楔形系股价介于两条收敛的直线中变动而形成的图形。与三角线的不同处在于两条界线同时上倾或下斜,而成交量变化和三角形一样向顶端递减。楔形又分为上升楔形和下降楔形(如图7.13所示)。

上升楔形指股价经过一次下跌后有强烈技术性反弹,价格升至一定水平又掉头下落,但回落点较前次低点高后,又上升至较上次高的新高点,又回

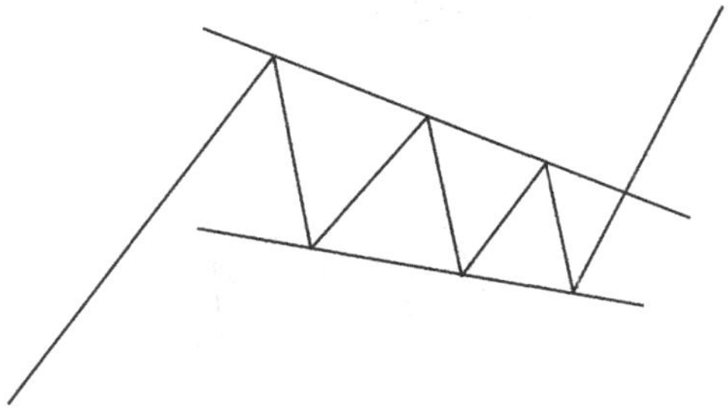

图7.13　下降楔形

落,形成一浪高一浪之势。把短期高点、短期低点分别相连形成2条向上倾斜的直线,下面一条则较为陡峭。

下降楔形则相反,高点一个比一个低,低点亦一个比一个低,形成2条同时下倾的直线。

两种楔形成交量都是越接近端部,成交越少。

(4)矩形

矩形是股价在2条水平的上下界线之间变动而成的形态。股价在其范围之内不断涨落,价格上升到某价格水平时遇上阻力,掉头回落,但很快便获得支持而上升,可是回升到上次同一高点时再一次受阻,而挫落到上次低点时则再得到支持。这些短期高点和低点分别以直线连接起来,便可以绘出一条通道,这通道既非上倾,亦非下斜,而是平行发展,这就是矩形形态,如图7.14所示。

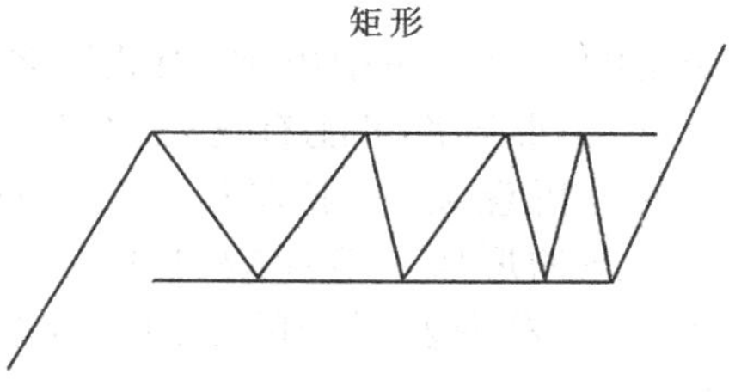

图7.14　矩形形态

(5)旗形

旗形形态就像一面挂在旗杆顶上的旗帜,通常在急速而又大幅的市场波动中出现。股价经过一连串紧密的短期波动后,形成一个稍微与原来趋势呈相反方向倾斜的矩形,这就是旗形走势。旗形走势又有上升旗形和下降旗形(如图 7.15 所示)之分。

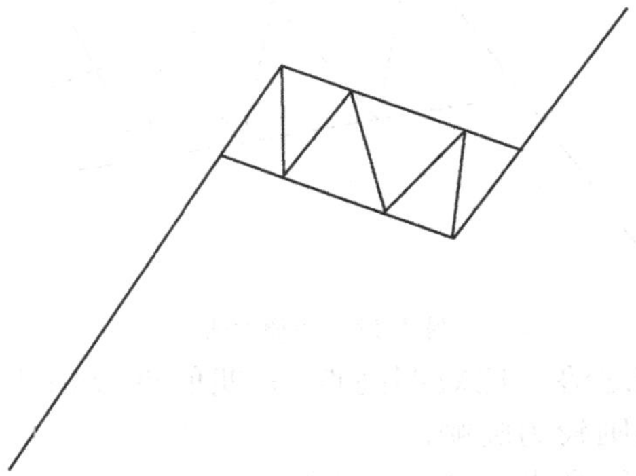

图 7.15　下降旗形

(6)缺口

缺口是指股价在快速大幅变动中有一段价格没有任何交易,显示在股价趋势图上是一个真空区域,这个区域称为"缺口",通常又称为跳空。当股价出现缺口,经过几天,甚至更长时间的变动,然后反转过来,回到原来缺口的价位时,称为缺口的封闭,又称补空。缺口分普通缺口、突破缺口、持续性缺口与消耗性缺口等 4 种。从缺口发生的部位大小,可以预测走势的强弱,能确定是突破还是已到原趋势之尽头,它是研判各种形态时最有力的辅助材料。

1)普通缺口

这类缺口通常在密集的交易区域中出现,因此许多需要较长时间形成的整理或转向形态如三角形、矩形等都可能有这类缺口形成。

普通缺口并无特别的分析意义,一般在几个交易日内便会完全填补,它只能帮助辨认清楚某种形态的形成。普通缺口在整理形态要比在反转形态时出现的机会大得多,所以当发现发展中的三角形和矩形有许多缺口,就应该增强它是整理形态的信念。

2)突破缺口

突破缺口是当一个密集的反转或整理形态完成后突破盘局时产生的缺口。当股价以一个很大的缺口跳空远离形态时,这表示真正的突破已经形成了。因为错误的移动很少会产生缺口,同时缺口能显示突破的强劲性,突破缺口愈大,表示未来的变动愈强烈。

3)持续性缺口

在上升或下跌途中出现缺口,可能是持续性缺口。这种缺口不会和突破缺口混淆,任何离开形态或密集交易区域后的急速上升或下跌,所出现的缺口大多是持续性缺口。这种缺口可帮助估计未来后市波幅的幅度,因此亦称之为量度性缺口。

4)消耗性缺口

和持续性缺口一样,消耗性缺口是伴随快的、大幅的股价波幅而出现。在急速的上升或下跌中,股价的波动并非是渐渐出现阻力,而是愈来愈急。这时价格的跳升(或跳位下跌)可能发生,此缺口就是消耗性缺口。通常消耗性缺口大多在恐慌性抛售或消耗性上升的末段出现。

7.2.3　趋势线

在下降趋势中,连接股价波动的高点的直线为下降趋势线;在上升趋势中,连接股价波动的低点的直线为上升趋势线。根据波动的时间长短又可分为长期趋势线(连接长期波动点)和中期趋势线(连接中期波动点)。

趋势线表明当股价向其固定方向移动时,它非常有可能沿着这条线继续移动。其含义是:

①当上升趋势线跌破时,就是一个出货信号。在没有跌破之前,上升趋势线就是每一次回落的支持。

②当下降趋势线突破时,就是一个入货信号。在没突破之前,下降趋势线就是每一次回升的阻力。

③一种股票随着固定的趋势移动时间愈久,此趋势愈是可靠。

④在长期上升趋势中,每一个变动都比改正变动的成交量高。当有非常高的成交量出现时,这可能为中期变动终了的信号,紧随而来的将是反转趋势。

⑤在中期变动中的短期波动结尾,大部分都有极高的成交量,顶点比底部出现的情况更多,不过在恐慌下跌的底部常出现非常高的成交量。这是因为在顶点,股市沸腾,散户盲目大量抢进,大户与“做手”乘机脱手;而在底部,股市经过一段恐慌大跌,无知散户信心动摇,见价就卖,而此时实已到达长期下跌趋势的最后阶段,于是大户与“做手”开始大量买进,造成高成交量。

⑥每一条上升趋势线,需要两个明显的顶点,才能决定;而每一条下降趋势线,则需要两个底部才能决定。

⑦趋势线与水平线所构成的角度愈大,愈容易被一个短的横向整理所突

破，因此愈平愈具有技术性意义。

⑧股价的上升与下跌，在各种趋势的末期，皆有加速上升与加速下跌的现象。因此，市势反转的顶点或底部，大都远离趋势线。

7.3 市场技术指标分析

市场技术指标是利用价格、成交量、股票涨跌指数等市场行为资料，经过特定公式计算出的数据。它是图形分析的辅助工具，具有结论客观、针对性强的特点。主要市场技术指标有：

7.3.1 平滑异同移动平均线(MACD)

MACD 是根据移动平均线(MA)较易掌握趋势变动的方向之优点所发展出来的，它是利用两条不同速度(一条变动的速率快——短期的移动平均线，另一条较慢——长期的移动平均线)的指数平滑移动平均线来计算二者之间的差离状况(DIF)，并以此作为研判行情的基础，然后再求取其 DIF 之 9 日平滑移动平均线，即 MACD 线。MACD 实际就是运用快速与慢速移动平均线聚合与分离的征兆，来研判买进与卖出的时机和信号。

(1)MACD 的基本运用方法

MACD 在应用上，是以 12 日为快速移动平均线(12 日 EMA)，而以 26 日为慢速移动平均线(26 日 EMA)。首先计算出此两条移动平均线数值，再计算出两者数值间的差离值，即差离值(DIF) = 12 日 EMA - 26 日 EMA；然后根据此差离值，计算 9 日 EMA 值，即为 MACD 值。将 DIF 值与 MACD 值分别绘出线条，然后依“交错分析法”分析，当 DIF 线向上突破 MACD 平滑线，即为涨势确认之点，也就是买入信号；反之，当 DIF 线向下跌破 MACD 平滑线时，即为跌势确认之点，也就是卖出信号。

(2)计算方法

1)计算平滑系数

MACD 一个最大的长处，即在于其指标的平滑移动，特别是对某些剧烈波动的市场，这种平滑移动的特性能够对价格波动做较和缓的描绘，从而大为提高资料的实用性。不过，在计算 EMA 前，首先必须求得平滑系数。所谓平滑系数，则是移动平均周期之单位数，如几天、几周等。其公式如下：

$$\text{平滑系数} = \frac{2}{\text{周期单位数} + 1}$$

如12日EMA的平滑系数为0.153 8。

2)计算指数平均值(EMA)

一旦求得平滑系数后,即可用于EMA之运算。公式如下:

$$\text{今天的指数平均值} = \text{平滑系数} \times (\text{今天收盘指数} - \text{昨天的指数平均值}) + \text{昨天的指数平均值。}$$

依上述公式可计算出12日EMA的值为:

$$12\text{日EMA} = 0.153\ 8 \times (\text{今天收盘指数} - \text{昨天的指数平均值}) + \text{昨天的指数平均值}$$

同理,26日EMA亦可计算出。

3)计算两个平滑移动平均数的差离值

$$\text{DIF} = 12\text{日EMA} - 26\text{日EMA}$$

4)计算平滑异同移动平均数(MACD)

MACD是DIF的9日平滑移动平均数,其平滑系数为0.2,计算公式为:

$$\text{当日9日MACD} = \text{前日9日MACD} + 0.2 \times (\text{当日DIF} - \text{前日9日MACD})$$

初始日的MACD同样可以用第一天的收盘价或最初几天的平均收盘价来代替。

5)用需求指数代替收盘价

由于每日行情震荡波动的大小不同,并不适合以每日之收盘价来计算移动平均值,于是在计算时,都分别加重最近一日的分量权数(2倍),即对较近的资料赋予较大的权值。其计算方法如下:

$$\text{DIF} = \frac{C \times 2 + H + L}{4}$$

式中　C——收盘价;

H——最高价;

L——最低价。

所以,上列公式中的今天收盘指数,可以用需求指数来替代。

6)绘图

把差离值(DIF)和平滑异同移动平均数(MACD)绘在图上就形成了两条快慢移动平均线。

(3)运用法则

平滑异同移动平均线为两条长、短的平滑平均线。其买卖原则为:

①DIF,MACD 在 0 以上,大势属多头市场。DIF 向上突破 MACD,可做买;若 DIF 向下跌破 MACD,只可做原单的平仓而不可新卖单进场。

②DIF,MACD 在 0 以下,大势属空头市场。DIF 向下跌破 MACD,可做卖;若 DIF 向上突破 MACD,只可做原单的平仓而不可新买单进场。

③牛差离:股价出现 2 或 3 个近期低点而 MACD 并不配合出现新低点,可做买。

④熊差离:股价出现 2 或 3 个近期高点而 MACD 并不配合出现新高点,可做卖。

⑤高档 2 次向下交叉大跌,低档 2 次向上交叉大涨。

7.3.2 相对强弱指数(RSI)

相对强弱指数是通过比较一段时期内的平均收盘上涨数、平均收盘下跌数来分析市场买沽盘的意向和实力,从而做出未来市场的走势分析。RSI 为 1978 年美国作者 Wells Widler JR 所提出的交易方法之一。RSI 的英文全名为"relative strength index",中文名称为相对强弱指标。RSI 的基本原理是在一个正常的股市中,多空买卖双方的力量必须得到均衡,股价才能稳定;而 RSI 是对于固定期间内,股价上涨总幅度平均值占总幅度平均值的比例。

(1)计算公式

$$RSI = \frac{\text{上升平均数}}{\text{上升平均数} + \text{下跌平均数}} \times 100$$

(2)具体方法

上升平均数是在某一段日子里上升幅数的平均,而下跌平均数则是在同一段日子里下跌幅数的平均。例如要计算 9 日 RSI,首先就要找出前 9 日内的上升平均数及下跌平均数。

(3)运用原则

①RSI 值于 0~100 之间呈常态分配,当 6 日 RSI 值为 80‰以上时,股市呈超买现象,若出现 M 头为卖出时机;当 6 日 RSI 值在 20‰以下时,股市呈超卖现象,若出现 W 头为买进时机。

②RSI 一般选用 6 日、12 日、24 日作为参考基期,基期越长越有趋势性(慢速 RSI),基期越短越有敏感性,(快速 RSI)。当快速 RSI 由下往上突破慢速 RSI 时,为买进时机;当快速 RSI 由上而下跌破慢速 RSI 时,为卖出

时机。

7.3.3 OBV 线(成交量净额法)

OBV 线亦称 OBV 能量潮,是将成交量值予以数量化,制成趋势线,配合股价趋势线,从价格的变动及成交量的增减关系,推测市场气氛。OVB 的理论基础是市场价格的变动必须有成交量配合,价格升降而成交量不相应升降,则市场价格的变动难以继续。

(1)计算方法

逐日累计每日上市股票总成交量,当天收盘价高于前一日时,总成交量为正值;反之,为负值;若平盘,则为 0。即

当日 OBV = 前一日的 OBV ± 今日成交量

然后将累计所得的成交量逐日定点连接成线,与股价曲线并列于一图表中,观其变化。

(2)运用原则

OBV 线的基本理论基于股价变动与成交量值间的相关系数极高,且成交量值为股价变动的先行指标,短期股价的波动与公司业绩兴衰并不完全吻合,而是受人气的影响,因此从成交量的变化可以预测股价的波动方向。

①当股价上涨而 OBV 线下降时,表示能量不足,股价可能将回跌。

②当股价下跌而 OBV 线上升时,表示买气旺盛,股价可能即将止跌回升。

③当股价上涨而 OBV 线同步缓慢上升时,表示股市继续看好。

7.3.4 随机指数(KD 线)

随机指数是期货和股票市场常用的技术分析工具。它在图表上是由 *K* 和 *D* 两条线所形成,因此也简称 KD 线。随机指数在设计中综合了动量观念、强弱指数和移动平均线的一些优点,在计算过程中主要研究高低价位与收盘价的关系,即通过计算当日或最近数日的最高价、最低价及收盘价等价格波动的真实波幅,反映价格走势的强弱势和超买超卖现象。

(1)计算方法

随机指数可以选择任何一种日数作为计算基础,例如 5 日 KD 线

公式为

$$K\text{值}=100\times[(C-L_5)/(H_5-L_5)]$$

$$D\text{值}=100\times(H_3/L_3)$$

式中 C——最后一日收盘价；

L_5——最后5日内的最低价；

H_5——最后5日内的最高价；

H_3——最后3个$(C-L_5)$数的总和；

L_3——最后3个(H_5-L_5)数的总和。

计算出来的都是介于0～100之间的数目，而得到的数都标在图上，通常K线是用实线代表，而D线就用虚线代表。以上为原始计算方法，亦有改良的公式，将旧的K线取消，D线变为K线；3日平均线代替D线。

(2)运用原则

随机指数是用K,D两条曲线构成的图形关系来分析研判股价走势，这种图形关系主要反映超买超卖现象、走势背驰现象以及K与D相互交叉突破现象，从而预示中、短期走势的到顶与见底过程。其具体应用法则如下：

①超买超卖区域的判断——K值在80%以上，D值在70%以上为超买的一般标准；K值在20%以下，D值在30%以下为超卖的一般标准。

②背驰判断——当股价走势一峰比一峰高时，随机指数的曲线一峰比一峰低，或股价走势一底比一底低时，随机指数曲线一底比一底高，这种现象被称为背驰。随机指数与股价走势产生背驰时，一般为转势的信号，表明中期或短期走势已到顶或见底，此时应选择正确的买卖时机。

③K线与D线交叉突破判断——当K值大于D值时，表明当前是一种向上涨升的趋势，因此K线从下向上突破D线时，是买进的信号；反之，当D值大于K值，表明当前的趋势向下跌落，因而K线从上向下跌破D线时，是卖出信号。

K线与D线的交叉突破，在80%以上或20%以下较为准确。KD线与强弱指数的不同之处是，它不仅能够反映市场的超买或超卖程度，还能通过交叉突破实现归纳出买卖信号的功能。但是，这种交叉突破在50%左右发生，买卖信号的意义不大。

7.3.5 人气指标与意愿指标

人气指标(AR)和意愿指标(BR)都是以分析历史股价为手段的技术指标，其中人气指标较重视开盘价格，从而反映市场买卖的人气；意愿指标则重视收盘价格,反映的是市场买卖意愿的程度。两项指标分别从不同角度对股价波动进行分析,达到追踪股价未来动向的共同目的。

(1)人气指标

人气指标是以当天开盘价为基础,即以当天市价分别比较当天最高、最低价,通过一定时期内开盘价在股价中的地位,反映市场买卖人气。

1)人气指标的计算公式

人气指标的计算公式为:

$$\mathrm{AR}=\frac{N\text{ 日内}(H-O)\text{之和}}{N\text{ 日内}(O-L)\text{之和}}$$

式中　H——当日最高价;

L——当日最低价;

O——当日开盘价;

N——公式中的设定参数,一般设定为26日。

2)人气指标的基本应用法则

①AR值以100为中心地带,在80~120之间波动时,属盘整行情,股价走势比较平稳,不会出现剧烈波动。

②AR值走高时表示行情活跃,人气旺盛;过高则表示股价进入高价,应选择时机退出。AR值的高度没有具体标准,一般情况下,AR值上升至150以上时,股价随时可能回档下跌。

③AR值走低时表示人气衰退,需要充实;过低则暗示股价可能跌入低谷,可考虑伺机介入。一般AR值跌至70以下时,股价有可能随时反弹上升。

(2)意愿指标

意愿指标是以昨日收盘价为基础,分别与当日最高、最低价相比,通过一定时期内收盘价在股价中的地位,反映市场买卖意愿的程度。

1)意愿指标的计算公式

意愿指标的计算公式为:

$$\mathrm{BR}=\frac{N\text{ 日内}(H-C_{\mathrm{Y}})\text{之和}}{N\text{ 日内}(C_{\mathrm{Y}}-L)\text{之和}}$$

式中　C_{Y}——昨日收盘价;

N——公式中的设定参数,一般设定值同AR一致。

2)意愿指标的基本应用法则

①BR值的波动较AR值敏感,当BR值在70~150之间波动时,属盘整

行情,应保持观望。

②BR 值高于 400 以上时,股价随时可能回档下跌,应选择时机卖出;BR 值低于 50 以下时,股价随时可能反弹上升,应选择时机买入。

一般情况下,AR 可以单独使用,BR 则需与 AR 并用,才能发挥效用。因此,在同时计算 AR,BR 时,AR 与 BR 曲线应绘于同一图内,合并使用。

7.3.6 威廉指数

威廉指数是利用摆动点来量度股市的超买卖现象,可以预测循环期内的高点或低点,从而提出有效率的投资信号。

(1)计算公式

威廉指数的计算公式为:

$$\%\mathrm{R} = 100 - (C - L_n)/(H_n - L_n) \times 100$$

式中 C——当日收盘价;

L_n——N 日内最低价;

H_n——N 日内最高价;

N——选设参数,一般设为 14 日或 20 日。

(2)运用原则

威廉指数与强弱指数、随机指数一样,计算出的指数值在 0 ~ 100 之间波动。不同的是,威廉指数的值越小,市场的买气越重;反之,其值越大,市场卖气越浓。应用威廉指数时,一般采用以下几点基本法则:

①当%R 线达到 80 时,市场处于超卖状况,股价走势随时可能见底。因此,80 的横线一般称为买进线,投资者在此可以伺机买入;相反,当%R 线达到 20 时,市场处于超买状况,走势可能即将见顶,20 的横线被称为卖出线。

②当%R 从超卖区向上爬升时,表示行情趋势可能转向。一般情况下,当%R 突破 50 中轴线时,市场由弱市转为强市,是买进的信号。相反,当%R 从超买区向下跌落,跌破 50 中轴线后,可确认强市转弱,是卖出的信号。

③由于股市气势的变化,超买后还可再超买,超卖后亦可再超卖,因此,当%R 进入超买或超卖区,行情并非一定立刻转势。只有确认%R 线明显转向,跌破卖出线或突破买进线,方为正确的买卖信号。

7.3.7　成交量比率(VR)

成交量比率是一项通过分析股价上升日成交额(或成交量)与股价下降日成交额的比值,从而掌握市场买卖气势的中期技术指标。它主要用于个股分析,其理论基础是“量价同步”及“量须先予价”,以成交量的变化确认低价和高价,从而确定买卖时机。

(1)计算公式

$$VR = \frac{N\text{日内上升日成交额总和}}{N\text{日内下降日成交额总和}}$$

式中　N——设定参数,一般设为26日。

(2)运用原则

①将VR值划分为下列区域,根据VR值的大小确定买卖时机:低价区域40~70可以买进;安全区域80~150持有股票;获利区域160~450根据情况获利了结;警戒区域450以上伺机卖出。

②一般情况下,VR值在低价区的买入信号其可信度较高,但在获利区的卖出时机要把握好。由于股价涨后可以再涨,在确定卖出之前,应与其他指标一起研判。

【本章小结】

技术分析是仅从证券的市场行为来分析证券价格未来变化趋势的方法。它通过证券市场里商品的价格、成交量随着时间的变化,来分析证券未来的变化趋势。技术分析的要素主要有价格、成交量、时间和空间4个方面。

技术分析的基本观点是:所有股票的实际供需量及其背后起引导作用的种种因素,包括股票市场上每个人对未来的希望、担心、恐惧等等,都集中反映在股票的价格和交易量上。由此在“价与量”的基础上,依照一定算法计算出“技术指标”,从而在一定程度上反映股票的走势状况。人们在实践的基础上形成了许多理论,并提供了大量的技术分析指标,这些理论及指标对于指导投资具有重要的作用。

技术分析理论主要有道氏理论、随机漫步理论、黄金分割理论、K线理论、形态理论、切线理论、技术指标理论等。

市场技术指标是利用价格、成交量、股票涨跌指数等市场行为资料,经过特定公式计算出的数据。它是图形分析的辅助工具,具有结论客观、针对性强的特点。主要指标有:平滑异同移动平均线、相对强弱指数、OBV 线(成交量净额法)、随机指数、人气指标与意愿指标、威廉指数、成交量比率等。

技术分析更适用于短期行情预测。

【思考与练习】

一、基本概念

技术分析	道氏理论	随机漫步理论
黄金分割理论	K 线理论	平滑异同移动平均线
相对强弱指数	OBV 线	随机指数
人气指标与意愿指标	威廉指数	成交量比率

二、复习思考题

1. 技术分析要运用哪些分析工具?
2. 道氏理论的主要内容是什么?它对技术分析有何贡献?
3. K 线图的形状有哪些?如何判断?
4. 随机漫步理论的主要内容是什么?它有何特点?
5. 缺口的种类有几种?它们各有什么意义?
6. 什么是股价变动趋势?如何确认趋势线的有效突破?
7. 有哪些典型的整理形态?如何指导投资?
8. 常见的技术分析指标有哪些?如何利用这些指标来指导投资?
9. 股票的量价关系有何重要意义?可借助哪些技术指标分析股票的量价关系?

第 8 章
证券交易程序和投资技巧

【学习目标】

为保证证券市场的交易秩序，证券交易活动需要按照一定的交易程序和交易方式来组织。本章主要介绍证券市场交易的一般程序（开户、委托、竞价成交、清算交割）以及证券投资的理念与技巧。通过学习要求掌握证券市场交易四大程序的内容与基本做法，并能根据实时行情，选用一种或两种证券投资技巧进行投资决策。

8.1 证券交易的一般程序

8.1.1 开户

开户，是整个证券交易活动的前提与基础，其主要作用在于确定投资者信用，表明该投资者有能力支付股票的价款和佣金。客户首先应该在证券登记结算公司或其开户代理机构开立证券账户，然后到证券公司各营业部开设证券交易结算资金账户。

(1)开设证券账户

依照现行法律规定，每个投资者(国家规定不许办理的人员除外)欲从事证券交易，须先向证券登记公司或代理机构申请开设证券账户，办理股东代码卡(实质为证券交易账户)。

证券账户是证券登记结算机构为投资者设立的，用于准确记载投资者所持有的证券种类、名称、数量及相应权益和变动情况的账册。证券账户是认定股东身份的重要凭证，具有证明股东身份的法律效力，同时也是投资者进行证券交易的先决条件。

依据不同的划分标准，证券账户有不同的种类。

1)按证券账户的所在地划分

依该标准证券账户分为上海证券账户和深圳证券账户。上海、深圳证券交易所的证券账户由交易所所属的登记结算机构集中统一管理。上海证券账户和深圳证券账户分别用于记载在上海证券交易所和深圳证券交易所上市交易的证券，以及中国结算公司认可的其他证券。投资者可以同时申请开设上海证券账户和深圳证券账户；也可以只开设其中一个账户。如只开设上海证券账户，投资者就只能委托买卖在上海证券交易所内上市的证券，而不能买卖在深圳证券交易所内上市的证券。个人和法人在同一证券交易所只能开立一个证券账户。

2)按证券账户的用途划分

①人民币普通股票账户，简称 A 股账户。其开立仅限于国家法律法规和行政规章允许买卖 A 股的境内投资者，可用来买卖 A 股、债券和证券投资基金。它是目前我国用途最广、数量最多的证券账户。

②人民币特种股票账户，简称 B 股账户。它专门为投资者购买 B 股设

置的，可划分为境内投资者证券账户和境外投资者证券账户。

③证券投资基金账户，简称基金账户，只能用于买卖上市基金。

(2)开立证券交易结算资金账户

投资者委托买卖股票，必须向具体的证券公司申请开设资金账户，存入交易所需的资金。投资者只要已经办理了证券账户，便可以选择在任意一家证券公司开设资金账户。目前，开立资金账户有两种类型，一是在经纪商处开户，二是直接在证券营业部委托的代理银行开户。资金账户是资金专用账号，主要用来存放投资者卖出证券所得的券款和买入证券所需的资金。投资者在证券交易结算资金账户中存入证券交易所需的资金，就具备了办理证券交易委托的条件。

投资者选定一家证券营业部后就可向该营业部提出申请，同时填写《开户申请表》。开设资金账户时，个人投资者必须同时提交个人身份证和证券账户卡(股东卡)，机构投资者须提供法人营业执照或注册登记证书复印件、法人证券账户卡、法定代表人或董事会证明书和授权委托书以及经办人的有效身份证明和复印件。替他人代办须提供自己的身份证明、复印件、证券账户卡及授权委托书。投资者对其资金账户中的存款可随时提取，证券经纪商按活期存款利率定期计付利息并自动转入投资者的资金账户。证券营业部收到开户申请后，须向投资者出具《风险提示书》。

(3)签订《证券交易委托代理协议书》

这一步骤可以归入开设资金账户，其在开户环节中必不可少。证券公司在接受委托买卖前必须先与客户签订《证券交易委托代理协议书》，《证券交易委托代理协议书》是客户与证券经纪商之间在委托买卖过程中有关权利、义务、业务规则和责任的基本约定，也是保障客户与证券经纪商双方权益的基本法律文书。客户须亲自签订证券交易代理协议书并交验身份证和股东代码卡正本。法人在签订本协议时，应附法人登记证明文件复印本、合法的授权书与居民身份证正本。委托协议上应写明客户姓名、身份证号、证券账户代码、联系电话、地址、开户银行账号等内容，法人机构需要填写名称、地址及营业执照号码等。签订完证券交易代理协议书后，证券营业部还要求客户签订有关的“指定交易协议书”。证券营业部在为投资者开户时一般都同时为其开通自助委托和电话委托功能。如果客户要网上证券买卖，要与证券公司签订相应的证券买卖委托协议。

在开户过程中，投资者还须办理名册登记手续。名册登记的主要内容包括：客户姓名、性别、身份证号、家庭地址、职业、联系电话并留存印鉴和签名样卡。如果投资者个人资料发生变更,就要办理修改开户资料手续。投资者需出示股东代码卡、身份证、开户申请书投资者联系,重新修改密码,填写“交易账户更改密码申请书”和“投资者开户资料变动表”。

开户后,投资者与证券公司作为授权人和代理人的关系就基本确定。

8.1.2 委托

委托是指投资者决定买卖股票时,通过委托单、电话等形式向证券公司发出买卖指令的过程。投资者开立了股票账户和资金账户后就可以在证券营业部办理委托买卖了。投资者办理委托买入证券时,必须将委托买入所需款项全额存入其交易结算资金账户;办理委托卖出证券时,必须是其证券账户中实有的股票、债券,或将证券足额交给证券经纪商。投资者不得采用透支方式用证券经纪商的资金买卖证券,未经授权不得动用他人名义下的资金或证券。

(1)委托指令的基本要素

投资者不能直接进入证券交易所进行交易,所有的买卖委托都是通过交易所的会员也就是证券商来执行的,投资者买卖证券须对证券公司发出委托指令。委托指令的基本要素有:

①证券账号。投资者在买卖上海(深圳)证券交易所上市的证券时,须填写在中国结算的上海(深圳)分公司开设的证券账户号码。

②日期。投资者填写委托买卖的日期(某年某月某日)。

③品种。指投资者委托买卖证券的名称。填写证券名称的方法有全称、简称和代码,通常填写简称和代码(代码为6位数字)。

④数量。可分为整数委托和零数委托。整数委托是指委托买卖证券的数量为一个交易单位(即“一手”)或其整数倍。零数委托指证券买卖数量不足证券交易所规定的一个交易单位,目前只适用于卖出证券。

⑤买卖方向。委托是买进还是卖出。

⑥价格。委托买卖证券的价格可以采用市价委托或限价委托。市价委托指投资者向证券经纪商发出买卖某种证券的委托指令时,要求证券经纪商按证券交易所内当时的市场价格买进或卖出证券。限价委托指投资者要求证券经纪商在执行委托指令时,必须按限定的价格或限定价格更有利的价格买卖证券。

⑦时间。投资者填写委托单的具体时间。它是检查证券经纪商是否执行时间优先原则的依据。

⑧有效期。委托指令的有效期间。如不在委托单上特别注明,我国规定,委托期当日有效。

⑨客户签名。表示对所作委托负责。

(2)委托方式

目前,证券营业部普遍存在的交易委托方式主要有柜台当面委托、电话委托、传真或函电委托、磁卡自助委托、可视电话委托和网上委托。

1)柜台当面委托

它是我国证券市场发展初期普遍采用的一种委托形式,是由委托人亲自或委托其代理人前往证券营业部的交易柜台,根据规定的委托程序采用书面方式表达委托意向,填写委托单并签章后交与营业部柜员,同时交验必需的证件。在柜台委托方式下,投资者和证券经纪商须当面办理委托手续,比较安全可靠。但这种方式需要证券商设立专门的柜员,增加了人力成本支出,而且在行情火暴时往往应接不暇,难以满足数量急剧膨胀的投资者的需求。

2)电话委托

电话委托是指证券经纪商把电脑交易系统和普通电话网络联结起来,构成一个电话自动委托交易系统。投资者通过普通的双音频电话,按照该系统发出的指示,借助电话机上的数字和符号键输入委托指令,借以完成证券买卖的一种委托形式。通过电话委托交易非常方便。选择电话委托,要认真阅读相关操作方法以及券商的责任、义务的规定。

办理电话委托开户的手续为:投资者持本人身份证、证券账户卡,亲自到自己选中的证券营业部电话委托专柜,领取电话委托开户申请表,正确填写个人有关资料并向券商提供有关证件材料的复印件;然后,与券商签署一式两份的"电话委托使用协议书"。手续全部完成后,取回证件原件、一份"电话委托使用协议书"及操作说明书。

3)传真委托或函电委托

传真委托或函电委托是指委托人填写委托内容后,将委托书采用传真或函电方式表达委托意向,提出委托要求。证券经纪商接到传真委托书或函电委托书,代为填写委托书,经核对无误后,及时将委托内容输入交易系统申报进场,并将传真件或函电件作为附件附于委托书后。

4)磁卡自助委托

选择磁卡自助委托要先办理资金账号磁卡,它是存入、提取资金和打印清算交割单的唯一依据。磁卡自助委托是委托人通过证券营业部设置的专用委托电脑终端,凭证券交易磁卡和交易密码进入电脑交易系统委托状态,自行将委托内容输入电脑交易系统,完成证券交易的一种委托形式。证券经纪商的委托系统应对自助委托过程有详细记录,并在代理协议中充分说明自助委托的风险,明确证券经纪商与投资者各自的责任。

5)可视电话委托

一些信息服务公司通过闭路电视传输系统传送证券交易信息及部分其他基本信息,投资者通过购买其接收系统,在交纳服务费之后便取得该信息的使用权,在家中便可用电脑收看行情、查阅信息,然后利用电话完成委托。这种委托方式称为可视电话委托。该方式中,信息提供者为专门的信息公司而不是券商,券商与信息供应商是分离的。可视电话委托方式中,投资者接收行情、查阅资料不需花费通讯费,仅委托下单需要通讯费,成本较为低廉;但系统所提供的信息资料的量非常有限,下单也不甚方便。这种方式主要适用于对信息量需求不大、下单不甚频繁且时间充裕的投资者。目前,券商大都采取赠送电脑及接收系统并代为安装的方式,争取这类投资者。

6)网上委托

近年来,随着互联网技术的发展,网上交易应运而生。如在家中炒股,建议通过上网来进行委托。投资者可以在网上进行委托,利用任何可上网的电脑终端,通过互联网凭交易密码进入证券商的电脑委托系统。

根据《网上证券委托暂行管理办法》,网上交易的开户手续必须由投资者本人亲自前往证券商处办理,“禁止代理办理网上委托相关手续”。已经开立证券账户卡的投资者,可以到具备条件的证券营业部办理网上交易手续。个人投资者需携带身份证、证券账户卡、银行储蓄存折(卡)原件及相应的复印件;法人机构投资者需提供法人营业执照、证券账户卡、法人授权委托书、被授权人身份证原件及相应的复印件。投资者在证券营业部柜台填写“因特网交易开户申请表”并签署“证券网上委托协议书”。投资者的申请经营业部柜员确认并输入电脑以后,采用客户端委托方式的投资者领取网上交易认证书、专业版网上交易软件和“网上委托交易系统操作说明”;采用浏览器委托方式的投资者,从证券营业部领取交易登录密码。需要注意的是,办理证券网上交易的客户不能以计算机网络或电话形式进行资金转账,也不能上网进行证券的转托管业务。

经以上任意一种方式,证券商得到投资人所发指令后,通过其场内交易员将委托人的指令输入计算机终端,由主机撮合成交;成交后由证券商代理投资人办理清单、交割和过户手续。

证券商接受客户委托代理买卖股票的主要规定有:

①证券商必须经证券主管机关批准方可在证券交易市场经营经纪业务。

②代理证券商受理委托买卖股票,限于其公司本部营业机构和分支机构及经证券主管机构批准的股票交易业务的代理机构。

③代表证券商受理买卖股票的，必须是在证券交易所注册登记的出市代表。

(3)委托撤销

在委托未成交之前，委托人有权撤销委托。在营业部申报竞价成交以后，证券买卖即告成立，已成交部分不得撤销。对已成功撤销的委托，证券营业部须及时将冻结的资金或证券解冻。

委托人在成交之前如需变更或撤销委托，在采用有形席位交易的情况下，由营业部柜员即刻通知场内出市代表，经其操作确认后立即将结果通知委托人；在采用无形席位交易的情况下，委托人可亲自或通过营业部柜台人员直接将撤单信息输入电脑终端并进入交易所主机，办理撤单。

一般的交易委托都可以撤销，但根据交易所的规定，以下几种情况不能撤单：

①申购新股或将可转换债券转换成股票，无法撤单。

②在交易日股票因披露信息或召开股东大会停牌，停牌期间输入买卖委托不能成交，也无法撤单，资金或股票当天被冻结。

③下单时误将委托价格填得过高，如委托价本应10元的，误输入为100元，则该笔委托无法成交，但委托也无法撤出。

后面两种情况可能会在部分券商的电脑交易系统中会出现。如果券商的交易系统比较先进，或者服务比较周到，也可以避免这样的情况。

8.1.3 竞价成交

证券商在接到投资人的买卖委托后，应立即通知其场内交易员申报竞价。

(1)竞价成交的相关概念

1)集合竞价

上交所、深交所定在上午9:15—9:25，大量买或卖某种股票的信息都输入到电脑内，但此时电脑只接受信息，不撮合信息。在正式开市(9:30)前电脑开始工作，撮合定价，按成交量最大的首先确定的价格产生这种股票当日的开盘价，并及时反映到屏幕上，这就是集合竞价。下午开市没有集合竞价。深圳证券交易所的收盘价通过集合竞价方式产生。

2)连续竞价

集合竞价一结束，进入连续竞价。我国规定，每个交易日9:30—11:30

和 13:00—15:00 为连续竞价时间。其特点是，每一笔买卖委托输入电脑自动撮合系统后，当即判断并进行不同的处理：能成交者予以成交；不能成交者等待机会成交；部分成交者让剩余部分继续等待。无撤单的情况下，委托当日有效。

3)成交价

成交价是股票的成交价格，它在连续竞价状态下按以下原则确立：

①最高的买入申报与最低的卖出申报相同。

②买入申报价格高于即时揭示的最低卖出申报价格时，以即时揭示的最低卖出申报价格为成交价。

③卖出申报价格低于即时揭示的最低买入申报价格时，以即时揭示的最高买入申报价格为成交价。

(2)竞价原则

1)价格优先

①较高价格买进申报优先于较低价格买进申报。

②较低价格卖出申报优先于较高价格卖出申报。

2)时间优先

①买卖方向、价格相同的，先申报者优先于后申报者。

②先后顺序按交易主机接受申报的时间确定。

(3)竞价结果

①全部成交：委托买卖全部成交，证券公司应及时通知委托人按规定的时间办理交割手续。

②部分成交：委托人的委托如果未能全部成交，证券公司在委托有效期内可继续执行，直到有效期结束。

③不成交：委托人如果未能成交，证券公司在委托有效期内可继续执行，等待机会成交，直到有效期结束。对委托人失效的委托，证券公司须及时将冻结的资金或证券解冻。

8.1.4 清算交割交收

清算是指证券买卖双方在证券交易所进行的证券买卖成交以后，通过证券交易所将各证券商买卖证券的数量和金额分别予以抵消，计算应收、应付证券和应收、应付股款的一种程序。竞价成交后，根据证券清算的结果在事先约定的时间内履行合约，买方需交付一定款项以获得所购证券，卖方需交付一定证券以获得相应价款。在这个过程中，证券的收付称为交割，资金的收付称为交收。

证券清算和交割、交收统称为证券结算。

我国对证券实行集中保管和无纸化交易，证券的交割和证券的过户都以簿记方式进行，在清算同时通过结算系统自动完成，投资者不需要亲自参与交割，但要对交易结果予以确认。客户委托买卖成交后，证券公司应当按规定制作买卖成交报告单交给客户。买进卖出报告单应记载委托人的姓名、股款、应收与应付实际金额等事项。证券交易中确认交易行为及其交易结果的对账单必须真实，并由交易经办人以外的审核人员逐笔审核，保证账面证券余额与实际持有的证券相一致。证券经纪商应当按照客户要求向其提供证券与资金明细对账单，并在营业时间内随时受理客户查询。

我国现行交割交收方式有以下几种：

(1) $T+1$ 交割交收

$T+1$ 交割交收是指达成交易后，相应的证券交割与资金交收在成交日（T 日）的下一个营业日（$T+1$ 日）完成。这种交割交收方式目前适用于我国的 A 股、基金、债券、回购交易等。

(2) $T+3$ 交割交收

我国对 B 股实行 $T+3$ 交割交收方式。

8.2　证券投资理念与技巧

8.2.1　证券投资理念

股市投资是一项高风险与高收益并存的活动，投资者本身就是风险的来源。投资者唯有保持正确的投资理念、良好的投资心态才能在高风险的股票市场上获利。但是在广大股市投资者队伍中，普遍存在着一些心理误区，需要加以纠正和克服。

(1)股市里的心理误区

1)心态浮躁

心态浮躁是投资取得成功的大敌，投资者应该首先从自身的角度来减少风险和失误，不要让善变的情绪控制住自己的思维。保持理智，绝非易事，但不能因此就放弃努力。

2）赌博心理

股市的特点就是高风险、高收益，投资者如果以赌博心理入市和购买股票，肯定很难获利，而且还可能会被股市的高风险所击倒。所以保持一颗平常心，冷静分析、谨慎入市为好。另外，还应当注意多选择投资渠道，不要把所有资金都投入股市，这样可以分散投资风险，克服赌博心理。

3）急于求成

股市中总有一些活跃分子，可以称得上是“市场信息”的集散中心。他们善于四处打听小道消息，探听庄家动向，而且还会相互交流，然后再将消息和传闻兜售给他人。而急于求成的人，根本没有做好投资前必要的分析工作，仅仅凭一条股友的消息或专家的建议就草率入市，等于把自己辛辛苦苦挣来的钱拿去冒风险。盲目跟风、急于求成、喜欢走捷径的人，自然也不会冷静地独立思考，更不会有自己的主见。在股市中赢利的总是少数人，单凭这一点就不难推断出盲目跟风会有什么样的结局。

4）贪婪心理

某些投资者总希望自己在最低价买股票、在最高价抛股票，常常为了几分钱的原因而痛失买卖股票的良机。这样做的最终结果又往往是买了“天价”的股票，抛了“地板价”的股票。应当说“贪婪”作为人性的弱点，每个人身上都或多或少有一些，关键是我们如何对待的问题，股市上的胜利者和成功人士无不是自制力很强、能够战胜自己贪婪心理的人。

5）忧虑和恐惧

长期而重复的盲目忧虑和担心是造成投资失败的关键所在，如果忧虑情绪进一步恶化，则会产生恐惧心理。过分恐惧往往使人只能看到困难，而看不到有利的条件和自身优势，所以，内心恐惧的人往往会主动放弃努力、放弃探索、放弃尝试，自然也就放弃了成功。

6）不愿承认错误

股市上有一句箴言：市场永远是正确的，错误的只能是自己。所以，股市投资者一旦发现自己的判断与市场走势相反，就应当勇于认错，立即止损。只有这样才能保存实力，东山再起。如果是自己本来已经错了，比如买的股票在下跌，或大势不好，却心存幻想，不愿认错，其结果将是错上加错，损失惨重。许许多多中小散户投资者，之所以造成损失，恐怕不愿认错、不注意止损是一个重要原因。

7）过于自信或犹豫不决

在股市操作中，过于自信的结果往往是不能够根据市场的变化来随时改变自己的投资策略，从而招致失败。因为股市风云变幻，是机会主义者——善于把握市场机会的人的天堂，是主观主义者——过于自信、故步自封者的地狱。另一方面，犹豫不决也是股市操作的大忌。股市投资必须当机立断，果敢坚定，如果犹犹豫豫，拿不定主意，其结果最终也只能被股市淘汰。

(2)成功的投资者必须具备的素质

1)遵守准则

对于一个投资者来说，遵守准则是获取成功所需要具备的最重要素质之一。那些长期战胜市场的投资者们都有自己的一套制胜策略和准则，这些策略是在长期的投资实践中逐渐形成的。只要是行之有效的，他们就不会轻易改变。而且，随着时间的推移，他们会不断改进策略，使之日趋完善。对于成功的人士和成功的公司，你会发现他们都非常遵守规则，对于如何运作资金，他们都很有自己的想法。相反，如果你的投资方法总是随着市场变化而摇摆不定，那么你就永远缺少一把标尺，无法做出衡量，因而往往也是缺乏决断力的。

2)独立思考

人们在做投资分析时，常常会受到周围情绪的影响。市场行情越火暴，分析人就越容易被牛市的乐观情绪所包围，而忽略了牛市即将转向的危险信号；下跌时间越久，市场的悲观气氛越浓，分析人也越容易被熊市情绪控制，而错过熊转牛的信号。在市场极度兴奋疯狂，或者极度悲观沮丧的时候，如果你仍能保持理智和冷静，客观地独立思考，就显得非常难能可贵。当然，独立思考必定要建立在知识的基础上。许多成功者都是通过勤奋学习知识和总结实践，摸清影响股市变化的主要方面，深入挖掘关键因素，再根据自己的特点，逐渐摸索总结出一套适合自己的投资策略。

3)正确认识自我

同样都是理性投资者，但采用的投资方法可能各不相同，因为每个人的知识背景、风险承受能力、心理素质、资金量等都是千差万别的，别人的方法，自己不一定用得好。一个优秀的投资者必须了解自己的能力和不足之处，只有正确认识自己，才能更好地了解股市。了解自身的特点并制订相应的投资策略，做到这一点却很不容易，人性中存在的虚荣心、骄傲、担心、嫉妒、自负和压抑等弱点，都可能成为了解自我的障碍。了解自己，还包括正确认识自己的不足——哪些是超出自己能力之外的，哪些是可以通过学习弥补的。有的人擅长企业财务分析，有的人擅长行业分析，还有的人擅长技术分析，但是，仅靠一种手段，往往还不能正确解决问题。如果能扬长补短，将会使投资分析更加全面。

4）有耐心

在组成成功的公式里，耐心这一项很重要，因为大多数投资决策的是非成败都需要时间去验证。如果你确实是经过充分的研究分析而买入自己精心挑选的股票，可能在你买的时候，这只股票还没有引起人们的注意，市场也还没有认识到它的价值，你就要有信心和耐心留住这些股票。在股票上涨的行情中，通常不是“一帆风顺”的，中间可能会有波折。若你经过充分的研究，对股票的价格有一个合理的预期，就不会因为心理没底而匆匆撤退，过早将现金入袋为安。

5）控制情绪

躁动、忧虑、恐惧……投资者的种种情绪交替出现，使股价不断跌宕起伏变化。而随着市场走势变化，投资者的情绪会继续强化。这时，能否控制自己的情绪就成了一块区分赢家和输家的“试金石”，保持理性与冷静确非易事。对于想获得成功的投资者来说，最重要的就是要努力驾驭好自己的情绪：情况糟糕的时候不要太悲观沮丧，行情看涨的时候也不要太乐观兴奋。因为，不论是过度沮丧还是过度兴奋的心理状态，都会使人的判断力产生强烈的偏差，难以做出正确的决策。而在股市中做交易时，越客观越好的道理是不言而自明的。因此，保持冷静的头脑和平稳的心态非常重要。

6）勇于承认错误

对理性投资者来说，最要紧的是冷静分析成败的原因。如果的确是投资决策上的失误，勇于承认自己的错误并且果断卖出，才是尽可能减少损失的明智之举。损失有一种恶习，那就是它会愈演愈烈。所以，如果你不在该接受的时候接受它，一味抱着反弹希望，结果往往会越陷越深。不但资金被套牢，更重要的是，这会分散你的精力和注意力，还会打击自信心，严重影响投资心态，以致行为更加不理智。

7）勤奋和投入

人人都希望能“轻轻松松赚钱”，可是在变化莫测的股市中，这样的机会太少了。如果不是有信息优势或跟庄渠道，很难想象不下工夫就能轻松获胜。要长期战胜市场，就要对股市做深入细致的研究。肯下功夫正确认识股市，抓住大的趋势和主要因素，忽略次要的，掌握总体规律，才有可能成为理性的投资者。要获得成功，需要有必备的知识基础：

①经济知识。股票市场与市场经济是息息相关的。股票市场的产生源自市场经济的发展，股票市场的发展也离不开市场经济的大环境，股票市场是市场经济的“晴雨表”，市场经济的一切变化都可以在股票市场中反映出来。因此，投资者必须学习必要的经济知识，如经济周期理论、通货膨胀理论、市场营销学以及了解一些有关货币、信用、利率等方面的金融知识，理解

有关企业财务会计知识,学会分析企业财务报表等,才能够理解把握股市发展的方向,减少投资的失误率。

②法律知识。证券投资是一项有千万民众参与的、复杂的经济活动,会涉及许多法律问题,所以,投资者应该了解并掌握相关的法律知识,如民法、证券法规、公司法、破产法、合同法、刑法等,并对有关股票市场的管理法规也要有基本的了解。

③数学知识。计算证券的收益、风险,进行行情的图表分析和研究预测价格的运行规律等,都需要有关的数学知识。如果有可能的话,还应懂得计算机的应用。市场上有很多的证券分析软件可以帮你了解更多的信息和进行市场趋势分析。

(3)证券投资基本理念

1)价值观念是投资的基石

价值观念是一切股票投资理念的核心和基石。影响股价的因素很多,但最终决定股价的因素还是公司的业绩。投资活动成败的关键,也并不在于持有时间的长短,而是在于对所持股票价值的判断及其与价格的比较:物有所值或物超所值则风险小;过度投机而远离价值的追涨杀跌,则风险极大。

虽然价值观念是投资活动成败的关键,但价值判断却绝非易事。企业的经营面临众多的内部与外部环境因素,这些复杂因素是根本无法做定量判断的。投资者应该通过对公司基本面状况的充分了解,再运用一些客观正确的评估方法,找出真实价值应有的大致范围,建立在公开资料基础上的基本面分析将愈加切实可行。投资者须注意的是,要以动态的眼光进行价值判断,因为企业的基本面是不断变化的,以此为基础而评估出的价值当然也会随之发生变化。因此对于企业基本面的变化,投资者一定要保持密切关注,及时调整,果断纠错。

2)树立中长线投资理念

中国股市正处于初级发展阶段,相关机制还不健全,投资者难以分析股市市场行情。然而,投资者如果能以合理的价格买进一家好企业的股票长线持有,其结果要比天天在市场里抢进抢出好得多。

对股票投资者而言,至关重要的是通过不断的学习,找到正确的分析方法,并努力去发现尚处低价区的高成长性绩优股。选择到好股票后,就要有耐心持有。只要你对企业基本面的判断正确,公司的业绩和成就终将会被市场所证实。

3)关注小盘股

流通盘小的个股,股价容易变化,只要买盘稍增,股价即可上扬;反之,对于流通盘大的个股，推高股价则需大量的买盘才行。

除了流通盘小易于炒作外，小公司尤其是创业初期的小公司具有更大的业绩增长潜力和股本扩张能力，它们往往勇于开拓进取，富于创新精神，因而能带来更高的投资回报。而大企业则更容易陷入“懒散”和平庸。小盘股由于股本小，随着业绩的增长，股本扩张的潜力很大。持续的、绵绵不绝的股本扩张能力是孕育大牛股的温床。通过每一次的送、配、转股扩大股本后，除权后的市价会有较大的降低，这就为市场对其炒作提供了题材和较大的股价上升空间，因而小盘股的市场活力和成长性往往优于大盘股。然而小盘股也并非十全十美，创业初期的小公司往往抗风险能力较弱，这就对投资者做行业研究和公司分析提出了更高的要求。

4）判断上市公司的成长期

对中长线投资者而言，只有高速成长的企业才能不断带给其超出平均水平的收益，因此在选股时最应该关注的就是上市公司的成长性。无论其股本大小、股价高低、有无概念、有无庄家，只要具备优良的成长性能够使企业的经营业绩持续获得高增长，它就是真正的长线黑马。如何去寻找有持续增长潜力的成长股，判断企业的成长性，可以从以下几个方面考察：

①经营管理层的素质。人的潜能是巨大的，任何定量方法都难以精确估算。很多企业能够获得迅猛发展，往往都和最高管理者及其所带领的一个勇于面对挑战、团结上进的领导集体密不可分。

②行业的成长期。属于朝阳行业的企业，市场前景极为广阔，且技术进步会不断推出新产品，以满足不断增长的社会需求。实际上，行业也有生命周期，也会经历初生期、成长期、成熟期、衰退期等阶段。选择“优势行业中的优势企业”，也就是要选择处于成长期的行业中的杰出企业。

③企业的竞争优势。如果一个企业具有垄断技术或产品，那么它在市场竞争中显然占据优势，企业的增长潜力不言而喻。另外，对市场的垄断，可以保证企业在产品维持高价的同时而不会失去市场。

④成长的持续性。公司业绩的持续增长，是股价保持强势上升的原动力。对业绩成长性的分析，需要对行业以及企业基本面的各方面情况的变化进行深入细致的分析，并敏感地做出反映与对策。

总之，肯下功夫正确认识股市，掌握总体规律，抓住大的趋势和主要因素，忽略次要的，才有可能成为理性的投资者。随时注意审察自己的思维方式和投资方法，调整心态，避免陷入不理性的误区，并不断提高对股市的判断能力和投资技巧，这是理性投资者走向成功的必经之路。

8.2.2　证券投资技巧

(1)顺势投资法

运用顺势投资法的投资者最关心的是市场的基本趋势或长期趋势,他们不利用短期的股价波动来获利。他们认为,证券市场的某种趋势一旦建立,便将经历一个相当长的时期,一直等到市场出现某种信号,表示趋势已转变,他们才改变投资方向。

顺势投资法要求证券投资者采取“顺势而为”的投资法则,也就是顺着股价的趋势而做出投资的决策。当整个股市大势向上时,就要买进股票;而当股市大势向下时,则应抛出手中股票,然后再等待合适的入市时机。采用顺势投资法,可以大大提高获利的几率。而如果逆势操作,即使资金雄厚,也会得不偿失,甚至遭受重大损失。

采取顺势投资法有两个基本前提:一是股市的涨跌趋势必须明确;二是必须及早确认趋势,否则就达不到预期的效果。因为股价涨势被确认时,已接近了顶峰,此时若顺势买进,就可能抢到高价,甚至接到最后一棒。同样,当股价跌势被确认时,已到了止跌回升的边缘,这时若顺势卖出,就可能卖到最低价。如果像刚才所述操作,就有可能得不到回报甚至造成损失。所以,股价趋势无法及早确认,就会失去跟随的价值。

(2)金字塔投资法

金字塔投资法的基本前提要求投资者准确把握股票走势,强调顺势而为;同时也设计了针对判断错误而减少风险的措施。

金字塔投资法包括两方面内容:

1)金字塔买股票

①在股价处于上升趋势时,采用愈买愈少的方法,即先买入大量股票,然后随着股价不断上升,再买入少量股票,以此类推,直至将资金用完。这样就形成了一个正金字塔(或称正三角形)。这种愈买愈少的正金字塔买股票方法有明显的优点:首先是随着股价上升,可以不断追加投资以增加赢利机会;同时也可以减少万一因股价下跌有可能给投资者带来的风险损失。其缺点是不如一次性投入全部资金获利丰厚。

②在股价处于下降趋势时,采用愈买愈多的方法,即先买入少量股票,然后随着股价不断下跌,再买入大量股票,以此类推,直至将资金用完。这样就形成了一个倒金字塔(或称倒三角形)。这种愈买愈多的倒金字塔买股票方

法也有明显的优点：首先是随着股价下跌，可以不断降低持股成本；另一方面，万一行情反转股价上升，可以扩大赢利机会。其缺点是可能造成全部资金套牢。

2）金字塔卖股票

①在股价处于上升趋势时，采用愈卖愈多的方法，即先卖出少量股票，然后随着股价上升，再卖出更多股票，以此类推，直至将股票卖完。这样就形成了一个倒金字塔（或称倒三角形）。这种愈卖愈多的倒金字塔卖股票方法的优点是：首先是随着股价上升，可以不断扩大赢利；同时避免了股价继续上升而踏空的风险。其缺点是，行情一旦反转下跌，则可能会造成严重损失。

②在股价处于下降趋势时，采用愈卖愈少的方法，即先卖出大量股票，然后随着股价下跌再卖出少量股票，以此类推，直至将股票卖完。这样就形成了一个正金字塔（或称正三角形）。这种愈卖愈少的正金字塔卖股票方法的优点是：首先是随着股价下跌，可以了结主要利润或者使大部分股票止损；同时万一行情反转上升，仍可以持有一定股票。其缺点是股价继续下跌，会减少利润或者无法彻底止损。

（3）固定成本投资法

固定成本投资法是指坚持用固定资金参与股市的投资方法，即投资者所运用的资金不会因股市行情的变化而变化，其运用资金的数额是固定的。固定成本投资法适用于机构大户和中小散户投资者。固定成本投资法中的固定成本是事先确定，固定成本的金额的确定主要根据投资者的资金实力。但是金额一经确定，便不能再加以变更。如果投资者赢利超过了固定成本金额，超过部分应当立即撤出股市转投风险低于股市的其他投资渠道如债券、储蓄等。如果投资者亏损，也不注入新资金。例如，某投资者事先确定的固定成本金额为 5 万元，假如他操作正确赢利 2 万元，其资金变为 7 万元，那么 2 万元赢利按固定成本投资的要求应撤出股市转投其他投资渠道；假如该投资者操作失误造成亏损 2 万元，其资金变为 3 万元，那么按照固定成本投资法，也不应当注入新资金。

1）固定成本投资法的优点

①从长期趋势看，固定成本投资法的赢利机会远大于亏损机会，因为这种投资方法的每一次赢利均被保留。

②确立了规避风险的强制机制。因为这种投资方法不主张注入新资金，所以就从根本上扼制了股市投资者中普遍存在的“越亏越买”、“越玩越大”的错误倾向，保证投资者不至于因为投资股票而造成破产。

2）固定成本投资法的缺陷

在股市行情火爆时，无法获取超常利润；在股市行情低迷时，不能注入新资金摊平成本。

(4)全进全出投资法

全进全出投资法是指投资者在一定时间内把资金全部买成股票，在另一时间内把股票全部卖出，通过一买一卖获取利润的投资方法。全进全出投资法既适合于短线操作，也适合于长线操作，其基本前提就是必须对股市走势有准确的判断。一般认为，全进全出投资法对中小投资者比较适宜，而对于机构大户则不切实际，因为大量资金买卖股票均必须分批进行，不可能在同一时间一次完成。

1）全进全出投资法的优点

①充分发挥资金使用效率。投资者一旦对行情做出正确判断，就可以把资金全部买成股票，不浪费闲置每一份资金。

②避免下跌风险。投资者一旦认为股价上涨有限或到顶，就可以全部清仓离场，彻底规避下跌风险。

2）全进全出投资法的缺陷

①存在全部套牢风险。因为全进全出投资法主张全仓买入股票，股价一旦下跌便可能面临资金全部套牢的命运，失去了低位补仓摊平成本的机会。

②存在踏空风险。在投资者股票清仓离场后，股价如继续上涨，则面临踏空风险。

(5)半仓投资法

半仓投资法是指投资人参与股市投资总是坚持半仓操作，即运用一半资金买股票，一半资金保留成现金以备不测。无论行情处于上升阶段还是处于下降阶段都坚持半仓操作，是半仓投资法的精髓。当然，半仓投资法也不排除行情特别火暴或行情特别低迷时完全满仓或完全清仓。然而完全满仓或完全清仓只能是半仓投资法的例外特殊情况。半仓投资法既适合主力机构大户操作，也适合中小散户投资。

1）半仓投资法的优点

①永远保持主动。行情继续上涨，有高位追仓的机会，扩大赢利战果；行情一旦下跌，也有低位补仓的可能，有利于摊平成本。

②规避风险。股市作为高风险的投资场所，投资者必须对风险保持高度警惕。半仓投资法无疑确立了这样的原则。

2）半仓投资法的缺陷

①由于坚持半仓股票，从而不能充分发挥全部资金的使用效率，丧失了

一些利润。

②由于坚持保留一半现金，在行情急跌时，可能会因为清仓不及时，从而套牢股票。

(6)拨档子投资法

拨档子投资法要求投资者在股价较高时先卖出股票，然后等股价跌落后再买回股票，通过这样循环操作可以不断赚取差价利润。主力机构大户比较常用拨档子投资法。

拨档子投资法有两大优点：

①赚取差价。因为股市涨跌本是正常事，低买高卖赚取差价，会有无限机会。拨档子投资法正是捕捉这一无限机会的武器。

②摊平成本。拨档子投资法通过不断地高卖低买可以摊平持股成本。

拨档子投资法也存在着十分明显的缺陷，即一旦判断失误，股票在卖出以后，股价没有下跌而是上涨，因此无法在低位买回股票，便只能在高位追买股票，否则将面临踏空风险。所以，一般认为拨档子投资法比较适合在弱市中采用。但是如果是在熊市当中，拨档子投资法虽然可以不断摊平成本，但也会造成一定损失，这一点需要投资者保持清醒。

(7)保本投资法

保本投资法可以避免投资者耗尽所有血本。首先投资者要估计自己的“本”，这里的“本”，不是投资者用于购买股票的总金额，而是投资者认为在最坏的情况下，不愿意亏掉的那部分。由于不同投资者对投资风险的承受能力不同，所以，有的投资者其投资资金中的“本”的比重会大些，而有的投资者的“本”所占的比重会小些。此种方法适用于经济前景不明朗，股价走势与实质因素显著脱节，行情变化难以捉摸时的股票投资。

采用保本投资法，重要的不在于买进的决策，而在于卖出的决策，最重要的是获利卖出点和停止损失点的选定。获利卖出点，即为股票投资人在获得一定数额投资利润时，毅然卖出的那一点。这个时候的卖出，不一定是将所有持股一口气统统卖光，而是卖出其所欲保“本”的那一部分。停止损失点，就是当行情下跌到只剩下股票投资者心目中的“本”时，即予卖出，以保持住其最起码的“本”。简单地说，就是股票投资者在行情下跌到一定比例的时候，全身而退以免蒙受过分亏损的做法。停止损失点是为了预防行情下跌而制订的，主要的功用在于避免投资损失过大。

特别要注意的是，当股市看涨时，确定“本”金的卖出点后，不要贪得无厌，延误时机；也不要股价刚上升到某一个确定点时，就统统把股票抛售一空，因为行情可能会继续看涨。

(8)分段买进法

在股票长期投资中，有一种分阶段购入股票的操作方法，即按一定时间间隔逐次购入某种股票。这分两种情况：一是看准某种股票价格的上升趋势，用全部资金按其上涨的不同阶段分次买入；另一种是估计某种股票可能出现下跌情况，则按该股票价格下跌的不同阶段分次投入资金。前者当股价上升超过最后一次买入股票的价格时，便可成批出售股票，获得较高的利润；而后者必须在价格回升超过购买价格时，才能获利润。可见两者同是为了获利，同是分次投入，但是投入时的价格走向不一致，或者说相反，这又决定了两者得利的时间也不一致。这两种投资方法分别被称为买平均高投资法和买平均低投资法。

值得注意的是，买平均高投资法在股价突然下跌时就会失去获利机会；买平均低投资法如果不到或者不能返升到比原价格更高时，也是无法取得利润的。前者获利快但风险大；后者获利慢但只要不是买入劣质股票，则风险较小。

(9)一揽子股票法("渔翁撒网"法)

一揽子股票法通常在短期投资中使用。各种股票在短期内的强弱变化难以捉摸，所以在投资时同时购进多种股票，其中哪一种股票上涨到能够获利的水平时，就卖出哪种股票。它是一种不固定比例的投资组合。

当股票市场出现牛市时，投资者便可相继以高价抛出手中的股票。即使出现熊市，由于投资者持有多种股票，总会有些股票会上涨，因此投资者仍可减少损失。但是也会出现这样的问题，即很多情况是强势股持续强势，弱势股持续弱势，如果哪种股票价格上升就卖出这种股票，就会把手中的好股票在价格较低时卖出，而长期滞留劣质股票。

(10)摊平投资法

摊平投资法是针对套牢的股票，随着股价的不断下跌，在拟定的同幅或不同幅位置，分批买进等量或不等量的股票，以降低持股总成本。当持股总成本接近或低于购入成本时，就可以全部卖出，顺利解脱，甚至获利。它是大户被套牢后常用的解脱方法。投资者运用摊平投资法有两个前提条件：充裕的资金和下跌行情中存在回档反弹上升机会。如果能在跌势中准确地把握反弹机会，以摊平法介入较大的买进量，就可以降低持股成本，减少套牢股票的亏损幅度。同时，不断地买进，也可增加买盘的力量，增加需求量，促使股价回升。

【本章小结】

开户的步骤包括：开设证券账户，开设证券交易结算资金账户，签订“证券交易代理协议书”。

委托指令的基本要素包括：证券账号、日期、品种、数量、买卖方向、价格、时间、有效期、客户签名。

委托方式包括：柜台当面委托、电话委托、传真委托或函电委托、磁卡自助委托、可视电话委托、网上委托。

在委托未成交之前，委托人有权撤销委托。

竞价成交主要有集合竞价和连续竞价两种形式。竞价过程中遵循：价格优先、时间优先的原则。

证券清算和交割、交收统称为证券结算。我国现行交割交收方式：$T+1$ 交割交收：A 股、债券；$T+3$ 交割交收：B 股。

股市投资既存在高风险又存在高收益。在进入股市时应避免心态浮躁、赌博心理、急于求成、贪婪心理、忧虑和恐惧、不愿承认错误、过于自信或犹豫不决等心理误区。

证券投资基本理念有：价值观念是投资的基石、树立中长线投资理念、关注小盘股、判断上市公司的成长期等。

证券投资技巧有：顺势投资法、金字塔投资法、固定成本投资法、全进全出投资法、半仓投资法、拔档子投资法、保本投资法、分段买进法、一揽子股票法（“渔翁撒网”法）、摊平投资法。

【思考与练习】

一、基本概念

开户	A 股账户	B 股账户	基金账户
资金账户	证券交易代理协议书	委托	柜台当面委托
电话委托	传真委托	磁卡自助委托	可视电话委托
网上委托	集合竞价	连续竞价	清算
交割	交收	顺势投资法	金字塔投资法
固定成本投资法	全进全出投资法	半仓投资法	拔档子投资法
保本投资法	分段买进法	一揽子股票法	摊平投资法

二、复习思考题

1. 投资者如何开户？需要办理哪些手续？

2. 证券账户按证券用途可划分为哪几种?

3. 简述委托指令的基本要素。

4. 目前证券营业部普遍存在的交易委托方式是哪些?

5. 比较集合竞价与连续竞价。

6. 证券市场的竞价原则是什么?

7. 试述我国现行交割交收方式。

8. 根据时势行情,选用一种或两种证券投资技巧进行投资分析。

附　录

证券市场常用术语

A 股:人民币普通股票。它是我国境内的公司发行,供境内机构、组织或个人以人民币认购和交易的普通股股票。

B 股:人民币特种股票。它是以人民币标明面值,以外币认购和买卖,在境内(上海、深圳)证券交易所上市交易。上海证券交易所的 B 股以美元认购,深圳证券交易所的 B 股以港币认购。

H 股:公司注册地在内地,以人民币标明面值,上市地在中国香港的外资股。

N 股:以人民币标明面值,供境外投资者用外币认购,或境内投资者用外币认购,在纽约联合交易所上市的股票。

S 股:公司注册地在内地,上市地在新加坡的外资股。

国家股:有权代表国家投资的部门或机构以国有资产向公司投资形成的股份,包括公司现有国有资产折算成的股份。

法人股:企业法人或具有法人资格的事业单位和社会团体以其依法可支配的资产投入公司形式的股份。

社会公众股:社会公众依法以其拥有的财产投入公司时形成的可上市流通的股份。

外资股:股份公司向外国和我国香港、澳门、台湾地区投资者发行的股票。

大户:实力雄厚,进出资金庞大的投资者。

小户:小额股票投资者。

散户:投资金额小的个体投资者。

牛市:股市行情普遍看涨的多头市场,一般特指延续相当长时期(年)的大升市。

熊市:延续相当长时期的大跌市,即行情普遍看跌的市场,亦称“空头市场”。

红利:指普通股的投资收益,其数额的多少要视公司的经营状况和赢利分配情况而定。

股息:发行公司按股份额的一定比例付给股东的投资报酬。严格意义上的股息仅指优先股而言。

股利:股息和红利的统称。

分红:公司分派红利给股东。普通股股东可以享受红利,而优先股股东不能。

派息:公司向股东分发股息。派息一般为一年一次。

除权:股份公司除去交易中股票配股或送股的权利称为除权。与除息一样,除权时也以规定日的在册股东名单为准,并公告在此日以后一段时期为停止股东过户期。除权报价的股票赋予出售者保留分享公司新发股票的权利。

除息:指股份公司向投资者以现金股利形式发放红利。除息前,股份公司需要事先召开股东会议确定方案、核对股东名册,除息时以规定某日在册股东名单为准,并公告在此日以后一段时期为停止股东过户期。除息出售的股票赋予出售者保留即期红利的权利。

多头:泛指看好后市,采取先买后卖的投资者,特指“买空”者。

空头:泛指先卖后买,以图赚取差价利润的投机者,特指“卖空”者。

多头交易:泛指多头买进行为,特指“买空”交易。

空头交易:主要表现为融资或融券的方式,即买空卖空的表现形式。指客户买卖股票时只向证券经纪商交付一定的保证金,由证券商提供融资或融券进行交易。客户采用这种方式进行交易时,必须在经纪商处开立保证金账户,并存入一定数量的保证金,其余应付股票价款不足时,由证券商代垫。

买空(买长):投资者预料某种股票价格将上升,于是向经纪人买进这种股票,但暂不付款。日后,该股票价格上升,投机者随即以高价卖出,将款项换给经纪人自己获取价差收益。

卖空(卖短):当投资者看坏股价,市场将处于空头行情时,可交纳一部分保证金,向证券商借入某种股票即“融券”后立即卖出,然后等股价跌到一定程度后再买回交还证券商。借股票卖出的所得款,仍由证券商保管,作为融资的抵押(不计息)。采用这种交易方式,投资人手中没有股票。

实多:用自有资金买进股票的多头,即使被多头套牢,但由于资金是自有的,可不急于很快卖出。

实空:用自己的股票放空的空头,即使被空头套牢,但由于股票的所有权属于自己,因此并不急需补回。

吊空:空头卖出后股价不但没有下跌,反而呈上升趋势,于是只好用高价赔本将股票补回。

断头:与“吊空”对称,指多头买进股票,即抢“多头帽子”后,股价并未上涨,反而呈下跌趋势,于是只好将手中股票低价赔本卖出。断头有时亦为“断头额子”的简称。

长多:对股市远景看好,先买进保持一段较长时间后再售出,借以获得差额利益。

长空:对股市远景看坏,先售出期货或借股放空,等股价跌落一段后再买回。

短多:对股价短期看涨,买进后一旦涨价即行卖出。

短空:对股价看跌,先售出期货或借股放空,但在短时间内即买回。

买盘:统指股市的购买力量。

卖盘:统指股市的卖出力量,亦称“抛盘”。

红盘:年初股市开盘第一天,如果股价较前日上升,则称为“红盘”。有些股市把股价指数上涨也称为红盘。

黑盘:年初开盘第一天,股价较前日下跌。

利空:指投资环境有利于空头。

利多:指投资环境有利于多头。

前市:证券交易所午前营业时间。

后市:证券交易所午后营业时间。

买压:股市购买股票力量大于卖出力量。在买压的情况下,股价往往会被抬高。

卖压:股市卖出力量明显大于买进力量。在卖压的情况下,股价将被压低。

套牢:泛指在行情判断失误的情况下投资人进退两难的境地。

多头套牢:多头预期股价上涨,买进后股价却一路下跌,卖出亏本,不卖出恐怕股价继续下跌。

空头套牢:空头预期股价下跌,卖出后股价却一路上涨,补回亏本,不补回恐怕股价继续上涨。

升水:同“溢价”,指汇价、商品、股票等价格提高后与原有价格相比而产生的升值差价。

贴水:指汇价、商品、股票等价格下跌后与原有价格相比而产生的贬值部分。

敲进:泛指买进,特指期权交易中买进期权。

敲出:泛指卖出,特指期权交易中卖出期权。

平仓:把原来买入的卖出,把原来卖出的买入,即先买后卖或先卖后买的行为。

补仓:保证金不足以弥补股票买卖亏损时,需追加保证金的行为。

斩仓:期货交易中,当客户所缴的期货股票保证金不足而又不补仓时,经纪人将其期货股票随行处理,代为平仓的行为。

清仓:将所持股票全数抛出的行为,亦指仅将某种股票全数抛出。

盘档:当天的股价变动很小,最高价与最低价之间不超过2%的情况。

盘整:股价经过一段急速的上涨或下跌后,遇到阻力或支撑,开始小幅度地上下变动,其幅度大约在15%左右。

盘局:股价上下盘旋,来回波动,相持不下的局面。

盘稳:股价上涨或下跌趋势已告结束,转入变动幅度更小、持续时间更长的盘整阶段。

跌停板:交易所规定的股价在一天中相对前一日收盘价的最大跌幅,不能超过此限,否则自动停止交易。

涨停板:交易所规定的股价在一天中相对前一日收盘价的最大涨幅,不能超过此限,否则自动停止交易。

开低:今日开盘价在昨日收盘价之下。

开平:今日开盘价与昨日收盘价持平。

开商:今日开盘价在昨日收盘价之上。

摘牌:取消上市公司股票在交易所挂牌售卖权。

停牌:某只股票因一些突发事件,需要在正常的交易日暂停买卖。

按金:押金。

按揭:抵押品。

空翻多:原本打算卖出股票的一方,看法改变,变为买方。

多翻空:原本看好行情的买方,看法改变,变为卖方。

多翻多:做多头的投资者,预计股价已涨到峰顶,于是全部卖出已买进的股票而改做空头。

多杀多(多轧多):在股价暴跌时,多头为了减少损失而纷纷卖出,结果造成恶性循环、互相追杀的局面。

多头陷阱:指主力机构拉抬股价,造成向上假突破,待散户纷纷跟进时,则乘机高位出货。

多头套期:套期保值的一种类型,指在已出售或准备出售一定数量的某种期货时,为防止价格上涨而遭受损失,同时购入相应数额的期货,并在未来的一定时间卖出这些期货。

杀多出货:大户选择资本较小、易于控制的股票作为投资对象,大量买进后将股价抬高,待跟风形成后即抛售。

坐轿:指先行买入或卖出股票,待其他投资人形成跟进局面造成股价大涨或大跌后再卖出或买进股票,坐收其利。先买后卖者称坐多头轿子;先卖后买者称坐空头轿子。与之对称的是"抬轿",跟进卖出者称抬空头轿子;跟进买进者称抬多头轿子。

抢帽子:指当天先低价买进然后再高价卖出,或者高价卖出低价买进的短期投机行为。前者称抢多头帽子;后者称抢空头帽子。

轧空(轧空头):交易所开盘后,投资者普遍认为当天股价下跌,于是多数人争着去抢空头"帽子",结果直到临近收盘,股价仍未明显下跌,空头无法低价买进,被迫高价竞相买回,从而使股价收盘时大幅度升高。轧空往往是多头竭力将股价拉升的结果,也非仅仅指当天交易所交易的情况。

轧多(轧多头):交易所开盘后,投资者普遍认为当天股价上涨,于是多数人争着去抢多头"帽子",结果直到临近收盘,股价仍未明显上涨,无法高价卖出,被迫低价竞相卖出,从而使股价收盘时大幅度下降。轧多也非仅仅指当天交易所交易的情况。

上阻力:指股价曲线出现2个或3个高度相同的高点。上阻力表现为市场技术性疲软,说明市场价格不能对上阻力加以突破。

下阻力:指股价曲线出现2个或3个高度相同的低点。下阻力表现为市场技术性坚挺,说明市场价格不能再向下突破。

洗盘:炒家特别是大户在高价时大量卖出,低价时大量买进,利用股价上下波动的机会,使信心不足者退出股市,等浮动筹码减少后,再往上拉升行情的投机行为。

洗售:股票售出者立即重新购回的行为。洗售有两种类型:一是把自己拥有的股票卖给自己,类似对冲;二是以不同的价格或相同的价格购买同时亦出售同样的股票进行翻炒。洗售的主要目的是制造股市的虚假繁荣。

拍定人:股票采取拍卖交易时,股票所报买价在拍卖低价以上的最高出价者。

标定人:在拍卖(标购)竞价交易中,证券商卖出股票所报卖价在标购底价以下的最低出价者。

没头:一味地盲目跟风,缺乏主见的投资人。

做手:专门以炒作股票为业的投机者。

实户:靠实力投资,而不靠买进卖出赚取差价利润的大额投资者。

实股:虚股的对称,通常指花钱认购的股份。

虚股:亦称"影子股",为不花钱取得的只有分红权而没有实际资产的股权。虚股没有股票,不能继承,不能转让,红利来源于企业基金股的一部分,即出自奖励基金。

防守股:经营比较平稳,不受经济周期变动影响,因而能持续稳定地提供股利的股票。此类股票的发行公司大多经营公用事业以及生活必需品,如水、电、交通、医药等。

投机股:那些价格很不稳定或公司前景很不确定的股票。这主要是指那些从事开发性或冒险性事业公司的股票、热门的新发行股票,以及一些石油或矿业公司发行的面值较低的股票。

投资股:泛指具有投资价值的股票。有人认为只要股价能够稳定不跌的则为投资股;有人认为股价能够不断上涨的才是投资股。一般意义上的投资股指业绩优良、经营稳健、股利优厚的公司发行的股票。

冷门股:指那些股票交易量小、周转率低、流通性差、股价变动幅度小的股票。

热门股:成交量大、周转率高、流通性强的股票。其股价往往领先上涨,提前下落,变动幅度较大。

弱势股:亦称“同情股”,指那些涨幅落后,跌幅易受股市价格变动所影响的股票。

强势股:是相对于弱势股而言,即所谓的领导股、龙头股。

领导股:指在股市中能够领导股票趋势变化的股票,亦称“龙头股”。领导股一般为热门股,同时也是那些经营良好、财务结构健全、有发展前景的公司发行的股票。

资产股:拥有大量固定资产或闲置房地产公司发行的股票。这种股票的特点为:发行公司本身赢利可能并不高,而主要靠有效利用限制资产来改善公司的财务结构,即资本赢利高,因而其股价在市场上也往往高于面值许多倍。

周期股:那些收益容易随经济周期的变化而波动的公司的股票,如建筑、钢铁、水泥等行业。周期性的影响也包括商业周期的季节性。

ST 股:深、沪证券交易所将对财务状况或其他状况出现异常的上市公司股票交易进行特别处理,这些被特别处理的股票称为 ST 股。上述异常状况指:上市公司经审计连续两个会计年度净利润为负值;上市公司最近一个会计年度经审计的每股净资产低于票面价值。

蓝筹股(绩优股):指一些经营良好、收益佳、规模大的公司所发行的股票。这些大公司业绩优良,稳定成熟,具有强大的金融实力,且在同行业中占有重要的甚至支配性的地位。蓝筹股一般售价较高,股价波动不大,然而股利较为稳定优厚。蓝筹股一词是从美国牌戏中最有价值的筹码引申而来的。

红筹股:香港媒介对境外注册、中资控股的香港上市公司的境外发行股份的俗称。它的注册地和上市地都在中国香港。

蚊型股:指资产和经营规模很小,内部结构简单的公司发行的股票。有的公司为了吸引投资者把股票面额拆得很小,亦称为蚊子股。

黄金股:赢利丰厚,而且风险较小的股票,特指黄金行业或金融机构发行的股票。

姐妹股:泛指行业性质相同的公司发行的股票,特指经济状况互相依赖的公司发行的股票。

红股:公司向现有股东发行的免费的额外股票,通常按照事先制订的比例按股东持有股份数发行。

打底:股价在某一价位附近反复涨落而后冲高,此价位即为打底价位,其过程称打底。

做头:与打底相反的过程。

净价:不包括折扣、回扣、佣金等的成交价。

重复价;同一股票的后一次成交价与前一次成交价完全相同,在行情表上称为重复价,一般不再报告。

峰价:某一时期市价的最高点。

鹿市:“鹿”(短线投机者)充斥的股市。鹿亦称那些在股市赚了钱便开溜的投机人。

回档:股价呈涨势时,反转回跌到某一价位的调整现象。一般来说,回档的幅度通常是上涨幅度的1/3左右,然后又恢复原来的涨势。

回落期:在股价不断创新高峰的时候,投资者抛出量增加,一旦形成大量卖出,股价则回转而下跌,形成跌风,而且持续若干时日。

抢盘:成交价以卖价成交的现象。抢盘时成交价有时甚至高于卖出价,这是投资者看好后市,预测股价会进一步上涨时出现的情况。

突破:股价盘档一段时间后,终将变动。当股价冲过阻力线时,称向上突破;股价跌破支撑线后,称向下突破。

反弹:股价下跌后的短暂回升。其原因往往是股价在下跌趋势中因跌势过急而发生的调整股价的现象。

牛皮:一段时期内成交价格变动狭小。

抛售:股票持有者大量卖出股票的行为。

死多:看好股市前景便买进,如果股价下跌,宁愿长期持有而不轻易卖出的行为。

托市:投资者(主要指大户)为避免股价暴跌而采取大量购进,以稳定股价的行为。

掼压：大户利用“卖压”操纵股价的行为。

对冲：股价操纵者利用本人化名、亲友姓名，在不同的证券商处开设多个户头，然后利用对应的账户同时买进与卖出，人为地将股价抬高以便抛售或将股价压低以便买进。对冲也往往在操纵者（如大户）之间进行，甚至一些股票自营商也从事这种活动。

拨档（拨档子）：多头在股价下跌并预期可能还要下跌时卖出股票，等股价跌落一定幅度时再补回，以期少赔的操作方式。

哄抬：多头采用大量买进的办法，将股价抬高。

补空：空头将放空的股票补回。

固盘：购买的股票不予出售，而作为库存保留。

断路器：当市场下跌达到一定幅度时，证券及商品交易所采取的暂停股票和股指期货交易的措施，下跌幅度通常是依据特定一段时间内下降的百分比。例如，根据纽约证券交易所在 1998 年春季引入的新断路器，在道琼斯工业平均指数下跌 10%、20% 和 30% 时，股票交易暂停。纽约证券交易所在 1 月、4 月、7 月和 10 月的第一天对规定的下降点数水平进行季度调整。断路器最早是在 1987 年“黑色星期一”后采用的，1989 年市场暴跌后又进行了修订。断路器的规定经常变化，但通常都包括暂停交易和对股指期货交易的价格变动限制。断路器的目的是通过重新平衡买卖订单来防止市场急剧下跌。

参考文献

[1] 吴晓求主编.证券投资基金[M].北京:中国人民大学出版社,2001.
[2] 吴晓求主编.证券投资学[M].北京:中国人民大学出版社,2000.
[3] 张亦春主编.现代金融市场学[M].北京:中国金融出版社,2002.
[4] 任淮秀主编.证券投资案例教学[M].北京:北京大学出版社,2003.
[5] 霍文文编著.证券投资学[M].北京:高等教育出版社,2000.
[6] 中国证券业协会编.证券市场基础知识[M].上海:上海财经大学出版社,2002.
[7] 中国证券业协会编.证券市场基础知识[M].北京:中国财政经济出版社,2003.
[8] 中国证券业协会编.证券交易[M].北京:中国财政经济出版社,2003.
[9] 中国证券业协会编.证券发行与承销[M].北京:中国财政经济出版社,2003.
[10] 全国会计专业技术资格考试领导小组办公室编.财务管理[M].北京:中国财政经济出版社,2002.
[11] 代鹏编著.金融市场学导论[M].北京:中国人民大学出版社,2002.
[12] 谢百三主编.金融市场学[M].北京:北京大学出版社,2003.
[13] 丛树海主编.证券市场基础知识[M].上海:上海财经大学出版社,2003.
[14] 万里霜,任黎鸿编著.证券经纪人[M].北京:中国经济出版社,2002.
[15] 何剑主编.证券投资学[M].北京:中国金融出版社,2002.

[16] 黄磊,姚铮主编.证券投资学[M].北京:中国财政出版社,2003.
[17] 邵以智主编.证券投资学[M].北京:中国人民大学出版社,2002.
[18] 张义和主编.证券理论与实务[M].北京:中国经济出版社,2002.
[19] 沈思,郑福升,李梦琳主编.证券市场与投资[M].杭州:浙江大学出版社,2003.
[20] 证券从业人员资格考试考点指南编写组编写.证券投资分析[M].北京:中国商业出版社,2002.
[21] 沈光明主编.股票交易指南[M].杭州:浙江大学出版社,2003.
[22] 湖海鸥,宣羽畅,马骏编著.证券投资分析[M].上海:复旦大学出版社,2001.
[23] 曹龙琪主编.货币银行学[M].北京:高等教育出版社,2000.
[24] 沈强主编.证券投资理论与实务[M].杭州:浙江大学出版社,2002.
[25] 何孝星主编.证券投资理论与实务[M].北京:清华大学出版社,2004.
[26] 李曜编者.证券投资基金[M].北京:清华大学出版社,2005.
[27] 路透编.金融衍生工具导论[M].扬洋,向莉译.北京:北京大学出版社,2001.
[28] 证券投资基金法.2004.
[29] 证券投资基金管理暂时行办法.1997.
[30] 中国证券业协会编.证券市场基础知识[M].北京:中国财政经济出版社,2006.
[31] 中国证券业协会编.证券交易[M].北京:中国财政经济出版社,2006.
[32] 中国证券业协会编.证券发行与承销[M].北京:中国财政经济出版社,2006.